回溯与反思：新中国成立以来高校法制教育历程研究

Study on Legal Education in Universities since the Founding of PRC

宋 婷 著

南开大学出版社
天 津

图书在版编目(CIP)数据

回溯与反思：新中国成立以来高校法制教育历程研究 / 宋婷著. —天津：南开大学出版社，2014.10

(天外"求索"文库)

ISBN 978-7-310-04651-5

Ⅰ. ①回… Ⅱ. ①宋… Ⅲ. ①高等学校—法制教育—研究—中国 Ⅳ. ①G641.5

中国版本图书馆 CIP 数据核字(2014)第 220521 号

南开大学出版社出版发行

出版人：孙克强

地址：天津市南开区卫津路 94 号　　邮政编码：300071

营销部电话：(022)23508339　23500755

营销部传真：(022)23508542　　邮购部电话：(022)23502200

*

河北昌黎太阳红彩色印刷有限责任公司印刷

全国各地新华书店经销

*

2014 年 10 月第 1 版　　2014 年 10 月第 1 次印刷

230×155 毫米　16 开本　17.5 印张　2 插页　246 千字

定价：35.00 元

如遇图书印装质量问题，请与本社营销部联系调换，电话：(022)23507125

天外“求索”文库编委会

前　言

新中国成立65年来，在中国共产党的领导下，经过全国各族人民的艰苦奋斗和共同努力，中国社会的方方面面经历过和正在经历着广泛而深刻的历史性变革，发生了翻天覆地的变化。在新中国民主法制建设历史进程中，从“人治”到“法治”，从“法制”到“法治”，中国法治逐渐走向完备、趋向成熟。“依法治国，建设社会主义法治国家”基本治国方略的确立和入宪，使中国社会犹如破茧重生，在经历了新中国成立初期的动荡不安之后开始踏上了建设中国特色社会主义法治国家的伟大征程。

青年大学生是国家宝贵的人才资源，他们身上寄托着国家和民族的希望与未来。他们的法治意识和法律素质如何，将直接关系到党和国家的前途和命运。基于大学生特殊的社会地位，对这一特定群体开展的专门性高校法制教育既是培养社会主义合格建设者和可靠接班人、确保党和国家事业兴旺发达的“希望工程”，也是实践科学发展观、办好让人民满意教育的“民心工程”，更是提高全民族素质、建设社会主义法治国家的“战略工程”。一直以来，高校被誉为是现代社会变革的晴雨表，不同历史时期、不同社会条件下，随着政治、经济、文化和社会情况的变化，高校在不断发生变化。正因为如此，高校法制教育的发展进程就成为中国民主法制建设的历史缩影。同时，高校还是哲学社会科学研究的重要基地和社会主义法治理念教育的核心力量，肩负着向社会不断输送高素质人才的育人职责。从逻辑关系上看，中国民主法制建设是中国特色社会主义现代化的重要组成部分，高校法制教育又是中国民主法制建设的重要组成部分。

目前，国内相关研究以一般介绍性研究为主，缺乏对新中国成立以来六十多年高校法制教育的嬗变历程与脉络轨迹的系统把握。本书着重从阶段划分角度进行纵向历史梳理，将研究焦点集中在高校法制教育的历史进程上，重点考察其发展演变轨迹，深入挖掘基本规律，提炼出新中国成立以来高校法制教育的基本经验和历史教训，从高等教育的视角有力地展示中国特色社会主义法治国家的伟大历史进程和重大历史转折。以改革开放为界，新中国成立以来高校法制教育发展历程可划分为前三十年和后三十年，期间经历了五个发展阶段，度过了四次重大历史转折。改革开放前，高校法制教育经历了两个发展阶段，即探索起步阶段（1949～1956）和挫折失误阶段（1957～1977）；实现了两次相同而又不同的重大“转变”，第一次是从摧毁到建设，第二次是从再摧毁到再建设。改革开放后，高校法制教育经历了三个发展阶段，即恢复发展阶段（1978～1985）、开拓进取阶段（1986-2003）和继承创新阶段（2004 至今）；产生了两次重要历史“飞跃”，第一次是从法律常识教育到法律意识教育，第二次是从法律意识教育到法律素质提升教育。高校法制教育在理念上取得重大突破，在实践中发生重大转变，顺利完成了法制教育主渠道从“85 方案”到“98 方案”再到“05 方案”的课程改革，确立了从无到有、从繁到简、从被动到主动、从自发到自觉的法制教育发展路线。改革开放前的高校法制教育尽管教训多、经验少，但是其具有启蒙意义的奠基作用不可忽视。改革开放后的高校法制教育以建设社会主义法治国家为主题，以形成社会主义法律意识为核心，以思想政治理论课为主渠道，以德治与法治相结合为手段，不断推进高校法制教育的深度发展和持续发展，从而全面服务于中国特色社会主义法治国家建设事业。

研究注重横纵结合，从演变脉络上对高校法制教育进行“横断面”解读，在每个历史阶段对相对固定的考察点进行比较性、系统性、反思性研究，涵盖了高校法制教育的时代背景、基本做法、阶段特点和经验教训等主要方面。通过对新中国成立以来高校法制教育进行全面、系统的回顾和总结，再现新中国成立以来高校法制教育的恢宏画面，勾勒出高校法制教育的时间轴和发展线，剖析其间的成败得失和兴衰荣辱，这对于当前高校法制教育的承上启下和继往开来无疑具有重大的理论价值和现实意义。

高校法制教育六十多年的发展历史是一个连续不断的过程，每一个历史阶段都各具特点，彰显出鲜明的时代特色，反映了中国民主法制建设发展变化的历史足迹。整体而言，新中国成立以来高校法制教育发展历程基本上是螺旋式上升、一脉相承的，也是与时俱进、继往开来的。抚今追昔、立足当代、展望未来，高校法制教育的光辉历程将凝结成不断前行的动力源泉，而那些沉淀在历史长河中的重要经验和沉痛教训也必将促进高校法制教育沿着扩散化、均衡化和权威化的方向继续阔步前进。

目 录

导　论

“教育作为人类社会所特有的社会现象，其本质是培养人的社会实践活动，它贯穿于人类的整个历史过程和社会生活的各个领域，并使人类社会得以延续和发展。”[①]“除培养人外，教育还具有文化功能、社会功能、经济功能和道德功能。教育与整个社会及其各个领域相关联，教育保证社会的延续，保证人类在全部历史中所积累的知识、技能和规范以及经验的传授。教育造就使社会包括经济领域前进、进步、创新和变革的能力。”[②]作为高等教育发展体系和创新体系的重要组成部分，以及全国大学生在学期间直至终生教育的重要领域，高校法制教育敏感地反映着与时俱进的社会法治意识，担负着国家培养高素质复合型人才的重要使命，影响着“依法治国”基本方略落实的历史进程，是建设中国特色社会主义法治国家的一项基础性、战略性工程。以史为鉴、可以明今，让我们走进高校法制教育六十多年的发展历史，揭示一路走来的兴衰荣辱与成败得失，总结探索道路上的基本经验与历史教训，观照当下，启迪未来。

一、研究目的和意义

高等学校是社会的缩影，是培养人才的摇篮。作为一个特殊的社会群体，大学生是未来社会的支撑主体，是中国特色社会主义国家建设的后备人才，其法治理念如何，将直接影响到整体公民的法律素质和整个社会法治文明的程度。高校法制教育的质量高低和成败关乎我国民主法制建设的历史进程，影响着中国特色社会主义法治国家的实

① 陈至立：《学习党的十五大精神，深化对教育战略地位的认识》，《中国教育报》，1998 年 7 月 16 日。

② 联合国教科文组织：《世界高等教育宣言——为了 21 世纪：视野与行动》，《中国教育报》，1999 年 2 月 1 日。

现进度。六十多年的沧桑巨变、六十多年的历史沉淀，高校法制教育的发展既是我国民主法制建设进程的重要组成部分，又是全面推进依法治国、建设社会主义法治国家的基础枢纽工程。一代又一代的大学生投身社会主义法治国家的建设大潮成为时代先锋，在国家的法制建设中发挥了举足轻重的历史推动作用。在立足当代、继往开来之时，全面总结、纵向梳理新中国成立以来高校法制教育的发展进程，深入研究其曲折前进中留给后人的经验和教训，摸索出高校法制教育的时代规律，必将激发新一代有志青年继续奋斗，投身中国特色社会主义伟大事业，这无疑既具有重大的理论价值，又具有重要的实践意义。

（一）理论意义

1．建设社会主义法治国家，全面推进依法治国的战略工程

新中国成立六十多年来，特别是改革开放三十多年来，我国民主法制建设进程不断快速发展，取得了举世瞩目的成绩。1982 年宪法的颁布，标志着中国的民主法制建设进入新的历史发展时期。1997 年党的十五大报告明确提出了“依法治国”的基本方略。1999 年中华人民共和国宪法修正案强调指出:“中华人民共和国实行依法治国，建设社会主义法治国家。”“依法治国”的治国基本方略和“社会主义法治国家”的治国目标在当代中国确立下来。党的十七大将“社会主义法治理念”这一创造性的概念载入历史文件。党的十八大进一步将“全面推进依法治国”作为今后一段时期的努力方向，同时从社会层面明确指出“法治”是社会主义核心价值观的基本要素之一。在这样的社会历史背景下，中国的法治一直围绕和蕴含着三个重大命题，即“中国法治从何处来”、“当下中国法治如何”以及“中国法治往何处去”。事实上，新中国成立以来中国社会的法治进程正是这三大命题不断书写和探索的过程。我国“十二五”规划时期是推进社会主义市场经济又好又快发展的关键时期，是建设社会主义民主政治的关键时期，也是全面建成小康社会的转承时期。社会主义和谐社会是民主法治的社会，社会主义市场经济是法治经济，社会主义民主政治是法治政治，只有全面推进依法治国基本方略，加快建设社会主义法治国家，运用法治和其他制度规范贯彻落实科学发展观，才能保障中国“五位一体”战

略部署的实现。

法治国家的建设，是一个系统、复杂的社会工程。法制教育、法制建设、依法治国是紧密相连、不可分割的三个环节，三者之间相辅相成，缺一不可。1935年，孙晓楼在其专著《法律教育》开篇写道："一国法律教育的得失，有关于国家法治的前途。"①1948年美国著名法学家庞德在南京国民政府教育部法律委员会第五次会议上所做的关于中国法学教育问题的报告中指出：法律教育是法律的基本问题，而法律是宪政的基本问题。原最高人民法院院长任建新也曾指出："法学教育是国家民主与法制建设的基础性、先导性的工作，法学教育的发展、法律人才的培养关系到国家政权的稳定和社会的进步，关系到我国社会主义现代化建设的历史进程。"②法治和法制教育的关系是紧密相连、相互促进的。从历史到现实，"法治兴，则法学兴，则国兴；法治废，则法学教育废，则国废"这一规律被反复验证。法治是促进法制教育的制度前提，是一种强大的保障力量；反之，法制教育又给予法治以理论上的指导和支撑，给它以理念和理想以及实现理想的动力。没有制度的保障，法制教育是很难推进的；徒有制度，没有人才去支持、实施，那么法治也只是空中楼阁。从这个意义上说，中国高校法制教育的发展史既是中国社会法治建设历程的变迁史，又是中国人民顽强探索中国特色社会主义法治道路的见证史。

高校法制教育承担着培养法治人才的历史使命和重要责任，关系着大学生综合能力的提高和我国素质教育水平的提升，是攸关法治国家建设成败的一项意义深远的战略性工程。对新中国成立以来高校法制教育进行全面总结、系统梳理和深入研究，注重历史与现实衔接、事实与问题兼顾，能够以史实为依据，再现新中国成立后高校法制教育随着中国民主法制建设走过的艰难历程，不断反思高校法制教育的经验教训和利弊得失，对当代高校法制教育的发展具有重大理论价值。基于此，本书以高校法制教育的历史演变和发展轨迹为研究内容，纵

① 孙晓楼：《法律教育》，中国政法大学出版社，1997年版，第6页。

② 董节英：《1949－1957年的中国法学教育》，中共中央党校博士论文，2006年，第2页。

向考察、梳理六十多年来高校法制教育的形成、发展、演变和革新，横向剖析、解构高校法制教育的主要方面，涉及教育理念、教育内容、阶段特点、经验教训、未来走向等。以此为切入点，旨在通过高校法制教育历史发展的对比研究，以小见大，以史为鉴，反映新中国民主法制建设的历史足迹，全面促进和服务于社会主义法治国家建设大局。

2．完善中国特色社会主义高素质人才培养的基础工程

法律素质是人的基本素质，也是政治素养、道德品格和法律意识的综合体，决定着人们日常生活中的行为目的和前进方向。《国家中长期教育改革和发展规划纲要》对大学生应当具备的素质提出了具体要求，明确指出要培养学生诚实守信、遵纪守法的良好品质，树立社会主义民主法治理念，培养社会主义合格公民。法律素质已然成为适应现代社会发展、紧跟时代步伐所必备的基础素质之一。近些年，大学生法律意识的培养、法治观念的加强和用法能力的提高越来越受到重视。与此同时，对于切实提高大学生法制教育实效性的呼声也是越来越高，可见，高校法制教育的重要性和紧迫性日益凸显。作为高素质人才培养的一项基础工程，它不但是大学生个体全面发展、综合素质提升的基本要求，也是社会发展和进步不可逆转的必然趋势，更是社会主义法治国家建设需要高等教育不断改进和着力发展的重点领域。在经济全球化、政治多极化、文化多元化的时代背景下，法治是中国无法绕开的课题，改进和加强高校法制教育逐渐成为中国法制建设事业中的关键环节。这是我国加入 WTO 后增强高素质人才核心竞争力、提升国际话语权、与国际接轨的必经之路。今天的大学生，就是未来中国特色社会主义现代化建设事业的生力军，必须把提高他们的法律素质摆在高校教育工作的重要位置，不断健全高素质人才培养体系。

在全民普法教育的过程中，党和国家一直把对青年学生的法制教育作为教育工作的一项重要内容，对高校法制教育非常重视。在 1985 年 11 月第六届全国人大常委会第十三次会议通过的《全国人民代表大会常务委员会关于在公民中基本普及法律常识的决议》中就专门提到了学校在普及法律常识中的重要地位。1986 年，原国家教委决定在高校非法学专业学生中开设法律基础课程，并于 1987 年在《关于高等学

校思想教育课程建设的意见》中强调了开设法律基础课程的重要性。1995年，在《中国普通高等学校德育大纲（试行）》中进一步明确“思想品德课应设置思想道德修养、法律基础课程和形势政策课程”。1995年，原国家教委、中央社会治安综合治理委员会办公室、司法部在《关于加强学校法制教育的意见》中要求“高等学校法制教育要以培养大学生法律意识为核心”。1998年，中共中央宣传部、教育部在《关于普通高等学校两课课程设置的规定及其实施工作意见》中再次强调了法律基础课的重要使命。2003年，教育部社会科学研究与思想政治工作司在关于《普通高等学校“两课”教学基本要求》的通知中重申法律基础课程的教育目标和深远意义。2005年，中宣部、教育部在《中共中央宣传部、教育部关于进一步加强和改进高等学校思想政治理论课的意见》及其实施方案中明确将“思想道德修养与法律基础”课列为四年制本科思想政治理论课的四门必修课之一。

目前，全国高校普遍开设了思想道德修养与法律基础课，对大学生进行普及性法制教育，在培养大学生社会主义法律意识和法治观念方面起到了积极促进作用。然而，教育实践中的实效性问题似乎成了阻碍高校法制教育继续深化发展的一大瓶颈，与党和国家要求和期望的通过高校法制教育使大学生成为“四有”人才的目标仍存在一定差距。基于这样的现实状况，如何更好地开展高校法制教育、增强大学生法制教育的实效性和认同度就成为高等教育人才培养系统工程中一项基础而重要的任务。因此，本书从反思的视角纵向把握新中国成立以来六十多年高校法制教育的发展历程，总结和揭示不同阶段法制教育的阶段特点和经验教训，以期对当代高校法制教育的改革和创新具有现实启示，对完善中国特色社会主义高素质人才培养系统工程具有一定的理论价值和贡献。

（二）实践意义

1．进一步加强和改进大学生思想政治教育的重要力量

新中国成立以来，大学生思想政治教育一直是党和国家密切关注的问题，虽然遇到了一些困难和阻碍，但是总体上取得了卓有成效的进步。尤其是改革开放以来，大学生思想政治教育不断发展、完善和

创新，如今已经形成了较为成熟的思想政治教育理论构架和实践育人体系。高校法制教育作为思想政治教育的一个有机组成部分，从最初的法律常识教育发展到法律意识教育，又提高到现在的法律素质教育，经历了一个循序渐进、不断深化和创新的过程，在法律意识培养、法治观念塑造和用法能力提高等方面都取得了值得称道的成绩。

思想道德修养与法律基础课程作为对当代大学生进行法制教育的主渠道，有助于对大学生进行社会主义道德教育和法制教育，帮助大学生增强社会主义法治观念，提高道德素质和法律素质，解决大学生成长成才过程中遇到的实际问题。然而，对于高校法制教育而言，仅仅依靠课堂上的知识讲授是远远不够的，还应当借助思想政治教育全员育人、全程育人和全方位育人的优势，整合高校法制教育各方资源，提升法制教育有效性，从而促进思想政治教育全面发展、均衡发展和创新发展。相应地，加强和改进大学生思想政治教育，既要发挥传统道德教育的教化功能，还需要依靠法制教育的刚性约束，通过德治与法治的合力作用在刚柔并济中推动大学生思想政治教育整体推进。可以说，思想政治教育工作是一盘棋，各个组成部分都是不可或缺的支撑动力，在合力作用下促进大学生思想政治教育整体向前发展。在思想政治教育视域内，高校法制教育应当与思想教育、政治教育、道德教育和心理健康教育一道发挥出资源共享、优势互补、取长补短的功能和作用，相辅相成、相互配合，共同促进大学生思想政治教育工作的深入发展和不断创新。

2．助力大学生成长成才、服务社会的有效途径

随着高校的不断扩招，高等教育已经从精英化教育转向大众化教育，生源的良莠不齐、国际社会的复杂多变、网络世界的消极诱惑、西方文化的不断冲击、不断攀升的大学生违法犯罪率等等，这一切新问题、新格局、新形势都给高校法制教育带来了前所未有的巨大挑战。站在新世纪的历史交汇点上，面对挑战与机遇并存、教育目标与现实反差相悖的现实，高校法制教育如何迎难而上、化解矛盾，吸收新中国成立以来不同历史时期法制教育的经验和教训，提高法制教育的实效性，助力大学生成长成才、服务社会，这既是高校法制教育发展到

今天需要承载的应有之义，也是依法治国，建设社会主义法治国家赋予高等教育实践的历史责任和时代重托。

通过对新中国成立以来六十多年高校法制教育发展历史的系统梳理，深刻总结不同历史时期、不同年代，高校法制教育的不同特点和经验教训，在遵循共性和个性关系的基础上，探索高校法制教育的普遍发展规律，启迪当代高校法制教育的新思路和新模式。尽管高校法制教育尚不能完全杜绝或者根除大学生违法违纪现象，但至少能够通过一课堂与二课堂相结合、校园内与校园外交互整合、网上网下相配合的多样化路径增强大学生的社会主义法治理念，形成法律知识促进法律意识、法律意识带动法律素质的良性循环教育模式，从而在理念上提高他们的法律意识和法治觉醒，在实践运用中促进大学生用法能力的整体提升，夯实其社会准入的必备知识、基本素养和生存技能，努力培养出中国特色社会主义事业的合格建设者和可靠接班人。

二、研究现状

法制教育研究属于交叉学科，既属于思想政治教育研究的重要课题，是思想政治教育学科中教育内容的重要组成部分；又属于法学领域的法律思想史、法制史的一部分；还属于教育领域的高等教育史的分支。新中国成立后的法制教育史还与党史有着密不可分的联系。但遗憾的是，长期以来，凡冠以“中国法制史”一类名称的教科书中都不曾专设“法制教育”的章节，法学教育机构内部研究人员大都专注于部门法领域，很少有人将精力投入到法制教育的研究上。而专门研究教育学的人员由于缺乏对法学专业背景的了解和探究，对于法制教育问题往往避而不谈。研究高校思想政治教育的人员对于大学生法制教育的认识和研究起步较晚，基本上是在1986年设置“法律基础”课之后才逐渐引起广泛关注和重视的。因而，对于新中国成立后高校法制教育的研究一直没有受到学界的广泛关注，直到改革开放后，伴随着“依法治国、建设社会主义法治国家”脚步的加快，才逐渐引起各界的注意和重视，相关著作和论文才慢慢地多起来。

目前，能够查阅到的“法制教育”学术著述不多，学术专著更少，就是在如此有限的“法制教育”著作中，著者、编者的研究重心几乎都集中在了“法律职业教育”上。我国早期著名的法学教育专家孙晓楼先生的学术专著《法律教育》重点研究“法律职业教育”，并没有涉及“公民法制教育”，更没有研究公民法制教育问题的学术倾向。孙先生的学术兴趣是如何通过国际化的法律职业教育，培养中国的专门法律职业人才。贺卫方教授主编的《中国法律教育之路》是一部法律教育论文集，其中的文章绝大多数都是在探讨如何完善中国的法律职业教育。徐显明教授主编的《中国法学教育状况》一书是一部内容比较全面、资料相对丰富的中国法律职业教育的全景式报告，就是这么一部法学教育的学术编著，编者很明确地指出：“本报告所指的法学教育特指由教育机构进行的关于法的专门化教育。它不同于社会一般的非专门化的法律教育。”① 如果以与“法制教育”相似的“法律教育”为关键词进行查找，那么名字被冠以“法律教育”的著述如出一辙，其研究领域和学术兴趣也都集中在中国的法律职业教育范畴内，把“法律职业教育”有意无意地当成了法制教育的全部内容，遗漏了应该受到相应关注的公民法制教育，即具有大众化法律普及性质的教育。当然更不用说，专门从事法学研究的学者在自己专著中将研究和探讨的着力点放在“法学教育”而不是“法制教育”上，就更加不足以为奇。当代学者房文翠的法学教育专著《法学教育价值研究——兼论我国法学教育改革的走向》研究视角较为新颖，专注于法学教育的价值层面，但是这部学术专著所关注的中心仍是法律职业教育，未谈及法制教育，更不是探讨法制教育价值。持久关注中国法律教育的著名学者霍宪丹先生，在他的《中国法学教育反思》这部学术著作中所理解的法律教育或法学教育，依然是法律职业教育，反思的对象和内容也是法律职业教育，侧重于建构中国法律专门人才的培养模式。冀祥德主编的《法学教育的中国模式》、《中国法学教育现状与发展趋势》两部著作，虽然回顾了中国法学教育的历史变迁和沿革，涉及了有限的全民普法教育，但是从总体上看这两部著作同样不是针对“法制教育”进行的专题研究。华东政法大学王立民教授的新著《中国法制与法学教育》，看

① 徐显明：《中国法学教育状况》，中国政法大学出版社，2006年版，第2页。

似与法制教育有关，实则是在研究中国现代法制道路发展过程中的中国法学教育，与所期待的“法制教育”相去甚远。

总体而言，目前我国法学学者和教育学研究者在很大程度上都把自己的学术兴趣和学术重点放在“法律职业教育”上，以培养优秀的法律精英为目的；并没有把普及性的“法制教育”问题纳入自己的学术领域，也没有把法制教育培养的大学生群体作为研究的学术偏好。研究思想政治教育的学者也往往将热点放在依法治国和以德治国的问题上，很少以“高校法制教育”为研究重心。况且，在为数不多的高校法制教育研究中，作者的专业背景比较复杂，有马克思主义中国化、党史专业等马克思主义理论学科的，有中国法制史等法学专业学科的，也有高等教育专业等教育学学科的，当然还有思想政治教育专业人士也写过此类的硕士论文和相关公开发表的论文。总之，作者专业背景多元、复杂、分散，难以成为该领域的学术权威和达成学术共识。

在中国知网的检索中，发现1999年至2013年间，关于法制教育方面的文章有2575篇，关于高校法制教育的文章有338篇，而输入“历史”二字进行再次检索时，专门对高校法制教育的历史发展进行探索和研究的文章只有1篇。对于高校法制教育理论研究，现有的学术成果主要集中在以下方面：第一，理论研究渐趋深入，研究成果日益丰硕。自1986年全国高校开设“法律基础”课以来，高校法制教育理论研究逐渐受到学界重视。以学术论文为代表的研究成果越来越多，研究内容更广泛、数量更多，研究课题更加务实，研究视野更加广阔。第二，研究方法多样化，突出实证研究。“目前高校法制教育理论研究的视角和方法呈多样化发展趋势，从宏观论证到微观分析，从规范研究到实证研究，从经验总结到逻辑推理，从直观描述到统计分析等都有运用”。[①]尤其值得关注的是，人们越来越重视采用问卷、数量分析等实证研究方法。许多研究者对高校法制教育现状、大学生法制观念和法律素质状况进行调查，对所获取的数据进行统计分析，得出了一

① 赵光军：《20年来高校法制教育理论研究综述》，《经济与社会发展》，2007年第1期，第204页。

些具有启发性和参考性的结论，提出了一些针对性较强的解决措施。第三，研究内容呈现专门化趋势。过去的研究中，人们更多关注的是教育意义、教育内容和方法手段等方面的综合性研究。近些年来，研究者开始重视对高校法制教育中的某一方面问题予以研究，“小题大做”，如从教育目标、影响因素研究到教育机制、效益研究；从网络化研究到与道德教育整合的探讨等等，这已成为高校法制教育理论研究的一个发展趋向。第四，开始关注比较研究。“一些学者通过介绍外国高校法制教育的特点，初步探讨了这些特点给我国法制教育带来的启示。”①“也有学者通过我国与外国高校法制教育目标、教育内容、教育方法、教育途径等层面进行比较研究，探讨我国高校法制教育存在的缺陷及其解决办法。”②这些研究成果对我国高校法制教育的改革和发展起到了一定的参考和借鉴作用。

与此同时，我们也应正视研究过程中的不足之处，应避免陷入“避重就轻”、“隔靴搔痒”、“未及要害”等误区。首先，概念混乱、区分不明、界定不清。学者们在研究中使用的概念较多，如：法制教育、法制观教育、法律教育、法律意识教育、法律素质教育、普法教育等。有些概念界定含混不清，相互之间区分也不明确。概念上的不清，就会妨碍人们对研究对象的了解和对规律的把握，也会导致研究上的不协调。所以，应当科学界定相关概念，明确区分易混词之间的关系，探寻彼此间的内部联系，扫除研究障碍。其次，总结经验多，理论研究少。就研究内容而言，很多研究者来源于教学一线，根据自己的教育实践和体会进行了一些经验总结，往往将问题只停留在感性层面上，缺乏理论性升华。就研究方向而言，基本规律、教育模式、教育路径等基础理论研究相对缺乏，对于已经研究较多的实践性较强的问题，诸如课程改革、实践教学等简单重复现象严重，仍需要在基础理论上进一步提升和提炼。再次，方法途径探讨居多，重大核心难题研究相对薄弱。多数研究都将探讨的重点放在教学方法、途径上，对于法制

① 陈群辉：《国外高校中的法制教育及其启示》，《荆州师范学院学报》，2002 年第 1 期，第 29 页。

② 刘咏梅：《中美高校法制教育之比较》，《前沿》，2004 年第 3 期，第 120～123 页。

教育的目标、功能、规律、效果评估等问题涉及不多，创新性研究不足。最后，重视实践环节，但可行性、实效性研究不到位。开展法制教育实践活动，是增强法制教育实际效果的重要环节，研究者大都能够注意到并强调突出法制教育的实践环节，提出了形式多样的法制教育实践方法。但是，如何去落实实践活动的目标、如何监督实践活动的程序、如何量化实践活动的考核评估等一系列问题尚考虑不周，致使高校法制教育理论指导实践环节运转不利，实践活动的开展往往表现出随机性、主观性和形式化等不成熟倾向，还有待进一步加强和完善。此外，研究高校法制教育的文章从数量上看并不多，而这些文章中一般介绍性研究偏多，纵向比较性、系统性、反思性研究少之又少。在本就为数不多的研究成果中，多以改革开放后的高校法制教育发展轨迹和课程改革为研究重点。在新中国成立以来这个更宽泛的历史范畴中研究高校法制教育发展历程及其经验教训的文章几乎没有，这个研究领域也未得到人们的高度关注。

毋庸置疑，这些前期成果无论从哪个角度入手，围绕哪些内容展开，关注过哪些领域，都将对深入研究我国高校法制教育相关问题起到一定的借鉴和启示作用。但不可否认的是，现有研究成果中，从历史发展的角度对高校法制教育进行纵向研究和深度反思的声音十分微弱，在对新中国成立以来六十多年高校法制教育的发展演变进程进行系统梳理和全面总结方面，尚无人著书立说，其相对处于学术空白是当前的学术研究事实。因此，基于这一学术现状，本研究力图在这些薄弱方面进行大胆尝试，注重继承与创新并重，从历史梳理的角度着眼，以思想政治教育与法制教育的关系为依托，以建设中国特色社会主义法治国家为背景，以培养“四有”人才为责任，在思想政治教育的学科背景下攻关我国“高校法制教育”这个题目，尽己所能、努力探寻高校法制教育的本源问题。显然，这样的研究题目既是机遇，更是挑战。

三、主要内容和研究重点

新中国成立以来的高校法制教育，从纵向时间角度，跨越了新中国成立以来六十多年的历史，经历了五个主要发展阶段：探索起步阶段（1949～1956 年）、挫折失误阶段（1957～1977 年）、恢复发展阶段（1978～1985 年）、深入发展阶段（1986～2003 年）和继承创新阶段（2004 年至今）；从“横断面”研究角度，涵盖了高校法制教育的时代背景、发展契机、指导思想、基本表现和做法、阶段主要特点和经验教训等主要方面。将高校法制教育置于我国民主法制建设伟大实践的历史进程中，突出高校法制教育的历史演变脉络，探寻发展历程中的历史功绩和成败得失，目的在于启迪当代高校法制教育的改革创新，并就其发展前景做出未来展望。

（一）主要内容

1．高校法制教育概念界定

研究之前，有必要对“法制教育”这一概念进行界定，以确定明确的研究对象。在界定我国高校法制教育的概念之前，又有必要对“法制教育”、“法律教育”、“法学教育”、“普法教育”这些看似相近实则内涵各不相同的概念进行比较和区别，在对比研究中明晰高校法制教育的准确概念界定，为开展深入研究打下坚实的理论前期基础。

2．高校法制教育学理溯源

新中国的成立掀开了历史新的一页，使中国现代法和法学发生了重大转折，随之高校法制教育也进入了历史发展的新时期。然而，回顾新中国成立以来的高校法制教育，由于种种复杂的原因，其间起伏不定，既有许多成功的经验，也经历了诸多挫折，值得反思和总结。在一个具有两千多年封建专制统治历史的国家，为什么要开展高校法制教育？如何对大学生开展法制教育？高校法制教育的重要性和紧迫性体现在哪里？我国高校法制教育在不同历史时期的主要特点是什么？这些问题应当在学理上得到充分揭示和合理阐发，同时也是本研究得以立得住脚的历史根基、理论溯源和思想流变。

3．高校法制教育历史嬗变

从 1949 年至今，共和国经历了 65 年的发展和壮大，起起伏伏，曲折前进。65 年的高校法制教育在历史长河中留下了一笔笔浓重的色彩，经历了五个发展阶段，发生了四次重大历史转折。改革开放前，高校法制教育经历了两个发展阶段，实现了两次相同而又不同的重大

"转变"，第一次是从摧毁到建设，第二次是从再摧毁到再建设。改革开放后，高校法制教育经历了三个发展阶段，产生了两次重要"飞跃"，第一次是从法律常识教育到法律意识教育，第二次是从法律意识教育到法律素质提升教育，这两次重大历史转折时间跨度较大，经历了三个重要历史发展时期，逐步实现了高校法制教育在理念上的重大突破、在实践中的重大转变，顺利完成了法制教育主渠道从"85 方案"到"98 方案"再到"05 方案"的课程改革，确立了高校法制教育从无到有、从繁到简、从被动到主动、从自发到自觉的发展路线。

4．高校法制教育经验教训

回顾新中国成立以来高校法制教育发展的历史进程，无论从时间上、还是从意义上，毫无疑问改革开放是当之无愧的重大历史拐点。以改革开放为界，将高校法制教育划分为两个大的历史时期，即改革开放前和改革开放后，其中又包含了五个小的历史发展阶段。可以说，改革开放至今短短三十多年的时间，竟发生了天翻地覆、日新月异的重大变化。改革开放前，中国的民主法制建设处于起步阶段，此时的高校法制教育也在实践中不断摸索，在接连不断的政治运动和十年"文化大革命"中艰难生存、步履蹒跚，总体上教训多、经验少。改革开放后，在"依法治国，建设社会主义法治国家"基本方略的指引下，高校法制教育也不断从幼稚走向成熟，从自发走向自觉，从知识普及走向观念内化，探索出中国特色社会主义高校法制教育的新体系，其间的历史功绩值得认真总结，历史教训需要牢记反思。

5．高校法制教育未来展望

目前，中国特色社会主义法律体系已经形成，但是建设社会主义法治国家的道路还很长，青年大学生肩负着国家和民族伟大复兴的历史重任。高校法制教育的好坏将影响大学生素质教育的成败，最终关系到建设中国特色社会主义法治国家的步伐。立足当代、回溯历史、翘首未来，梳理已经发生的 65 年历史，整理尘封的那些经验和教训，洞悉昔日人们不曾关注的视界，探索发展过程中的共性与个性，对高校法制教育扩散化、均衡化和权威化的"三化"发展趋向努力做出科学而合理的预测和研判。

（二）研究重点

1．宏观把握高校法制教育历史演变脉络

如何从宏观角度准确把握住新中国成立以来高校法制教育跨越六十多年的历史进程，是一项系统而复杂的任务。首先，要确定分期标准，准确定位历史阶段。其次，要沉浸在纷繁复杂的法制教育历史中，按照历史线索确定文章架构。再次，需要对六十多年发展历史背后所反映出的深层次问题进行归纳和反思，总结出历史经验和教训。最后，力图对历史有所新发现，对今后发展做出展望，开启未来之路的新动向。改革开放前的高校法制教育发展经历了两个阶段，即：以新中国成立为开端的1949～1956年探索起步第一阶段、以政治运动为特征的1957～1977年挫折失误第二阶段。改革开放后的高校法制教育发展经历了三个不同阶段，即：以十一届三中全会为契机的1978～1985年恢复发展第一阶段，以法律基础课设立为起点的1986～2003年深入发展第二阶段，以中央16号文件和“05方案”为标志的2004年至今继承创新第三阶段。每个阶段既相对独立、特点各异，又前后呼应、绵延发展，勾画出波澜壮阔的高校法制教育发展之路。

2．揭示65年高校法制教育的历史启示

在中国特色社会主义现代化建设的伟大事业中，法制建设是其中重要组成部分；在中国民主法制建设的事业中，法制教育是其中的重要一环；在与国民素质和人才培养质量休戚相关的中国高等教育事业中，高校法制教育又是其中一个不可分割的部分。高校法制教育好似一个支点，在中华民族伟大复兴的道路上，与众多支点发生着或重叠或交叉的关系，共同构筑起中国特色社会主义国家的宏伟大厦。历史和实践一次又一次证明，高校法制教育的作用和地位不可替代，而且越来越趋向成为教育事业不可或缺的重要力量。诚然，65年的发展历史积累了一些值得令世人骄傲的成就和功勋，为高校法制教育铺就了一条发展之路，但是未来的发展之路更加充满挑战和危机。只有站在历史的高度反思历史，借助历史的力量垫高未来发展的基础，才能使中国特色社会主义高校法制教育道路越走越宽广。

3．尝试破解困扰高校法制教育飞跃的现实瓶颈

回溯新中国成立以来高校法制教育发展史，先后经历过四次重大历史转折。第一次是 1949～1956 年法制教育从摧毁到建设，第二次是 1957～1985 年法制教育从再摧毁到再建设，第三次是 1986～1998 年从法律常识普及教育到法律意识增强教育，第四次是 1999～2005 年从法律意识教育到法律素质提升教育。这些历史功绩将永载史册，但是高校法制教育的前进步伐不能停止，仍然需要第五次、第六次甚至更多次的转折和飞跃。然而，梳理和总结历史，总是为了反思现实和问题，高校法制教育中的一些问题是可以通过调整和改革来实现和完成的；而有一些则触及根本问题，需要大刀阔斧式的变革。其中三个命题需要在理论层面做出科学阐释，在实践层面上做出制度安排。其一，法律和政治的关系问题。其二，高校法制教育的目标问题。其三，宪法教育的问题。这既是研究的重点探讨之处，同时也预示着研究的潜在价值。

四、研究思路和研究方法

（一）研究思路

1. 在纵向梳理新中国成立以来六十多年我国高校法制教育历史发展沿革的基础上，科学划分高校法制教育的重要历史阶段，清晰把握其基本演变脉络，分析提炼其经验教训和历史反思，启迪当代高校法制教育的改革和创新，并对其内涵和范畴做出客观概括，赋予其与时俱进的教育目标和教育内容。

2. 在“横断面”研究基础上，每一个历史发展阶段设计相对固定的研究模块和研究领域，随着时间轴的推移，转换不同的历史阶段，探寻同一模块在不同社会历史条件下发生了怎样的变化以及怎样发生的转变，以期在小环境下依然能够整理出一个又一个高校法制教育某一方面的发展历程及其主要特点，探索出有价值、有新意的研究成果。

3. 在研究高校法制教育的基本经验教训和未来走向时，注重历史与问题兼顾，重点反思六十多年高校法制教育的基本经验和沉痛教训，这是史论结合研究的最终落脚点。这个问题实际上是应用创新的问题，需要立足现实，在对高校法制教育发展历史与逻辑宏观把握的基础上，

对未来发展的“三化”总体趋势、明显趋势和必然趋势做出原则性分析和预判，即高校法制教育扩散化、均衡化和权威化。

（二）研究方法

1．文献研究法

欲对新中国成立后六十多年的高校法制教育进行专题研究，必然会涉及对党和国家领导人的原著、历史文献、文件资料、法律汇编等进行细致的梳理，提炼概括思想理论，总结出经验规律。新中国成立以来的法制教育思想理论散见于中国共产党几代领导人的著作中，相关文献如《毛泽东选集》、《董必武政治法律文集》、《邓小平文选》、《江泽民文选》等，分散在不同历史时期的中国共产党法制工作历史资料中。此外，高校法制教育发展过程中的一些法律文本、普通高校思想政治教育理论课中的文献选编，资料丰富、文献浩繁，需要借助文献研究法来进行科学统计和综合分析。

2．史论结合法

力求“史”与“论”有机结合，但针对不同章节、不同内容，其侧重点又有所不同。对于改革开放前的高校法制教育，以“史”为主，做足史料考证的工作，客观展现不同时代的历史情形和理论根源。对于改革开放后尤其是“法律基础”课设置后高校法制教育的历史发展与变化情况，以“论”为主，结合不同发展阶段的历史背景和时代特色进行客观评析，深刻反思每一个发展阶段高校法制教育的成败与得失，为当代高校法制教育提供可资借鉴的实际经验和教训。

3．比较研究法

以重要历史节点和事件作为分期标准，对五个历史发展阶段的高校法制教育进行多维比较，并结合不同的阶段特点对其做出客观评价。从横向角度，设计相对固定的模块，即指导思想、时代背景、表现形式、具体做法、阶段特点、经验教训等，考察高校法制教育的主要方面在不同历史阶段、不同历史条件下，发生了什么变化以及为什么发生变化。从纵向角度，跨越新中国成立至今六十多年的历史，以改革开放为界划分为两个大的历史时期，其中又分为五个小的阶段，以立体化、系统化、全程化的视角呈现和对比不同历史阶段高校法制教育的基本轨迹、主要特点和经验教训有何异同，有何特色，有何规律。

4．跨学科研究法

西方控制论的奠基人维纳说过："在科学发展上可以得到最大收获的领域是各种已建立起来的部门之间被忽视的无人区。"此研究本质上具有跨学科和多学科交叉性质，横跨马克思主义理论与思想政治教育、法学和教育学等学科领域。学术依托或背景主要依靠党史、马克思主义中国化、中国法制史、宪法学、教育法、高等教育学等多学科门类和知识。多种方法、齐取并用构成了本书的方法论特色。

除了上述方法外，研究中也适当运用了数据列表、图表、案例分析等方法。总之，集中融合多种研究方法，对新中国成立后的高校法制教育做一鸟瞰，从中探索出高校法制教育发展进程中的历史规律，揭示其对依法治国、建设社会主义法治国家的实际贡献，并对高等教育高素质人才培养体系的发展和创新做出现代解读。

五、章节安排和创新点

作为对高校法制教育发展演变进程的首次学术探索，除前言和后记外，本书整体分为导论、正文、结语三部分，总计七章。

导论对研究选题的相关问题做一概括性介绍，主要对研究的问题及研究的思路与框架做出说明，阐述研究目的、研究意义、研究方法、研究内容、研究重点和创新点。

第一章对法制教育的相关概念和它们之间的联系、区别和功能局限做出理论上的说明和阐述。对"法制教育"、"普法教育"、"法学教育"、"思想政治教育"做出概念上的界定和厘清，目的是为研究法制教育的发展做理论准备。此外，对思想政治教育学科视域下高校法制教育的重大意义需要着重阐明，以体现研究的选题意义和理论价值之所在。

第二章以新中国成立为开端、以新民主主义社会向社会主义社会过渡为社会背景，研究1949－1956年高校法制教育的创建过程。这一时期的高校法制教育尚处于探索起步阶段，缺乏明确、系统的教育内容、教育目标和教育模式。零星的法制教育隐性渗透于运动式政治教育中，启蒙了大学生的民主意识和法治觉醒。法学教育除旧布新、进行院系调整、学习苏联模式，奠定了高校法制教育从小众化走向大众化的基础，初步形成了高校法制教育的基本格局，为改革开放后高校法制教育在我国高等教育中全面展开发挥了基础而重要的作用。

第三章以“反右”运动扩大化为起点，以频繁发生的政治运动和十年的“文化大革命”为社会背景，深入分析 1957～1977 年高校法制教育倒退停滞的思想根源，集中呈现高校法制教育全面遭到破坏的具体情形。在这个特殊阶段，法律虚无主义泛滥、人治盛行，几乎没有给后人留下什么值得学习的经验，反倒是一些沉痛的教训需要总结和反思。

第四章以十一届三中全会召开为契机，以改革开放、经济体制改革的新变化、新气象为社会背景，从教育内容、教育途径、教育管理三个方面展现 1978～1985 年高校法制教育恢复发展的具体做法和效果。虽然没有正式教学意义上的法制教育，但是良好的民主法制氛围感染着广大学生，学法参法热情高涨。这个阶段的高校法制教育发挥了承上启下的关键作用，既结束了改革开放前较为混乱的教育状态和秩序，又从无到有、从自发到自觉、从被动到主动，逐渐走上正轨，是一段具有过渡性质的开创高校法制教育新局面的起承转合期。

第五章以法律基础课独立设置为标志，以全民普法教育和“依法治国”基本方略确立为社会背景，揭示 1986～2003 年高校法制教育发展过程中的重大变革，从“85 方案”到“98 方案”，法律基础课逐渐成为高校法制教育主渠道，课外实践教学不断拓展，权威性、官方性文件大量密集下发，众多高校开始探索依法治校之路。这些都标志着高校法制教育进入稳步前进时期，发展日渐稳定成熟，且稳中有变。

第六章以中央 16 号文件和“05 方案”课程改革两大重要历史事件为背景，在全球化、网络化和信息化时代条件下，高校法制教育也遇到了前所未有的问题，但是挑战与机遇并存。在新媒体环境下，针对大学生群体的新特点、新变化和新形势，如何用中国特色社会主义法律体系的最新成果武装大学生头脑，培养大学生崇尚法治的法律意识，让社会主义法治理念入脑入心，这既是新世纪高校法制教育的时代课题，也是依法治国，建设社会主义法治国家的集中体现和必然要求。

第七章是全书的理论提升部分，也是研究价值之所在。新中国成立以来高校法制教育已经走过65年的发展史，能够留给人们的除了宝贵的教育经验外，还应该有深刻的教训需要反复总结和认真吸取。本章对新中国成立以来高校法制教育的经验教训进行了正、反两方面的辩证反思，在总结历史功绩、发挥传统优势的同时更加注重反思历史教训，启发当代高校法制教育的改革和创新，并立足现实对未来高校法制教育发展维度做出展望。

结语：培养高素质人才，造就中国特色社会主义法治的忠实信仰者和坚定践行者。高校法制教育的根本目标和任务凝结了一代又一代教育工作者的不懈努力，必将成为当代大学生接续奋斗的历史使命和前行动力，也必将成为中国特色社会主义法治国家建设的重要推动力量。

高校法制教育在历史的长河中苦苦追寻，追寻什么？为什么从历史的角度研究追寻的足迹？希望通过揭示这些问题启迪更多人对于高校法制教育的关注和思考。本书从某种意义上能够为后进的相关研究提供一份宝贵的可资借鉴资源。简而言之，研究可能的创新点主要体现在以下三个方面：

1. 从发展史角度入手，整理高校法制教育六十多年的基本发展脉络和总体历史理路，对思想政治教育视域下的高校法制教育首次进行全面、系统的历史进程梳理和把握。纵向考察其历史发展阶段，总结不同历史时期的不同阶段特点；横向研究其演变轨迹和变化规律，勾勒出新中国成立以来高校法制教育的时间轴和发展线，这是研究的首要创新点。

2. 以反思为视角，对高校法制教育发展过程中的基本经验和历史教训，做出客观而辩证的分析和阐述。改革开放前的高校法制教育尽管教训多、经验少，但是通过深入挖掘仍然可以发现新中国成立后的高校法制教育突破人治传统，依托政治教育渗透法制教育，借助法学教育的力量逐渐从小众化走向大众化，其具有启蒙意义的奠基作用不可忽视。改革开放后的高校法制教育以建设社会主义法治国家为主题，以形成社会主义法律意识为核心，以思想政治理论课为主渠道，以德治与法治相结合为手段，不断推进高校法制教育的深度发展和持续发展，服务于“依法治国，建设社会主义法治国家”治国方略的实现。

3．以现实为着眼点，以未来趋向为内驱力。新中国成立以来高校法制教育已经走过了六十五个春秋，经历了五个不同的发展阶段，实现了四次历史性转折和飞跃。然而，在建设社会主义法治国家的道路上，高校法制教育承担着更重要、更紧迫的使命和责任，仍然需要不断创新和完善。目前，对于制约高校法制教育突破的难题，研究中从三个方面尝试做出总结和探讨，一是未处理好法律与政治的关系，二是未处理好根本目标和近期目标的关系，三是未处理好宪法教育和其他部门法教育的关系。如何从根本上解决这些问题，既是高校法制教育需要破解的时代难题，也是未来高校法制教育的发展方向。在全面推进依法治国的过程中，高校法制教育将沿着扩散化、均衡化和权威化的方向继续前进，必将在培养高素质人才、造就中国特色社会主义法治的忠实信仰者和坚定践行者方面发挥出不可替代的重要作用，有效地推动“法治中国”的建设，为实现“中国梦”源源不断地输送合格人才。

在建设中国特色社会主义法治国家的伟大事业中，作为对高校法制教育研究的一次学术探索，本书史论结合、纵贯古今、总揽全局、微观试笔、借鉴先进、博采众长、力在创新，以期对今后学科发展和后续研究具有潜在价值和推动意义。

第一章　高校法制教育及其意义

实行“依法治国”是保证国家长治久安、建设社会主义法治国家、实现社会主义现代化的基本前提。高校法制教育作为中国特色社会主义民主法制建设事业的重要组成部分和基础性工作，发挥着越来越举足轻重、不可替代的作用，不断推动社会沿着健康、有序的轨道稳步发展。大学生是社会的一分子，是国家的公民，是建设中国特色社会主义、全面建成小康社会的主力军。只有他们积极投身到社会主义法治化的进程中，才能不断加快社会主义法治国家的建设步伐。同时他们又是一个特殊的社会群体，正处于高等教育的学习阶段，就社会角色而言他们还是学生。因此，如何使大学生学法、尊法、守法、用法，掌握必要的法律知识，树立较强的法律意识，具备社会主义法治理念，是实现社会主义现代化和法治化百年大计的重要一环。通过加强高校法制教育这一有力手段，提高当代大学生法律素质教育水平是一项综合性的系统工程。作为育人阵地的高校责无旁贷，理应为社会输送合格人才，为中国特色社会主义伟大事业做出应有贡献。

第一节　关于“高校法制教育”

法制教育是什么？与之相关的易混淆的几个主要概念如何进行准确界定？高校法制教育与思想政治教育的关系如何？这些看似简单的问题实则关系到研究对象和研究范围的科学界定。因此，在开篇之际，有必要对这些基础而又重要的概念做出阐释和界定。

一、法制的内涵

（一）“法制”的含义

“法制”一词在我国最早见于《礼记·月令》之中：“命有司，

修法制，缮囹圄，具桎梏，禁止奸，慎罪邪。”[①]这里“法制”的含义仅仅指刑律。《管子·君臣上》曰：“法制有常则民不偷。”又见于《商君书·君臣》：“民众而奸邪生，故立法制，为度量，以禁止。……法制不明，而求民之行令也，不可得也。”再有《后汉书·仲长统传》：“君子用法制而至于化，小人用法制而至于乱。”前述引文中的“法制”的具体含义可能会稍有差异，但基本上是指“禁令”。[②]新中国成立前，“法制”一词仅被用于法制史学家的理论研究领域。新中国成立以后，党领导人民制定了一系列法律、法规，特别是1954年颁布的我国第一部社会主义宪法，确立了社会主义法制建设的基本原则，为保障人民的民主权利提供了宪法保障，“法制”才得到较为广泛的应用。1956年董必武在《进一步加强人民民主法制，保障社会主义建设事业的报告》中将“法制”概括为“有法可依”和“有法必依”。1957年以后，由于“左”的思想严重干扰，特别是“文化大革命”时期，公民的民主权利、人身权利受到破坏，那时我国对法制一般称为“革命法制”或“人民民主法制”。党的十一届三中全会拨乱反正，我党在认真总结过去经验教训的基础上，充分认识到社会主义法制的重要性。1978年邓小平同志在中央工作会议上的讲话中指出：“为了保障人民民主，必须加强法制。必须使民主制度化、法律化，使这种制度和法律不因领导人的看法和注意力的改变而改变。”[③]1982年我国颁布了新宪法，强调要发展社会主义民主，健全和加强社会主义法制。自此以后，“社会主义法制”才被广泛应用。

综合众多理论家的不同观点，可以从不同的角度对“法制”一词做出多种解释，归纳起来大致有以下四种：第一，具体的法律规定；第二，静态意义上的法律和制度；第三，动态意义上的法律，即立法、执法、司法、守法和法律监督等各环节构成的一个系统；第四，宏观意义上的即与法有关的一切范畴。

对于“法制”无论从字面理解还是从实践角度考察，从根本上讲

---

①《礼记》，钱玄、徐克谦等注，岳麓书社，2011年版，第226页。

② 夏勇：《依法治国——国家与社会》，社会科学文献出版社，2004年版，第3页。

③《邓小平文选》（第2卷），人民出版社，1994年版，第144～147页。

它应是一种静态意义上的范畴，可以从狭义和广义两个角度来分析。从广义上讲法制是指静态意义上的法律和制度的总和，是统治阶级按照自己的意志通过国家政权建立起来的法律和制度体系，是国家管理活动的法律化和制度化。基于这种理解，法制既包括以专制为基础的法制，也包括以民主为基础的法制。具体而言是指奴隶社会的法制、封建社会的法制、资本主义社会的法制和社会主义社会的法制。从狭义上讲，法制与民主具有不可分割的联系，是一定阶级民主政治的制度化、法律化，即民主是法制的基础和前提，法制是民主的体现和保障。基于这种理解，法制仅指以民主为基础的法制，只包括资本主义的法制和社会主义的法制。

因而，“法制仅仅表明特定社会中存在着一种独立于其他各种制度的法律制度，有时甚至是一整套较为完备的法律制度”[①]。但是，在这种社会中，法律还不是行为主体服从的最高权威，恰恰相反，法律还只是某个最高权威所运用的一种工具，一个控制社会和国家的手段。

（二）社会主义法制的含义和基本要求

1．社会主义法制的含义

“法制”是一个多层次的概念，这个概念的含义有广义和狭义两种理解。加强社会主义法制，着重是指广义上法制的含义。广义上的法制包含着三个方面的内容：一是法律，二是制度，三是秩序，它们三者是密切相连的。“法律规范的创立和贯彻，必然形成制度和秩序，而制度和秩序的建立又必须以法律为依据。可见，法律是法制的核心，制度是法制的重要保证，秩序是实现法制的重要体现”。[②]

“社会主义法制”是指由社会主义国家机关制定或认可的，体现以工人阶级为领导的广大人民群众意志，由国家强制力保证其实施的法律和制度。它的内容包括立法、执法、守法和监督法律实施等四个方面。它的中心环节是依法办事，要求一切国家机关及其工作人员和全体公民都必须严格遵守法律。

---

① 靳诺：《德治法治与高校思想政治教育》，光明日报出版社，2004年版，第57页。

② 靳诺：《德治法治与高校思想政治教育》，光明日报出版社，2004年版，第242页。

2．社会主义法制的基本要求

社会主义的法制要求十分广泛，根据我国社会主义法制建设的实践经验，可以把它的基本要求概括为：有法可依、有法必依、执法必严、违法必究。这四个方面是相互联系和相互制约的统一体，只有完全做到了这四个方面，才可以说社会主义法制比较健全，社会主义法制的作用也才能充分发挥出来。

第一，有法可依。有法可依是指社会主义国家要高度重视和加强立法工作。实行社会主义法制，首先要有社会主义法律和制度。有了法，才能使国家的活动和人们的行动有准则和规则可循，才能使国家有效地打击敌人，惩罚犯罪，保护人民民主权利，巩固人民民主专政，保障和促进社会主义现代化建设。没有法就根本谈不上社会主义法制。因此，制定法律是健全社会主义法制的前提基础和首要任务。制定法律是一件很复杂的工作，必须坚持四项基本原则，坚持群众路线，坚持从实际出发，同时制定出来的法律一定要反映全国各族人民的意志和利益。制定法律还要注意保持法律的连续性和稳定性。

第二，有法必依。有法必依是指普遍守法和执法原则。严格依法办事是实现社会主义法制的关键和中心环节。法制的根本要求是人人守法。如果有法不依，实际是等于无法，那就失去了建设法制的意义，同时也不会发挥出法制的重要作用。要大力进行法制宣传教育，通过法制宣传使每位公民懂得守法的意义和有关法律基本内容以及依法办事的重要程序，并了解不守法的危害和后果，同时赋予人民群众监督法律实施的权利。通过法制宣传教育，牢固地树立法制观念，自觉养成遵守宪法和法律及依法办事的思维习惯。

第三，执法必严。执法必严是社会主义法制严肃性的标志。执法必严主要是对执法机关及其工作人员提出的特别要求，也是加强社会主义法制的重要条件。执法必严，要求执法机关及其工作人员在实施法律过程中必须严明、严格、严肃执法，做到“认法不认人，认法不认钱，认法不认权”，执法如山、一丝不苟。

第四，违法必究。违法必究是社会主义法律权威性的体现。违法必究是指对于一切违法行为都是不允许的，都要依法加以追究，给予必要的制裁。违法必究是指无论什么人，只要其行为违法就要追究，不能有任何例外。另外，对于任何违法行为都要追究其法律责任。强调违法必究，人们才能看到社会主义法制的作用。可见，违法必究是有法可依、执法必严的必然结果，是社会主义法制不可缺少的组成部分。

总之，有法可依、有法必依、执法必严、违法必究，是一个完整的统一体，是社会主义法制建设的基本要求，缺一不可。只有认真全面地做到有法可依、有法必依、执法必严、违法必究，才能使社会主义法制建设保持统一性、连续性、严肃性和平等性。

（三）从“法制”到“法治”

新中国成立后，我国法制发展进入了全新的发展时期。中国共产党十一届三中全会更是掀起了改革开放的浪潮，我国也经历了从“法制”到“法治”的发展历程。1978 年 12 月，在为十一届三中全会做准备的中央工作会议上，邓小平同志指出：“必须使民主制度化、法律化，使这种制度和法律不因领导人的改变而改变，不因领导人注意力的改变而改变”。[①]这实质上表明要抛弃过去长期盛行的“人治”，在中国实行法治，它为十一届三中全会奠定了法制思想的基础。据此，在十一届三中全会公报中，党开始提出新时期的法制观，使民主制度化、法律化，使这种制度和法律具有稳定性、连续性和权威性，做到有法可依、有法必依、执法必严、违法必究。

1992 年，江泽民同志在党的十四大报告中明确提出“没有民主和法制就没有社会主义，就没有社会主义的现代化”的命题，这表明党的第三代中央领导集体已经形成了民主法制建设是社会主义的有机组成部分、是建设有中国特色社会主义的本质要求的共识。1996 年，江泽民同志在中共中央举办的法制讲座上讲话时进一步指出：“依法治国是社会进步、社会文明的一个重要标志，是我们建设社会主义现代化国家的必然要求。”[②]从而进一步明确“法治”的根本属性及其在国家社会政治生活中的重要地位。1997 年，在党的十五大上，党的第三代

① 《邓小平文选》（第 2 卷），人民出版社，1994 年版，第 146 页。

② 《江泽民文选》（第 1 卷），人民出版社，2006 年版，第 153 页。

领导集体首次提出了“依法治国，建设社会主义法治国家”的目标，并具有划时代意义地将其写进党纲。党的十五大报告中用“法治国家”概念代替“法制国家”，虽只有一字之差，其内涵和意义却大不相同。

“法治”表明在特定社会中法律就是最高的权威，即法律至上。“法治国家”突出实行法治，摒弃人治，明确了不仅要有完备的法律体系和制度，而且要树立法律的极大权威，切实依照法律治理国家，从而真正实现从“法制”走向“法治”。

二、法制教育的概念界定

论及法制教育，人们可能马上会想起诸如“普法教育”、“法律教育”这样的相关字眼。事实上，确实有很多人将法制教育与法律教育、法学教育或普法教育混为一谈，认为是一回事。因此，有必要对法制教育的定义和内涵做出清晰的界定，对其与相近词的区别进行准确的区分和把握，为深入研究这一问题做出内涵性铺垫。

关于法制教育的概念有很多，目前已经发表或刊登的文章中所传达出的思想内涵和行文表述或多或少都有些差异，莫衷一是，很难形成一个统一的定义。有学者认为“法制教育就是以法律思想为内容的教育”。[①]有学者认为“法制教育是国家、社会有目的的形成人民一定的法制观点、法律信念和法律信仰的教育”。[②]还有学者认为“法制教育是指国家对公民实施一定的民主与法制观念和法律知识传授，使公民具有依法行使民主权利、履行义务和依法管理各项工作的素质的教育”[③]，并且认为法制教育具有政治性，是国家自上而下推行的。主体包括家长、学校、工作单位、专兼职法制教育人员、社会媒体等等，非常广泛。法制教育的客体为我国的全体公民。也有学者认为“法制教育是通过多种形式在公民中进行法律知识的普及宣传，以增强公民

① 周帮扬：《法制教育与道德教育若干问题比较研究》，中国优秀硕士学位论文全文数据库，2003 年，第 3 页。

② 苗琰：《法制教育的功能探究》，中国优秀硕士学位论文全文数据库，2006 年，第 3 页。

③ 韩世强：《法制教育机制及其实现形态的理论框架》，《中国司法》，2006 年第 10 期，第 74 页。

遵纪守法、依法办事意识的教育”①。除了这些代表性观点外，当然还有一些其他的表述方式，不再一一列举。总之，法制教育具有主导性、政治性、强制性等特点，属于思想政治教育的有机组成部分。正如 1995 年国家教委、中央综治办、司法部联合印发的《关于加强学校法制教育的意见》所言：“法制教育是一项政治性、思想性、理论性、知识性、实践性很强的综合性教育。”②

研究中“法制教育”是指通过各种形式的教育，有目的、有计划、有组织地传授法律知识，培养人们的法律意识，形成人们的法律信仰，从而使人们具备符合社会要求的法律素质，为我国依法治国基本方略的实现提供良好的社会法律基础的实践活动。其基本形式主要包括学校法制教育、家庭法制教育和社会法制教育等。本书将以学校法制教育中的高校法制教育作为研究对象，暂不涉及其他法制教育形式。

广义上的法制教育既包括专业的法学教育或曰法律教育，也包括对非法律专业人员进行的法律知识普及和社会主义法治理念教育。狭义上的法制教育仅指对非法律专业人员进行的法律知识普及和社会主义法治理念教育，而对于法律专业人员的教育则纳入专业法学教育的范畴。为了更加全面、准确地理解法制教育的概念及其含义，下面对与之易相混淆的两组概念进行比较、分析和概括。

（一）法制教育与法学教育

法学教育一般是指社会或者学校针对法律专业人员或法律专业学生进行的系统全面的法律知识传授和法律职业能力的培养和教育。法学教育与法制教育这两个词语，从形式上来看一字之差，从内容上来看虽有不同但又紧密相关，都是要传授法律知识，培养法律意识，树立法治观念。就学校教育而言，法学教育和法制教育同样在高等教育范围内进行，教学内容和方法比较相近，教学经验和路径可以互相借鉴，故而有人混淆两者概念，认为“法学教育就是法制教育，无须再增设法律基础课、法学概论类课程，只需扩大法学教育的接受范围即

① 陈广：《高校法制教育中的问题及改进策略研究》，中国优秀硕士学位论文全文数据库，2007 年，第 3 页。

② 国家教委、中央综治办、司法部：《关于加强学校法制教育的意见》，1995 年 12 月 28 日。

可”[①]。针对以上观点，有必要对法制教育和法学教育的关系进行科学的阐述和归纳，清晰呈现两者之间的相互联系和区别。

两者之间的联系在于，法制教育和法学教育在内容上有交叉重合的部分，同样是向学生传授相关法律知识和技能，培养学生的法律意识和法律运用能力，只是在广度、深度上不同而已。随着我国法治化的不断完善和深化，社会对大学生法律素质的要求在不断提高，法制教育的内容和理念也将会越来越接近于专业的法学教育。另外，两者在教学方式方法上也是相互贯通、相互借鉴的，除了以课堂教学为主以外，都在尝试运用案例教学法、诊所式教学法等方法不断拓展实践教学和网络教学，增强第二课堂教学的吸引力和实效性。

就区别而言，我们可以清晰地看到，法制教育与法学教育两者仅一字之差，但却是内涵与外延各不相同的两个概念。尽管在内容和实现形式上有相似之处，但法学教育并不能等同或取代法制教育的作用和地位，两者是相互独立并存的领域，并分别在各自领域中发挥着重要而独特的作用。与此同时，法制教育的开展离不开法学教育，在某种程度上，法学教育是开展法制教育的一种有效的途径和方法。此外，可能还会有这样的疑问：法制教育与法律教育是什么关系？实际上，法学教育具有统一的双重属性，既有教育属性，又有法律职业属性。有些学者为了突出其法律职业性，即更有效地培养应用型法律人才，又称法学教育为法律教育，实则二者是一个概念。

当前建设社会主义法治国家，弘扬社会主义法治精神，树立社会主义法治理念，增强全社会学法尊法守法用法意识，法制教育和法学教育成为我国法制建设所必须同时兼顾的教育任务。法制教育是思想政治教育的内容之一，其对象是一般的普通公民，主要是青年学生，通过法制教育，增强学生社会主义法制观念，提高思想道德素质，帮助其正确处理好与个人、社会和国家之间的关系，正确实现和履行其法律权利和义务。而法学教育是专业教育，其对象是从事法律专业工

① 陈爱娟：《以素质教育为导向的高校法律教育》，中国优秀硕士学位论文全文数据库，2008年，第12页。

作的人员，以传授法律知识、训练法律思维、培养合格法律专业人才为内容，服务于一国法律职业共同体的建立。法学教育和法制教育在目标上都是为建设法治国家服务，二者在教育的内容等方面也存在一定程度的重合（比如都强调对于现有法律规范的理解），但是由于教育对象、教育目标的差异也导致二者存在着不同，通过法制教育与法学教育的对比，能够进一步明确法制教育的目的和定位。[①]

1．教学目标：法律修养抑或法律职业

目标决定方向，法学教育和法制教育虽然都服务于我国建设社会主义法治国家的目标，但在具体的目标实现上会有不同的分工，因此准确把握二者的目标分工，是进一步探讨两者异同的基础。事实上，法学教育和法制教育都服务于提高社会中不同人群的法律修养这个目标。“修养”有两个层面的含义：第一个是知识层面的含义，也是最基础层面上的含义，是指个体在特定领域所掌握的理论、知识等方面所达到的水平，即认知和具体技能在知识层面上的把握；在此基础之上，修养还有更高层面的要求，要求在掌握知识的基础上，将这种认识深入到自我意识深层，将其与人的情感、社会的价值观等相联系，剖析、反思、总结，升华为更高的认识，并以此引导自身和外部联系。在这个意义上讲，法律修养应该分为几个层次，最低的是法律知识层面上的，指有没有掌握一种正确的知识，把握相关的法律概念和法律规范，从而有意识地遵循法律行事，形成按照法律规定、原理和精神，思考、分析和解决问题的习惯与取向；再上一个层次的修养就是价值层面的修养，包括对法律终极价值的掌握，如秩序、正义和真善美等，在此基础上，用所掌握的价值对现实中的法律规范、法律现象进行衡量，形成一种批判性思维。所以，第一个层面上的法律修养是规范层次上的修养，指的是对现有法律规范的掌握和服从，将法律规范内化到日常的生活中，树立学法、尊法、守法、用法的自觉。在此基础上，一个更高层次，或者说终极层面上的法律修养就是对法律的价值的人文

① 张晓燕：《法制教育与法学教育之异同》，《思想理论教育导刊》，2013 年第 5 期，第 42～45 页。

关怀，将伦理道德等标准引入法律，确保“获得普遍服从的法律是制定良好的法律”。

党的十八大报告指出：“全面提高公民道德素质。这是社会主义道德建设的基本任务。要坚持依法治国和以德治国相结合，加强社会公德、职业道德、家庭美德、个人品德教育，弘扬中华传统美德，弘扬时代新风。推进公民道德建设工程，弘扬真善美、贬斥假恶丑，引导人们自觉履行法定义务、社会责任、家庭责任，营造劳动光荣、创造伟大的社会氛围，培育知荣辱、讲正气、作奉献、促和谐的良好风尚。”由此可见，报告中将“社会公德”放在了我国公民道德素质的首位，是针对我国目前道德建设的关键问题所作的准确判断，对于与公民素质建设紧密相连的法制教育而言，有着重要启示。

应该说，伴随着中国特色社会主义法律体系的建成以及社会主义市场经济的逐步成熟，我国在公民私人领域的道德和法制建设取得了比较明显的成绩，《婚姻法》、《侵权法》等私法规则获得了较好的实施效果，但是在公共领域的社会公德建设则显得有些滞后。社会体制转轨要求国家在政治层面，在社会建设的新阶段必须进一步探索同民生问题相呼应的民主法治实现形式。作为回应，国家在多个层面加大了民主法治建设力度。但是，公众参与民主活动的积极性与实践能力、对于法治建设的认识和实践能力均有待进一步加强。党的十七大报告明确提出在全社会“加强公民意识教育，树立社会主义民主法治、自由平等、公平正义理念”，表明公民意识教育已经成为党和国家的意志诉求。当前要求公民面向国家时，除了彰显作为权利享有者的主体性，更应当注重自身所承担的社会责任，成为参与公共生活、服从法律权威，知法、懂法、守法和有责任的现代公民。所以，法制教育事实上应该同时承担起培养公民社会责任的任务，需要服务于我国社会建设中培养“社会公德”的目标。

鉴于此，法制教育的根本目的是通过民主与法制教育，使整个社会形成一个全民学法、知法、懂法、遵纪守法、公德与私德并重的局面，同时也承担其必要的法律义务，即规范层面的法律修养。与此不同，法学教育所针对的以法官、检察官、律师、法学家为核心的法律职业人员以从事法律事务为本，承担着定纷止争、实现社会公平的责任，因此对他们有较高的职业伦理要求，所以法学教育所要塑造的法律修养必须是更高层次上的，即以人文关怀精神为支撑、以批判思维为基础、以追求法律终极价值为目的的法律修养。

2．教学内容：实际规范抑或深度原理

目的差异决定了二者在教学内容上必然有所不同，但是，这并不等于说，法学教育与法制教育二者没有任何的共同点。无论是法制教育还是法学教育，都是强调权利与义务高度统一的教育。正如上文所分析，现阶段重点在于塑造公民社会公德的法制教育以公民的社会责任的培养为目标，但这并不等于单纯强调“义务”的教育。仅仅关注法制教育中“义务”的一面，更多地出于组织动员广大人民群众进行建设目标的需要，强调人民群众所承担的法律义务，却忽视“权利”教育的法制教育，容易忽视广大社会成员现实的需求，这种做法必然会引起人们的反感和抵触，降低其实效性。个人成为公民，就必须具有独立的人格。个人没有正当权利，也不可能有独立的人格。因此，公民教育首先要培养公民的主体意识、权利意识，学会维护和捍卫公民的正当权利，在此基础上，同时履行公民义务，成为健全的公民。法律本身就是权利与义务的统一。一个健全的民主社会，公民不能只重视权利而忽视应有的责任和义务，也不应片面强调公民的责任和义务而无视公民应有的权利。

当前法制教育是一种符合社会发展需要和人的发展需要的价值观的教育，它在要求公民对所在国家的社会制度、法律、道德形成认同的同时，也充分肯定了个人的权利，以其核心价值观引导人们协调好人与人之间、人与社会、政府与国家之间的关系。所以法制教育本身不能仅仅成为强调“义务”的教育，而必须是权利与义务并重的教育。具体到教学内容上，法制教育因为其本质上希望培育以大学生为代表的公民“学法尊法守法用法”的自觉，因此，教学很大程度上就以国家现有的法律规范作为支撑，告诉学生“法律是什么样的”。而法学教育以追求法律终极的公平正义为目标，培养的是一批能够在不同的利益之间做平衡、实现社会正义的专业人员，因此教学除了以现有的法律规范作为支撑，深邃的法学理论也应该成为教学的重点，这是批判性思维和公平正义理念得以建立的基础，也就说法学教育除了告诉学生“法律是什么样”，还为学生打开一幅法律的应然景象，即“法律有可能是什么样的”。

虽然法制教育主要以国家现行的法律规范作为支撑，并不等于对于法律背后的原理毫无涉及。法制教育一个很重要的目的是树立守法意识，实现法律对国民品格和道德的教育作用。但是，要让公民守法的前提是必须回答“为什么要守法”，所以法制教育除了涉及法律规范的字面含义也应该向学生展示法律背后的理论支撑，但法制教育的理论教育与法学教育的理论教育的区别在于，后者更强调批判性理论教育，即“寻找和传递让现有法律可以变得更完美的理论”，但法制教育则是证成性的理论教育，即“传递现有法律为何合理的理论”。以宪法为例，在法制教育中除了要向学生讲述我国现行宪法结构及其涵盖内容外，还应该从法律起源角度阐释宪法作为根本法的最高性和正当性所在，从而让学生对宪法权威进而对法律的最高性有所了解，而法学教育并不能止步于此，法学教育还应该从权利理论和宪法解释理论进一步探索宪法完善的可能和如何适用能够最大限度地实现对公民权利的保护。

3．教学方法：诉诸现实抑或情感依赖

法学教育的对象是一群将来要以法律为职业选择的人群，从其选择这个专业的初衷到整个的专业训练，再到将来执业的压力在很大程度上决定了法学教育的对象对于法律本身是有一种信仰的，守法对他们而言，在很大程度上是一种不言而喻的自我约束。但是，法制教育的对象是普通公民，如何能够确保他们能够接受现行法律体系中的法律制度？除了上文提到的以法学原理的讲述作为支撑，如何能够让普通的个体自觉地服从法律的权威，重视法治建设的目标，实现法制教育的目标？这是法制教育必须要回答的问题。

亚里士多德在《尼各马可伦理学》中提到，“但是事实上，逻各斯（此处的意义更接近谈论、言语）虽然似乎能够影响和鼓励心胸开阔的青年，使那些生性道德优越、热爱正确行为的青年获得一种对于德行的意识，它却无力使多数人去追求高尚和善。因为，多数人都只知恐惧而不顾及荣誉，他们不去做坏事不是出于耻辱，而是因为惧怕惩罚”[①]。所以要树立守法意识，对于法律后果的强调必不可少，例如法律概念中对于法律特征之一的“国家强制力的保证实施”的强调就是这个理论的最好体现。但事实上，法律是限制和约束，这是法律的应有之义，但不是法律的全部。法制教育更加偏重素质教育，在法制教育的教学中，应该力图将不同的部门法立法意图和制度原理同个体的生活联系起来。与法学教育注重理性分析、逻辑推理不同，法制教育应该遵从叙事伦理的路径，通过贴近个人经历的具体道德意识和伦理诉求的陈述，引起其情感上的共鸣，让其形成一种自我内心约束。

法学教育由于其对象是专业人才，因此可以在一个封闭的理论系统中完成，现实因素的缺乏并不必然导致其培养目标的落空。但是法制教育面向的是一般的大众，如果完全与现实彼此疏离，特别是在当下的法治环境下，很难引起其共鸣，只有将“法治”这个国家层面的宏大理想与公民生活的周围世界联系起来，才有可能实现培养公民做到知法、守法的法治目标。比如在法学教育中，只需要强调“意思自治、责任自负”的权利义务对等观就可行，但是在法制教育中，“有红灯的约束，才有绿灯的自由”这样的具体规则实例的讲述要比深刻的权责观的讲述要有意义得多。当前社会现实也为我们的法制教育提供了很多很好的素材，有效利用现实素材与法制教育相结合，将有利于法制教育目标的实现。例如，前几年发生的“小悦悦事件”，本身是一个道德调整的范畴，但是如果从法律完善的角度去反思，如果我们的法律制度能够完善到让好人做了好事不再流泪的范畴，这是不是就有可能在某种程度上推进整个社会的道德进步？从这样的角度进行法制教育，将有助于从根本上提升公民的法制意识和公共自觉。法制教育作为思想政治教育的一个部分，根本上是不希望以强制命令作为达成守法的最终手段的，所以，如何找到法律规范与现实生活、与个人情感的联系和共鸣是法制教育目的实现的一个重要维度。

① 亚里士多德：《尼各马可伦理学》，商务印书馆，2003年版，第312页。

习近平总书记在中共中央政治局全面推进依法治国进行第四次集体学习中指出，任何组织或者个人都必须在宪法和法律范围内活动，任何公民、社会组织和国家机关都要以宪法和法律为行为准则，依照宪法和法律行使权利或权力、履行义务或职责。要深入开展法制宣传教育，在全社会弘扬社会主义法治精神，引导全体人民遵守法律、有问题依靠法律来解决，形成守法光荣的良好氛围。要坚持法制教育与法治实践相结合，广泛开展依法治理活动，提高社会管理法治化水平。要坚持依法治国和以德治国相结合，把法治建设和道德建设紧密结合起来，把他律和自律紧密结合起来，做到法治和德治相辅相成、相互促进。事实上，法制国家、法制政府、法制社会的一体化建设是一个系统工程，不仅仅需要国家层面的努力推进，也需要大量的专业人才的努力，为此，高校法制教育的理论和实践路径存在较大的提升空间。

（二）法制教育与普法教育

普法教育，是指我国从 1985 年开始实施的全国性法制宣传教育，即对全社会公民普及相关基本社会法律法规，并在日常工作和学习中掌握最基本的守法用法能力的教育活动。时任司法部部长张福森曾指出："全民普法是加强社会主义民主法制建设的伟大实践，是改革开放和社会主义现代化建设的必然要求"。[①]普法教育的任务是使公民对我国基本社会制度有一个比较深刻和全面的认识，促使公民积极投身于依法治国、建设社会主义法治国家的事业中，使公民比较充分地了解宪法和法律确定的权利和义务，不断增强公民的权利意识和主人翁意识，形成公民的社会责任感，使公民了解可以采取何种方式来维护自己的正当权益。

普法教育与法制教育是两个既有区别又有联系的概念，而且极易混淆。法制教育与普法教育相比，具有以下特点：第一，法制教育的主体比普法教育广泛，不仅限于组织，还包括个人。第二，法制教育的客体与普法教育的客体基本重叠，但侧重点不同。法制教育中对在校学生的教育是重点，并且呈现系统化、长期化、目标化趋势；而普

① 《弘扬宪法精神 增强法制观念》，中国人大网，2004 年 12 月 3 日。

法教育的重点对象，根据阶段性不断调整，每个五年规划都有不同的侧重点。第三，法制教育与普法教育的目的和目标基本相同，但在内容上有很大区别。“法制教育的内容根据主体的目的和客体的要求而定，呈现多层次性的特点；而普法教育的内容由普法规划规定，在每个阶段各有侧重，但是重点一直是宪法和其他基本法律”。[①]

由上面的论述，不难看出，法制教育比普法教育的范围广、层次多、情况复杂。简而言之，法制教育包含且大于普法教育，普法教育是法制教育的重要组成部分，也是法制教育的有效途径和基本方法。

三、高校法制教育的内涵及主要内容

（一）高校法制教育的内涵

“学校法制教育的任务，是通过向学生传授必要的法律基本常识和基础理论知识，使学生对社会主义法律制度有初步的了解和认识，增强法律意识，自觉地遵纪守法”。[②]在法制教育前加上“高校”这一个定语，就给法制教育限定了一个范围。高等教育是我国教育序列的最高层次，也是大学生在步入社会前接受正规教育的最后机会，更是青年人进入社会前提升自身法律素质教育的最后保障。一般而言，“高校法制教育”是指根据社会政治、经济、文化发展的需要和大学生年龄特征及身心发展规律，高校有目的、有计划、有组织地对大学生进行的法律知识普及、法律意识培养和法律素质提高的教育过程。对于高校法制教育的含义可以从以下几个层次予以分析和理解。

首先，教育对象的特殊性。高校法制教育的教育对象是在校大学生，尤其是非法学专业大学生更是教育重点。大学生无论是在生理上还是在心理上都趋于成熟，虽然每一个时代的大学生都有属于这个时代的烙印，甚至有人将“90后”大学生称为“熟透的一代”、“垮掉的一代”，但总体上看大学生仍处于世界观、人生观、价值观和法制观的形成阶段，具有较强的可塑性。他们的知识储备比较丰富，自身的文化素质比较高，易于接受新鲜法律知识，对法律知识的理解和领悟能

① 刘颖丽：《我国现阶段普法教育研究》，中国优秀硕士学位论文全文数据库，2007年，第3页。

② 国家教委、中央综治办、司法部：《关于加强学校法制教育的意见》，1995年12月28日。

力比较强、喜欢独立思考。

其次，教育内容的理论性。与中小学阶段进行的主要是认知教育不同，与全民普及教育进行的主要是法律常识教育也不同，大学阶段的法制教育主要是进行理论教育和观念教育，教育内容基本包括法学基础理论、基本法律知识和法制观念教育三大部分。教育部、司法部、中央综治办、共青团中央在《关于加强青少年学生法制教育工作的若干意见》中规定："大学法制教育要按照中宣部和教育部有关'两课'设置中法律课的规定开展。要突出现代法学基础理论和依法治国理论与实践的学习，民事法律、市场经济法律与 WTO 规则基本知识的学习，牢固树立宪法意识、权利义务对等意识和依法办事意识"。[①]因此，高校法制教育主要是通过法律基础课传授理论知识，使大学生掌握基本法律知识，从而形成法律意识，树立法治理念，符合"依法治国，建设社会主义法治国家"基本治国方略的要求。

再次，教育目标的明确性。国家教委、中央综治办、司法部印发《关于加强学校法制教育的意见》中明确规定："高等学校法制教育要以培养大学生社会主义法律意识为核心"。[②]通过高校法制教育使大学生不但具备一定的法律知识，更要培养法律意识，树立起社会主义法治观念和法律信仰，成为学法尊法守法用法"四位一体"的合格公民，以适应社会主义现代法治社会需求。

最后，教育场所的限定性。进行法制教育的主要场所在高等学校范围内。校园环境处于全封闭与全开放之间，既相对独立，又与社会发生着密切联系，不同于家庭教育和社会教育。

"国运兴衰，系于教育"。高校法制教育是大学生综合素质提高的需要，是实现社会主义法治国家的需要，对建设法治国家、造就法治人才和培养守法公民等方面具有不可替代的作用。邓小平同志早在 20 世纪 80 年代就明确指出："在党政机关、军队、企业、学校和全体人民中，都必须加强纪律教育和法制教育。""加强法制重要的是进行教

① 教育部、司法部、中央综治办、共青团中央：《关于加强青少年学生法制教育工作的若干意见》，2002 年 10 月 21 日。

② 国家教委、中央综治办、司法部：《关于加强学校法制教育的意见》，1995 年 12 月 28 日。

育，根本问题是教育人。”[①]他的这番话体现了三个层次的意思：其一，法制教育要在全体人民中进行；其二，领导干部要学会使用法律；其三，法制教育的目标是使公民懂法、守法和维护法律。当今社会正向法治化、规范化、程序化方向迈进，依法治国的工作已全面展开。对于即将进入社会的大学生，要学习和掌握一定的法律知识、具备相应的法律意识已成为一种基本共识。与此同时，学习法律也是大学生维护自身合法权益的必然要求。作为社会主义国家的公民，法律赋予公民充分的权利，既有政治、经济方面的权利，又有社会、生活等方面的权利；既有实体法规定的权利，又有程序法规定的权利。高校大学生要维护宪法和法律赋予的各种权利，正确的途径就是学习法律知识，了解权利、义务的内容和意义。高校大学生在维护自身权利时，也必须尊重他人的合法权利，自觉履行义务。因此，高校法制教育不仅是提高大学生全面发展的内在要求，也是建设社会主义法治国家的现实需要，更是培养社会主义接班人的必要条件。

综上所述，广义上的“高校法制教育”既包括对高等院校法律专业学生进行的法学专业教育，也包括对非法律专业学生进行的普及法律知识、提高法律意识和加强社会主义法治理念的法制观教育，因为法学教育毕竟是高校法制教育的一种有效途径，对于今后的高校法制教育的发展、改革和深化是一种有益的沉淀和积累。从某种意义上说，没有新中国成立后三十年法学教育的除旧布新、艰难前进和曲折探索，就没有改革开放后高校法制教育的迅速绽放和全面发展。需要特别说明的是，新中国成立后到改革开放前这段时期，高校并没有针对非法律专业学生专设的法制教育，常见的仅有对法律专业学生的法学教育。改革开放后，随着大学生社会主义民主法制观念的提高和对大学生思想政治教育状况的改进和加强，专门针对非法律专业学生进行的法制教育才正式纳入到高等院校的教学体系之内，同时“进教材、进课堂、进头脑”的“三进”工程也在不断推进和深化。1986 年法律基础课的设立是高校法制教育的一个里程碑和关键转折点，具有重要的标志性

① 《邓小平文选》（第 3 卷），人民出版社，1993 年版，第 163 页。

意义。所以，下文在对改革开放后的高校法制教育进行研究时，主要是指狭义上的法制教育，即马克思主义理论一级学科下思想政治教育专业视野中对非法律专业大学生进行的法制教育；改革开放后蓬勃发展的法学教育则不在本研究范围内。

（二）高校法制教育的主要内容

1. 普及法律知识

教学是教育目的实现的基本途径，是学校教育工作的中心环节，是学校整体工作的重心。作为高校法制教育的基础，法律知识是认识一定的法律观点，形成相应的法律情感、法律意识和法律观念以及灵活运用法律能力的前提和条件。目前，我国高校法制教育的学法内容主要由基本的法律知识和重要的法律法规组成。具体而言包括:“法理、宪法以及各部门法和国际法等法律。其中，法理学可以使大学生对我国法律基本知识和概念有所了解，为学习其他法律部门奠定基础。宪法作为国家的根本大法，规定着国家的根本制度和公民的基本权利义务，是制定各个部门法的依据，具有最高的法律效力，作为一个国家的公民应当对宪法的内容进行学习和理解。各部门法是国家法律体系的有机组成部分，它们涉及社会生活的方方面面，通过各部门法的学习能够帮助大学生对我国法律产生最直观的认识和了解。”[①]另外，学习国际法、国际私法和国际经济法等对于中国加入 WTO 后融入国际一体化发展体系、适应经济全球化趋势至关重要，否则，不懂“游戏规则”的人在当今社会必然未战先败。

此外，我国民主法制建设是不断发展的，法律知识也处于不断的常态变化和更新之中，应当保持国家重大理论和重要法律文件新鲜出炉后被纳入高校法制教育内容衔接过程中的无缝对接。在“中国特色社会主义法律体系形成”的当今社会，就要用最新的理论成果和立法成果武装当代大学生的头脑，丰富和充实高校法制教育的法律知识体系。

---

① 刘一睿：《我国法制教育与法学教育比较与启示》，《法制与社会》，2008 年第 11 期，第 375 页。

2. 培养法律意识

法律意识是人们关于法治理论和法律制度的心理反应、观点、思想与评价的总称。即社会主体对社会生活公平正义的理想和秩序所需要的理性认识和情感体验的产物，它源于人类对人性和社会生活的科学分析和理性选择，进而形成的对法律现象的信任感和归依感，以及对社会法律现象的神圣感情和愿意为法而献身的崇高境界。大学生法律意识不会凭空产生，也不会自然形成，需要经过长期培养才能形成。培养大学生的法律意识，除了加强课堂教学以外，还应注重理论和实践相结合，知法、守法和用法相统一；除了不侵犯他人合法权利以外，还应具备必要的违法判断能力和正当的维权意识；除了自觉履行义务以外，还应承担起预防和监督的法律义务。

法律意识具体包括以下三个方面：第一，法制观念。法制观念是人们在自身理性的基础上通过对法律所反映的价值观念的评判，认同已成立的法律规范，自觉遵从法律的权威以及由此形成的社会秩序的意识体系。只有树立正确的法律意识，才能付诸行为。第二，权义意识。权利和义务规范是法律规定的基本内容。学习法律知识后，只有能妥善处理自身权利与他人权利的关系、自身权利与公共利益的关系、自身权利和法律义务的关系，才谈得上具有完整的权利义务意识。这样社会才能维持正常秩序，个人才能规范自身行为。第三，程序意识。程序意识是对法定程序的认可和遵从，对程序正义的信仰和追求。对现代法治社会而言，程序公正比实体公正更重要，它保障了社会的有序化运转，促进了公共权力的高效率行使。对个体而言，程序是私权利有效和由此产生的利益最大化的重要保障，所以更要通过认真学习才能体会其精神实质。

3. 提高法律运用能力

法律运用能力是大学生法律素质的最终体现，“它是人们所具有的运用法律来规范和指导单位或个体的行为、解决矛盾与冲突、维护合法权益、追究违法行为法律责任的能力”[①]。它一般可以包括人们的

① 苗连营：《公民法律素质研究》，郑州大学出版社，2005年版，第9页。

法律预见能力、法律决策能力、法律表达能力、守法能力和护法能力。建立在法律知识、情感、意识基础之上的法律遵守和法律运用能力是法律素质的最集中体现，也是法律素质教育所要达到的最高目标。大学生只有具备较好的尊法守法用法能力，中国特色社会主义法律体系和社会主义法治理念才能够真正在实践中发挥其应有的作用。

高校法制教育应当把提高大学生的法律运用能力作为进行法制教育的重要内容。只有通过理论学习才能转化为实践，也只有从实践到实践才能不断深化法律行为的判断力和促进公民意识的养成，这正是高校法制教育提升大学生法律素质的直接目的，是法律价值实现的着眼点和立足点。此外，法律运用能力也是一项实用性强和操作性强的技能，表现在大学生成长成才、待人接物、处理社会事务等问题时能够从法律思维的角度出发，正确行使公民权利，自觉履行公民义务，具有依法办事的法治理念，能够以“主人翁”的姿态维护国家、社会和个人的合法权益，真正达到学以致用、提高自身法律综合素质的教育目的。

综上所述，法律知识是基础，是法律能力和法律意识的载体。没有丰富的知识，就不可能有较强的法律意识和法律能力。法律意识是核心，是高校法制教育教学活动的根本指挥棒。法律能力是精髓，一个人的法律知识多少并不代表着法律素质的高低，往往知识不等于能力，了解不等于理解。大学生只有在掌握法律知识的基础上，不断运用法律实践才能内化成为法律意识，然后形成法律运用能力，才能灵活自如地指导其外在的规范行为和作为社会人的存在方式。

四、高校法制教育与思想政治教育的关系

根据《关于加强学校法制教育的意见》《中共中央国务院关于进一步加强和改进未成年人思想道德建设的若干意见》《中共中央国务院关于进一步加强和改进大学生思想政治教育的意见》《中共中央宣传部、教育部关于进一步加强和改进高等学校思想政治理论课的意见》实施方案等有关文件精神及实践，我国高校“法制教育”属于思想政治教育范畴，是高校思想政治教育的重要内容。“学校法制教育是学校德育工作的一个重要组成部分，要与学校的其他教育有机地结合起来，融法制教育于文化知识教育和思想教育之中，要与全民普法教育结合起来，着眼于现代人才基本素质的培训。”[①]

（一）高校法制教育是思想政治教育的重要组成部分

思想政治教育是指“社会或社会群体用一定的思想观念、政治观点、道德规范对其成员施加有目的、有计划、有组织的影响，使他们形成符合一定社会、一定阶级所需要的思想品德的社会实践活动”[②]。思想政治教育的根本目的是要不断提高人们的思想政治素质，促进人的自由和全面发展。要实现这一目标，思想政治教育应该包括以下五个方面的教育内容，即思想教育、政治教育、道德教育、法制教育和心理健康教育。正如下表所示：

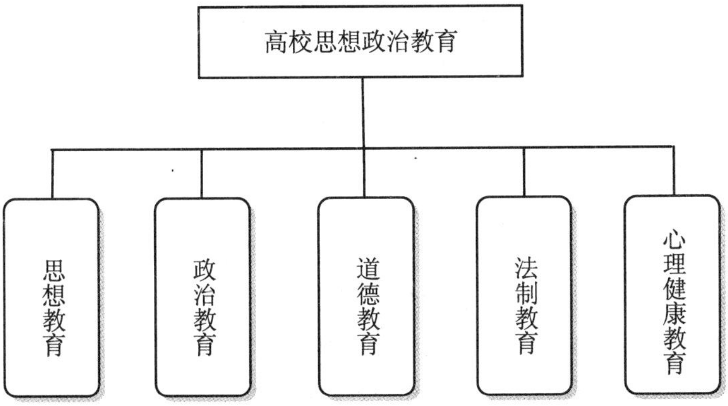

社会主义法制观教育是对人们进行社会主义民主与法制教育，以使人们正确认识社会主义民主、正确行使民主权利，自觉遵守国家法律和纪律，维护社会主义的法制秩序。教育部、司法部联合发布的《加强学校法制教育的意见》明确规定学校法制教育是学校德育的重要内容。《中国普通高等学校德育大纲》将“树立社会主义民主法制观念，自觉维护和遵守中华人民共和国宪法和法律；正确行使法律所赋予的民主权利，自觉履行法律所规定的义务，知法、守法、用法，维护学

① 国家教委、中央社会治安综合治理委员会办公室、司法部：《关于加强学校法制教育的意见》，1995 年 12 月 28 日。

② 陈万柏、张耀灿：《思想政治教育学原理》，高等教育出版社，2007 年版，第 4 页。

校和社会稳定”[①]作为具体德育目标要求之一。因此，法制教育是思想政治教育的重要内容，在思想政治教育系统工程中发挥着不可替代的作用。

（二）高校法制教育促进思想政治教育整体发展

教育部、司法部、中央综治办、共青团中央联合下发的《关于加强青少年学生法制教育工作的若干意见》中明确指出：“青少年学生是21世纪的建设者，法律素质是青少年学生综合素质的重要组成部分”。[②]在邓小平理论、“三个代表”重要思想和科学发展观的指导下，大学生法制教育应当按照科教兴国、依法治国和社会主义现代化建设的要求，做到三个坚持，即一坚持法制教育与思想政治教育相结合，二坚持课堂教育与课外教育相结合，三坚持近期目标与长远目标相结合，从而不断提高广大学生的法律素质，推动高校思想政治教育工作整体提升，努力把大学生培养成为“有理想、有道德、有文化、有纪律”的社会主义建设事业的合格人才。

高校法制教育是思想政治教育的有机组成部分之一，同时，高校法制教育又影响和促进着思想政治教育的发展全局。在培养符合社会需求的“高素质人才”的总体目标下，法制教育一方面能使大学生提高遵守准则的自觉性，从外部强制力量的角度强化大学生思想道德认识，提高其思想道德水平；另一方面，大学生法律意识和法律素养的确立和提高，有助于加强其对于法律与道德共同提倡和遵从的行为宗旨，以及其中交叉或接近内容的理解和认识。“法律素质是思想道德素质的重要组成部分，在素质教育中，既要加强道德教育，发挥道德对人的思想和行动的教育柔性引导功能，又要加强法制教育，发挥法律对人的行为的刚性规范作用”。[③]大学生增强了法制观念，也就会相应地提高道德水准，从而促进高校思想政治教育工作水平整体推进。因

① 国家教委：《中国普通高等学校德育大纲》，1995年11月23日。

② 教育部、司法部、中央综治办、共青团中央联合下发《关于加强青少年学生法制教育工作的若干意见》，2002年10月21日。

③ 杨文圣：《马加爵案件的分析》，www.xinhuanet.com.2008-4-21，《大学生法制教育的缺失及对策》，第20页。

此，法制教育与思想政治教育具有密切的联系，思想政治教育是法制教育发展的基础，法制教育是思想政治教育整体推进的关键，两者相辅相成、相互作用，共同促进大学生全面发展，实现我国高等教育的育人功能。

（三）思想政治教育是高校法制教育的发展视域

从学科定位的角度看，法制教育并不是一个独立的学科，而是隶属于思想政治教育二级学科的一个分支，同时思想政治教育又从属于马克思主义理论一级学科。从这个意义上来考量，高校法制教育应当在整个马克思主义理论学科中享有相当于第三层级位阶的学科定位和地位。论至此处，需要提及与法制教育容易混淆的一个概念——法学教育，它是具有独立地位的一个学科，其中还包括了若干法律部门，用于培养法律专业人才。法学教育与法制教育虽然共同服务于中国法治社会建设的大局，共同促进法治化人才培养，为中国特色社会主义建设事业输送高质量人才；但是两者的培养方向和培养目标是不相同的，应当予以说明和区分。

法学教育以法学学科为发展视域，以精英化为特色，以培养“专才”为己任；法制教育以思想政治教育学科为发展视域，以普及化为特色，以培养“通才”为目标。法学教育课程并不是全国所有的高校都开设的，而法制教育的主课程“法律基础课”，却是全国大学生必修的一门公共课。所有进入大学的学生都需要学习该课程，修完相应学分、考试合格，才能在培养管理上达到这门课的毕业要求。由此可知，离开了思想政治教育的平台和视角，高校法制教育就有可能迷失本源和目标，缺少学科依托和背景支持，缺乏专业归属感，从而也就丧失了法制教育这一门类在高等教育领域设置的初衷、本质和意义。

本书以二级学科下的思想政治教育为研究视域，以高校法制教育为研究内容，探求新中国成立以来六十多年来随着思想政治教育学科的迅速发展、一代又一代大学生法治观念教育状况的不断变化和中国民主法制建设事业的逐步推进，高校法制教育是否发生了变化；发生了怎样的变化；变化的趋势和规律有哪些；我们从中能够得到哪些经验教训并对现实有何启示。

五、高校法制教育的定位问题

党的十八大报告首次将“全民守法”与“科学立法、严格执法、公正司法”相提并论，要求“深入开展法制宣传教育，弘扬社会主义法治精神，树立社会主义法治理念，增强全社会学法尊法守法用法意识。”《全国人民代表大会常务委员会关于进一步加强法制宣传教育的决议》强调：“中国特色社会主义法律体系形成后，有法必依、执法必严、违法必究的任务更为突出、更加紧迫，对加强法制宣传教育提出了新的更高的要求。”高校法制教育是全民法制宣传教育的重要组成部分，在新形势下加强和改进高校法制教育，需要对其性质、目标、内容等方面的定位问题进行深入思考，进一步寻求共识。①

（一）高校法制教育的性质定位：思想品德教育

关于高校法制教育性质问题的讨论，可以追溯到20世纪80年代中期。1985年11月，中共中央、国务院批转了《中共中央宣传部、司法部关于向全体公民基本普及法律常识的五年规划》。随后，全国人民代表大会常务委员会发布《关于在公民中基本普及法律常识的决议》。为了适应全民普法教育的需要，1987年，国家教育主管部门决定在普通高校开设“法律基础”课，课堂教学逐步成为高校法制教育的主渠道。

1994年《中共中央关于进一步加强和改进学校德育工作的若干意见》和1995年《中国普通高等学校德育大纲》都将高校法制教育列入德育范畴。国家教委、中央社会治安综合治理委员会办公室、司法部1995年12月28日联合发布的《关于加强学校法制教育的意见》更加明确地指出：“学校法制教育是学校德育的重要内容，是对学生进行社会主义民主法制教育，培养学生树立社会主义法律意识，增强法制观念的重要途径，是实现依法治国的百年大计。”“98方案”将“法律基础”课作为一门独立开设的必修课列入马克思主义理论课和思想品德课（“两课”），并明确规定其思想品德教育任务。“05方案”则将“98

① 陈大文、孔鹏皓：《关于高校法制教育定位问题的思考》，《思想理论教育导刊》，2013年第7期，第48～51页。

方案”独立开设的“思想道德修养”和“法律基础”两门课程，整合成“思想道德修养与法律基础”（简称“基础”）一门课程列入思想政治理论课体系，并明确规定该课程的任务“主要进行社会主义道德教育和法制教育，帮助学生增强社会主义法制观念，提高思想道德素质，解决成长成才过程中遇到的实际问题”。

尽管在教育政策层面上一直将高校法制教育定性为“思想教育”、“思想品德教育”、“德育”、“思想政治理论教育”等，但教学实践中一直存在不同认识。有的教师认为高校法制教育是在全民普法的大背景下进课堂的，它实质上是对大学生进行普法教育的一种形式，其任务就是普及法律常识；有的教师认为该课程较受学生欢迎的原因就在于能给学生一些实用性法律知识，突出其思想性，必遭学生冷落，其目标就是传授法律基础知识；还有的教师认为该课程在新形势下的教学目的是为了满足市场经济条件下大学生学习法律知识的需要，它应该独立为一门专业基础课。这三种观点立论的基础虽有不同，但都把法制教育定性为法律基础知识教育，而知识教育属于智育范畴，从而认为高校法制教育的性质是智育。在这种教育思想指导下，一些高校的法制教育，片面追求传授法律知识的深度和广度，在课堂上搞“满堂灌”，争分夺秒地讲解法律条文，力求最大限度地满足学生对实用性法律知识的需求。

由于高校法制教育学时太少而内容太多，新的法律又在不断涌现，在很少学时内向学生传授的法律知识十分有限，难免挂一漏万，失之肤浅，甚至可能导致学生因为对法律规定的一知半解而误入歧途。通过课堂教学加强大学生法制教育的确与全民普法这个大背景有关，但普法教育的内涵也是不断发展的。“一五”普法的目标是向全体公民普及法律常识。但从 1991 年“二五”普法开始，目标就已经从普及法律常识逐步提升，普法规划和决议的文件名中的关键词也早已从“普及法律常识”变为“法制宣传教育”。普法的任务也早就从“普及法律常识”转变为“提高全民法律意识”进而提升为“提高全民法律素质”了。中共中央、国务院转发《中央宣传部、司法部关于在公民中开展法制宣传教育的第六个五年规划（2011—2015 年）》的通知强调：“法制宣传教育是提高全民法律素质，推进依法治国、建设社会主义法治国家的一项重要基础性工作。”因此，如果仍将高校法制教育定位于“普及法律常识”或“传授法律基础知识”这样的层次上，就无法承担提高大学生法律素质的历史重任。此外，突出该课的思想性与遭学生冷落也没有必然联系，关键是教师能否把知识性和思想性有机结合起来。事实上，优秀教师大都能把二者结合得比较好。如果把法制教育从思想政治理论课体系中分离出来，就失去了普遍设置的依据，不可能独立为一门专业基础课。因为不同专业的学生需要开设的专业基础课是不同的，一个学校有几十甚至上百个专业，不可能都开设以法律知识为内容的专业基础课。为了满足有些专业的学生学习相关法律知识的需要，承担法制教育任务的教师可以开设相关的选修课或讲座。这是教学内容的延伸，而不是教育性质的改变。

“05 方案”实施以来，直接用于法制教育的课时更少了，但不能因此怀疑法制教育的地位。因为“05 方案”是在深化高等教育改革、减少总学时的背景下出台的。高校法制教育的重点是法律思想观念的引导。我们在实际工作中，应当坚持高校法制教育的思想品德教育性质，加快教育思想改革的步伐，将智育观转变为德育观，这是加强和改进新形势下高校法制教育的重要基础。

（二）高校法制教育的目标定位：法律素质教育

高校法制教育的目标与其性质紧密相连，或者说其性质决定目标，而目标定位又反作用于定性。关于高校法制教育目标问题的讨论，在世纪之交达到高潮。1999 年《中共中央、国务院关于深化教育改革、全面推进素质教育的决定》颁布后，很多教师开始质疑将高校法制教育的目标定位于向学生传授法律基础知识的合理性和科学性；认为公民法律素质属于思想政治素质范畴，而思想政治素质是最重要的素质；高校法制教育是德育的重要内容，而德育工作应摆在素质教育的首要位置；全面推进素质教育，当然也需要高校法制教育朝着素质教育方向进行改革；应该根据中央精神，从落实素质教育的战略任务出发，针对大学生法律素质的薄弱环节，研究如何改进高校法制教育的方法。随着“依法治国，建设社会主义法治国家”载入宪法成为治国方略，一些教师认为，高校法制教育是实施“依法治国”基本方略的基础性工作之一，也是21世纪我国社会主义民主法制建设的必然要求。我国社会主义现代化建设正处于关键时期，虽然高校法制教育工作取得了很大成绩，但离依法治国、建设社会主义法治国家的要求还有很大现实差距。实施“依法治国”方略，必然对全体公民尤其是大学生法制教育提出更高的要求。我们应该站在推进“依法治国”的战略高度，审视高校法制教育现状，研究如何进一步增强法制教育内容的时代感。

2001年《中共中央国务院关于转发〈中央宣传部、司法部关于在公民中开展法制宣传教育的第四个五年规划〉的通知》和《全国人大常委会关于进一步开展法制宣传教育的决议》，都强调“四五”普法“要以提高全民法律素质和全社会法治化管理水平为目标”。2002年10月24日，教育部、司法部、中央综治办、共青团中央发布的《关于加强青少年学生法制教育工作的若干意见》指出，法律素质是青少年学生综合素质的重要组成部分。青少年学生法制教育工作的目标，就是要不断提高广大青少年学生的法律素质。2004年《中共中央、国务院关于进一步加强和改进大学生思想政治教育的意见》在明确指出大学生思想政治教育的任务之一是“以大学生全面发展为目标，深入进行素质教育”时，将“加强民主法制教育，增强遵纪守法观念”[①]作为大学生素质教育的一项内容。2006年中共中央、国务院批转的《中央宣传部、司法部关于在公民中开展法制宣传教育的第五个五年规划》（简称“‘五五’普法规划”）将“进一步提高全民法律意识和法律素质”作为法制宣传教育工作的主要目标之一。这就不仅要求公民具有知法、懂法、守法的法律意识，还要求把法律意识转化为依法行使权利和履行义务的法律行为。高校法制教育在全民法制教育体系中居于特殊的重要地位，必然需要相应地将其教育目标调整为帮助大学生提高法律素质。

法律素质是人类法治文明的基础，是法治社会的土壤，是现代法

① 教育部社会科学司：《普通高校思想政治理论课文献选编（1949—2006）》，中国人民大学出版社，2006年版，第204页。

治社会广大公民整体素质的一个重要组成部分。法律素质教育以促进大学生全面发展为出发点和归宿，是人的价值实现的重要途径。人的全面发展，既是人的价值的最充分实现，又是法律素质教育价值实现的理想境界。高校法制教育的目标，就是要帮助大学生懂得马克思主义法学和社会主义法律基本原理，了解宪法和有关法律制度的基本精神，增强社会主义法治理念，正确处理成长成才过程中遇到的法律问题，努力做到依法行使公民权利、履行公民义务、维护法律尊严，以适应依法治国、建设社会主义法治国家对公民法律素质的要求。基于法律素质教育目标的高校法制教育的重点应该包括两方面：一是帮助学生增强社会主义法制观念。社会主义法制观念以广大公民高度自觉性为基础，要求人们对现行法律持尊重、信赖并积极认同的态度。它直接决定人们的法律态度，也制约着人们的法律行为。公民法制观念的内涵很丰富，包含了依法参与管理国家和社会事务的观念，依法规范生产和生活即依法办事的观念，依法监督国家权力行使的观念，依法维护自己合法权益的观念，依法履行法定义务的观念等。公民法制观念的水平，直接影响着“依法治国”基本方略的实施，制约着社会主义法治国家建设的历史进程。因此，必须通过扎实有效的法制宣传教育，实现全体公民法制观念的形成和提高。对于大学生而言，不仅需要法律知识，更需要法制观念。如果没有法制观念的支撑，就失去了对法律的尊重与信赖，即使有丰富的法律知识，仍可能经受不住私欲的诱惑而违法乱纪甚至犯罪。我们不难看到，有些大学生之所以走向犯罪的深渊，原因绝不仅仅是法律知识的匮乏，而是法治观念和法律信仰的缺失。因此，帮助大学生增强社会主义法治观念，是一项十分重要而艰巨的任务。二是帮助大学生解决成长成才过程中遇到的实际法律问题。大学生在成长成才过程中，可能遇到各种各样的实际问题，既有道德方面的，也有法律方面的。“基础”课所进行的社会主义道德教育和法制教育，共同承担着帮助学生“解决成长成才过程中遇到的实际问题”的任务。其中的法制教育，应该着重在涉法问题上，帮助大学生释疑解惑，提高大学生对社会主义法律制度的理性认识，增强他们对依法治国、建设社会主义法治国家的信心，同时引导他们通过合法途径正确处理在政治权利与自由、受教育权、财产权和人身权等方面的法律难题。

（三）高校法制教育的关系定位：与有关教育有机结合

高校法制教育的关系定位问题主要是指如何正确认识和处理法制教育与思想道德及公民教育的关系，这一问题在过去分别独立开设“思想道德修养”课和“法律基础”（以下简称“基础”）课时，已经有过讨论。“05 方案”实施以来，该问题的重要性进一步凸显。“05 方案”强调“基础”课是一门新课，它并不是过去的“思想道德修养”和“法律基础”两门课的简单合并。在界定“基础”课的任务时，是将“社会主义道德教育和法制教育”紧密结合在一起的。因此，为了避免将教材搞成道德教育和法制教育两大块的“拼盘”，在阐述公共生活、职业生活和家庭生活三大领域的道德和法律规范时，力求实现道德教育和法制教育的融合。我们还注意到，“‘五五’普法规划”也将“坚持法制教育与道德教育相结合”作为第五个五年法制宣传教育工作的指导思想。2011 年 3 月，中共中央、国务院转发《中央宣传部、司法部关于在公民中开展法制宣传教育的第六个五年规划（2011—2015年)》，则进一步将“坚持法制宣传教育与社会主义核心价值体系教育相结合、与社会主义法治理念教育相结合、与社会主义公民意识教育相结合、与法治实践相结合”写进了指导思想；要求“根据青少年的特点和接受能力，结合公民意识教育，有针对性地开展法制宣传教育，引导青少年树立社会主义法治理念和法治意识，养成遵纪守法的行为习惯，培养社会主义合格公民。”2011 年 4 月，《全国人民代表大会常务委员会关于进一步加强法制宣传教育的决议》提出“要根据青少年的身心特点和接受能力，结合道德品质教育和公民意识教育，有针对性地加强法制宣传教育，努力培养青少年遵纪守法的行为习惯。”

这些规范性文件的有关规定无疑是我们正确认识和处理法制教育与思想道德教育关系的基本依据，需要我们结合教学实际深刻领会其精神，着重在以下三个方面实现有机结合：一是法制教育与道德教育有机结合。进一步明确大学生道德教育与法制教育有机结合的理论依据，深刻理解有关规范性、指导性文件的政策精神，在“基础”课程内容的体系框架内，通过公共生活、职业生活和家庭生活三大领域的道德与法律规范和社会主义道德原则、基本法律的基本原则、公民的权利与义务以及大学生行为规范等路径，探寻若干个大学生道德教育与法制教育的结合点，并形成课堂教学方案，这是实现大学生道德教育与法制教育有机结合的有效途径和方法。[①]二是法制教育与社会主义核心价值体系教育有机结合。社会主义核心价值体系教育既是“基础”课教育教学的核心内容，也是“毛泽东思想和中国特色社会主义理论体系概论”（以下简称“概论”）课的重要内容。在“基础”课框架内的关系问题，教材编写修订环节已经做了一些合理的安排，在课堂操作中要注意从国家基本政治制度和公共生活行为规范两个视角，寻找法制教育与社会主义核心价值体系教育的结合点，实现有机结合。处理与“概论”课的关系，则应该在侧重上下功夫。法制教育重在制度分析，而“概论”课则重在理论支撑，避免简单重复。三是法制教育与公民意识教育有机结合。社会主义公民意识教育的内容很多，国家观念教育是其重点之一。我们可以将法制教育的有关内容进行综合概括，集中概述。比如宪法及宪法相关法对国体政体、国家形式和国家机构的规定；民法商法关于国家所有权、国有企业和外商投资企业、税务征收管理的规定；行政法关于国家行政体制和国家公务员、居民身份证、公民出入境管理的规定；刑法关于刑法任务和适用范围的规定；以及国防法、国家安全法、保守国家秘密法、兵役法、国旗法、国徽法、香港特别行政区基本法、澳门特别行政区基本法、民族区域自治法、海关法、文物保护法等专门法律中体现国家主权和国家职能的规定等。法制教育中的这些内容同时也是公民意识教育的内容，这是二者有机结合的基础和有利条件。

2012 年 12 月 4 日，习近平在首都各界纪念现行宪法公布施行 30 周年大会上的讲话中指出：“法律是成文的道德，道德是内心的法律。我们要坚持把依法治国和以德治国结合起来，高度重视道德对公民行

① 陈大文：《关于大学生道德教育与法制教育有机结合的探讨》，《思想理论教育导刊》，2011 年第 3 期，第 57 页。

为的规范作用，引导公民既依法维护合法权益，又自觉履行法定义务，做到享有权利和履行义务相一致。”[①]这是关于道德与法律关系的精辟论断，对于我们正确认识和处理法制教育与思想、道德及公民教育的关系具有十分重要的指导意义。在“基础”课教学实践中，我们不能简单地以教材篇幅大小衡量法制教育的地位，不能机械地以课时多少来判断法制教育的分量，应该在坚持法制教育的思想品德教育性质基础上，不断追求法律素质教育目标，努力实现法制教育与思想道德教育和公民教育的有机结合，以适应加快建设社会主义法治国家的需要。

（四）高校法制教育的主体定位：明确大学生的主体地位

高校法制教育活动是教师的“教”与大学生的“学”双边共同活动的过程，两者缺一不可。“学”是活动的主体，“教”是活动的主导。只有在发挥教师主导作用的同时，明确大学生在法制教育中的主体地位，使学生成为主体角色，才能引导帮助大学生产生学习的内在动力，积极、主动、能动地学习，主动接受法制教育的影响，积极向教师提出质疑，才能充分发挥自身参与教学过程的主体性，达到最佳的教学效果。[②]

1．大学生是能动地认识并影响法制教育及其教育者的主体

在高校法制教育中，大学生不是消极被动地接受法制教育者及受其教育的影响，简单地、原封不动地把外在的要求移植于自身内部，而是以自己积极的活动能动地接受法制教育影响，能主动、积极地作用于教育者所提供的法制教育信息；同时，大学生也可以以自己的思想和行为能动地影响法制教育者的认识和活动。尤其是当大学生发现现实生活中遇到的问题与教育者传授的法律规定不一致时，总是希望教育者给出满意的解释和理由，促使教育者也要不断学习法律知识，提高法律素养。

---

① 习近平：《在首都各界纪念现行宪法公布施行30周年大会上的讲话》，《人民日报》，2012年12月5日，第2版。

② 蔡卫忠：《论加强大学生法制教育要着力把握好的几个问题》，《思想理论教育导刊》，2013年第6期，第44～45页。

2．大学生是自我法制教育的主体

大学生在法制教育过程中的自我教育，首先表现在具有独立的主体意识，能够在教育者的启发、指导下独立地提升自己的法律素质。在自我法制教育中，教师要为学生营造良好、和谐的气氛，形成平等、民主的教风，引导大学生以主体的姿态能动地认识自己的法律水平，并按照社会要求能动地提高法律素养。其次，大学生还能够把自己看作教育对象，通过法制教育进行自我支配、自我调节和自我控制，并利用内外两方面的积极因素，主动地去认识、学习和接受教育者的影响。有些高校还注意培养和选拔一批法律知识比较丰富、具备一定法律素质和宣讲能力的学生，使之成为法律宣传骨干，让身边的人讲身边的事，加强自我教育、自我约束和自我管理，取得了很好的效果。

3．大学生是有创造性的主体

大学生主体地位的突出特点就是大学生还具有创造性，能够将教育者所传达的法律思想以及内容加以认同、吸收、内化，并在此基础上产生符合社会发展要求的法律意识、法律素养，并以此来指导自己的行为。因此，法制教育者要明确自己的主导地位和作用，引导帮助大学生在接受法制教育的过程中，积极发挥自身的主观能动性和创造性，不仅要掌握法律知识，更要认识和把握学习法律知识的规律和方法，把握进入法律知识大门的钥匙，提高大学生的自学能力和创新能力，增强法制教育的实效性和鲜活性。

第二节　高校法制教育的重大意义

学校的根本任务是培养社会主义事业的建设者和接班人。法制教育作为思想政治教育领域的重要内容，是现代社会发展与现代教育的必然要求。高校法制教育培养大学生树立社会主义法律意识，增强社会主义法治理念，使大学生自觉地遵纪守法。高校法制教育是衡量个体社会化程度的一项基本标准，关系着我国未来的整体国民素质，关系着社会主义法治国家建设伟大方略的实施，关系着国家经济发展的速度以及社会主义和谐社会的实现程度。可以说，高校法制教育意义重大，利在当代，功在千秋。

一、高校法制教育是加强大学生素质教育的重要内容

江泽民同志在《关于教育问题的谈话》中指出："教育是一个系统工程，不仅要加强对学生的文化知识教育，而且要切实加强对学生的思想政治教育、品德教育、纪律教育；要经常在学生中开展纪律法制教育，增强他们的纪律法制观念，使他们懂得遵纪守法的道理"。[①]高校法制教育与思想政治教育相结合，与社会实践相结合，与科技文化教育相结合，有助于丰富大学生的现代科学文化知识，提高大学生的综合素质和能力，是培养现代化合格人才的需要，是提高学生综合素质的内在要求。高校法制教育的效果不应当仅仅是对大学生法治观念的培养和加强，也不应当仅仅维持在懂维权、会打官司的水平，而是对大学生的价值观念、道德素质、思维方式和精神状态等各方面都有着积极而重要的影响，对于大学生综合素质的全面提高发挥着举足轻重的作用。

高等教育具有较强的组织性、规模性和科学性等无可比拟的特点和优势，因而高校法制教育已经成为我国弘扬法治精神、建设法治国家、培养高素质人才和造就法治公民的基本途径和强大保障。高校通过对大学生进行法制教育，使他们了解我国的基本政治制度和经济制度，了解我国的民主政治建设和依法治国、建设社会主义法治国家的基本方略，让他们从意识形态的高度坚定自己的政治观点和政治信仰，依法行使自己的政治权利，履行自己应尽的法律义务。因此，现代高校法制教育是整个国民素质教育中不可替代的重要组成部分，对大学生开展全面而系统的法制教育，是培养大学生思想道德和法律修养的重要举措，更是新时期提升当代大学生综合素质的有效路径。

二、高校法制教育是改进大学生思想政治教育的现实需要

随着改革开放的不断深入、社会主义市场经济体制的不断健全、网络生活的不断渗透，当代中国大学生出现了新的变化与特征。"80后"、"90后"已经不再是一个单纯的时间性主体概念，而是代表着社

---

① 江泽民：《关于教育问题的谈话》，2000年2月1日。

会变化、反映着大学生风貌的时代产物。当代大学生的人生价值取向趋向多元化、多样化，一些大学生中不同程度地流行着功利主义、消费主义、个人主义、历史虚无主义等非马克思主义的意识形态观。改革开放以来，大学生违法、犯罪率逐渐上升，其中经济犯罪和刑事犯罪尤为突出，这说明深化德育改革、强化法制教育具有重大的现实性和紧迫性。当代大学生出现的新特点、新问题、新情况以及青年大学生所肩负的特定历史任务和责任，无不迫切地呼吁强化法制教育在整个高校德育工作中的地位。增强高校法制教育，提高大学生法律意识，树立社会主义法治观念，既是加强社会主义精神文明建设的需要，也是高校思想政治教育全局成败的关键因素。

思想政治教育的最终目的是培养大学生成为建设中国特色社会主义的合格建设者和可靠接班人。社会主义法制教育与道德教育，是当代大学生思想政治教育的关键组成部分。法律和道德作为上层建筑的组成部分，都是维护社会秩序、规范人们思想和行动的重要调整手段。“有理想、有道德、有文化、有纪律”的“四有”新人目标中，“有道德”、“有纪律”正是社会主义道德教育和法制教育的教育目标和根本任务，也是改进和加强大学生思想政治教育的重要内容。因此，应当从中国特色社会主义事业的战略高度着眼，从当代大学生跳跃多变的思想实际出发，切实发挥高校思想政治教育工作对青年大学生健康成长成才的导向作用和保证功能，帮助青年大学生树立远大理想，培养优良道德品质，增强民主法制意识和权利义务观念，营造扶正祛邪、扬善惩恶、充满正能量的良好校园文化氛围。

三、高校法制教育是社会主义市场经济发展的强烈呼唤

随着社会主义市场经济体制的不断深入和完善，已经沿袭多年的以计划经济思想为基础的传统观念必然被符合新的生产关系需要的新观念、新体制所替代。市场经济是法治经济，一方面，它建立了比较完备的、调整各种市场行为的、符合市场经济运行规律的法律体系；另一方面，它确立了法律在市场经济活动中不能撼动的权威地位。法律在市场经济中的最高统治地位是宪法赋予的，任何人都必须无条件

遵从，法律高于每个人的个人意志。因此，培养市场主体的法律意识是发展市场经济的首要任务。

高等院校的大学生经过正规的高等教育培养后，必将进入社会主义市场经济的大潮中，成为市场经济的主体，从事市场交易活动。在实践的大熔炉里，究竟是做时代的“弄潮儿”，还是做投机钻营的市场“蛀虫”？这是每一个大学生都需要面临的现实选择，也是我国高等教育需要接受检验的尖锐问题。大学生只有树立正确的法律意识，增强法制观念，养成学法、尊法、守法和用法的行为习惯，在实际工作中才能自觉依据法律规范调整市场经济的各种主体活动和经济关系，维护社会和市场经济的正常运转，从而推动整个法治经济沿着公正、有序、健康、持续发展的道路前进。可以说，高校法制教育是建立和发展社会主义市场经济的迫切要求，也是与国际接轨、掌握国际话语权、融入国际经济一体化进程的时代呼唤。

四、高校法制教育是建设社会主义法治国家的重要体现

十五大报告中明确提出了“依法治国”的基本方略，全国人大九届二次会议又以修正案的形式将“依法治国”载入根本大法——宪法。把“依法治国，建设社会主义法治国家”作为治国方针和治国目标提出来，这在中国历史上尚属首次，这是新中国成立六十多年来民主法制建设道路上的转折点和里程碑，是党的第三代领导核心关于未来治国方略和政治走向的一次公开宣言。党的十八大报告再次从社会层面明确指出“法治”是社会主义核心价值观的基本要素之一，要全面推进依法治国，加快建设社会主义法治国家。依法治国，是党领导人民治理国家的基本方略，是发展社会主义市场经济的客观需要，是社会文明进步的重要标志，是国家长治久安的必然保障。

在中国两千多年的封建思想影响下，人们传统观念里根深蒂固的人治思想始终占据着一席之地，无形中削弱了民主思想和法治理念等现代观念的存在和效用。邓小平同志非常重视我国的民主法制建设，把以“法治”代替“人治”作为我国政治体制改革的主要目标。1986年他首次指出：“要通过改革，处理好法治和人治的关系，处理好党和政府的关系。”[①]民主的法治思想不可能自发地在人的头脑中产生，只有通过长期的教育和实践才能改变人们的传统思想观念，因此，通过对未来社会精英进行全面、正规、系统的法制教育，帮助他们树立现代的民主法治理念，激发一代又一代有志青年继续奋斗，为实现社会主义法治国家而不懈努力。

自1985年开始，全国性普法宣传教育活动如火如荼地在中华大地开展起来，从“一五”普法到“六五”普法至今已经走过了近三十年，社会主义民主法制建设取得显著进步。其原因是多方面的，其中尤为关键的是高校法制教育作用有目共睹，成为推动中国民主法制进程不断向前、快速发展的重要路径。无论从“精英教育”意义上，还是从“普及教育”意义上，唯有高校法制教育才能持久而有效地担当起培养“法治英才”与“法治公民”这一历史使命。毋庸置疑，高校法制教育对依法治国、建设社会主义法治国家具有不可替代的重要作用。

五、高校法制教育是全面实现“中国梦”的坚强保障

全面实现“中国梦”，是我们党从建设中国特色社会主义事业总体布局出发提出的重大战略目标和任务，反映了建设富强、民主、文明、和谐的社会主义现代化国家的内在要求，体现了全党全国各族人民的共同愿望。党的十八大报告明确指出：“一定能在中国共产党成立一百年时全面建成小康社会，一定能在新中国成立一百年时建成富强民主文明和谐的社会主义现代化国家。全党要坚定这样的道路自信、理论自信、制度自信！”[②]法治中国是全面实现“中国梦”的重要前提和关键支柱，法律要素在实现“中国梦”的决定性阶段具有重要地位，能否确保全面实现“中国梦”的宏伟目标与是否能实现法治密不可分，与中国的民主法制建设进程息息相关。

而现在我国仍处于社会主义建设的初级发展阶段，社会中仍然存在并不断出现新问题和新情况、不安定因素和各类违法犯罪行为，整个社会秩序的形势仍十分严峻。作为向全社会输送合格人才的重要基

① 《邓小平文选》（第3卷），人民出版社，1993年版，第177页。

② 胡锦涛：《中国共产党第十八次全国代表大会上的报告》，2012年11月8日。

地，高等院校对外是基本开放的，也必然会受到社会中各类矛盾和不安定因素的影响和干扰。可见，大学生法律素质的高低、法律意识的强弱和社会主义法治理念的深浅将直接关系到“中国梦”的实现过程和实现进度。大学生是受过正规高等教育的高知群体，是全面推进社会主义法治国家建设的生力军，用社会主义法治理念教育当代大学生原本就是实现“中国梦”的应有之义。因此，加强高校法制教育必将为全面推动法治中国、实现中华民族的伟大复兴提供坚实后盾和强大保障。

总之，对大学生进行有效的法制教育，不仅是国家和社会对大学生的固有要求，也是广大青年学生在全球化、信息化、多元化的时代背景下，成长成才、适应社会，积极投身中国特色社会主义现代化建设，实现自我价值和社会价值统一所必需的。“法律是最低限度的道德”。大学生不能仅仅满足于大学期间不做违法犯罪的事情这个最低标准，而应从“依法治国，建设社会主义法治国家”的战略高度，从青年大学生肩负的历史使命和时代任务，从中国特色社会主义事业的发展命运出发，以积极的态度认真学习法律知识，努力形成社会主义法律意识，不断提高自己的法律素质和尊法用法守法护法能力。

第二章　探索与起步：高校法制教育的除旧布新（1949～1956）

20世纪的中国是变动频仍、变化巨大的中国。回顾中国历史乃至世界历史，恐怕没有哪个世纪像中国的20世纪那样，短短的一百年却容纳了那么多的苦难与成就、除旧与布新、沮丧与希望。交互出现、交错进行的政治革命、文化运动、内外战争、社会动荡和经济浪潮，不断地改变中国的历史与现实，同时也在不断地改变中国人民的行为方式与观念形态。新中国的成立是20世纪最伟大的历史事件，“这一事件不仅彻底创建了中国历史上全新的政制与法律，也使得与政制和法律相关的法律观及其指导下的法制教育出现了全新的面貌与性质”[①]。社会主义法律观与社会主义法制教育的肇始，就是在马克思主义指导下的具有鲜明中国特色的高等院校法制教育的形成与发展的标志之一。

第一节　新中国成立初期的法制思想

国民党反动统治的垮台和新生人民政权的创立，给当时中国政治、经济、文化、生活等各方面带来了翻天覆地的变化，其中无疑包括了法制观念的改弦更张和法制教育制度的破旧立新。党和国家在法制建设上采取的第一项重大举措就是废除以“六法全书”为标志的旧法统秩序，建立马列主义、毛泽东思想的法制观。同时，囿于意识形态的抉择和残酷的国际环境，苏联的法制及其教育模式也成为新中国法制建设的重要源泉和不二之选。

① 陈甦：《当代中国法学研究》，中国社会科学出版社，2009年版，第8页。

一、“阶级斗争”的法制观

自新中国成立后，世界列强将中国视为“眼中钉”，想方设法地将其扼杀和摧毁，在这种历史背景下，新中国虽然也在强调经济和社会发展，但并没有充分认识到法律对于中国社会、政治、经济、文化等发展的决定作用，而主要是将法律当作政治斗争的工具。“这种观念的产生既有马克思主义经典文本的作用，也有当时中国历史条件的影响。”[①]众所周知，在《共产党宣言》这部共产主义的经典著作中马克思和恩格斯说了一句让众多马克思主义法学家受益匪浅的名言：“你们的观念本身是资产阶级的生产关系和所有制关系的产物，正像你们的法不过是被奉为法律的你们这个阶级的意志一样，而这种意志的内容是由你们这个阶级的物质生活条件来决定的。”[②]这样的经典名言其实并不是在强调法的阶级性，而是在强调法对社会生活的依赖性。“但由于当时中国所处的恶劣国际环境，不得不去强调法律的阶级性，这在毛泽东同志的斗争哲学中体现得淋漓尽致。”[③]

正是这种阶级性的强调最终导致了新中国成立初期的法制建设必然走一种阶级斗争的道路，不是用法律维护和促进社会生活的提升以及人的权利和自由的发展与完善，而是把一切有碍社会主义事业和中国共产党领导的阶级敌人消灭殆尽，这就是法律的使命。阶级斗争的法制观忽略了人的伟大价值，从理论上说，社会主义的建立应该是高于资本主义的，更应该体现对人的尊重，人的自由和权利更应该在现实的法律运行中得以体现。但恰恰相反，由于阶级斗争的中心化，新中国的法制建设忽略了“人”，人的作用被抹杀了，一切都失去了人的色彩。虽然这里夹杂着历史的原因，但其间也必然有人为的因素，有主观化的作用，甚至个人意志抑制了中国法制社会的发展和成长。从新中国成立至“文化大革命”结束，阶级斗争的法制观几乎成了新中国成立后到改革开放前这个历史阶段整个中国社会建设的指导思想，

---

① 武树臣：《三十年的评说——“阶级本位·政策法”时代的法律文化》，《法律科学》，1993年第5期，第26页。

②《马克思恩格斯选集》（第1卷），人民出版社，1995年版，第289页。

③ 武树臣：《法治类型研究》，人民出版社，2011年版，第165页。

甚至到20世纪80年代中期仍然有相当的市场，还在潜移默化地影响着中国社会和中国的民主法制历史进程。

二、“学苏批资”的法制观

新中国成立伊始，在整个中国社会学习苏联经验的背景下，我国法律界也自觉不自觉地树立了“学苏批资”的法制观念，开始大规模地效法苏联法制模式。这是由当时中国复杂特殊的具体历史条件所决定的。其一，人民政权建立后，即刻处于帝国主义国家的敌视包围之中，囿于当时严酷的国际斗争形势和“一边倒”的外交政策，法制模式的选择向苏联倾斜几乎成为唯一的出路。正如毛泽东同志所说：“苏联共产党就是我们的最好的先生，我们必须向他们学习。”[①]其二，党和国家在废除旧法统、批判并蔑视传统封建法制和西方资本主义法制以后，家徒四壁、两手空空，以破坏旧法统为宗旨的革命根据地法制也缺乏系统性的经验可资援用。而苏联有着三十多年法制建设的实践经验，在“苏联中心论”观念盛行之时，其法制模式自然成为新生人民政府所效法的对象。

在“学苏批资”思潮的影响下，新中国在法制建设的理论和实践方面几乎全面援引苏联经验。在法学理论方面，通过研究和宣传以维辛斯基、苏打里可夫为代表的苏联法学家关于法律的基本理论，特别是以阶级斗争为核心的法学理论，中国法律界牢固树立起“马克思主义国家观”和无产阶级法律观。在立法方面，新生的人民政权从苏联大量引进了包括宪法在内的各项法律制度，诸如土地、婚姻、刑事以及经济方面的立法。在司法方面，新中国的法院设置、组织原则、审判程序、人民陪审员制度都是取经于苏联；审检分立的设置原则和赋予检察机关法律监督职权，也完全照搬苏联的检查制度。在法制教育方面，“翻译出版苏联法学教材达百余种，大学院所的法学教材、课程设置以及教学计划，皆以苏联为楷模”[②]。毫不夸张地说，新中国成立初期的法律理论、法律制度和法制教育几乎完全是从苏联移植过来的。

---

① 毛泽东：《评战犯求和》，《毛泽东选集》（第4卷），人民出版社，1991年版，第1481页。

② 沈国明、王立民：《二十世纪中国社会科学·法学卷》，上海人民出版社，2005年版，第39～40页。

"'学苏批资'的法制观和全面引进苏联法制的实践为新中国社会主义法制的创立和发展找到了范本和捷径，避免了废除'旧法统'后我国可能长期处于法制荒芜状况的危险，并迅速建立起了较为完善的司法和检察体系，培养和造就了一批牢牢掌握马克思主义法律观的法律工作者，在新中国成立初期完成新民主主义遗留任务的阶级大搏斗中发挥了重要作用"。[①]然而，苏联法制的自身缺陷也给全盘照搬其模式的新中国法制带来了一定消极影响。过度强调法律作为统治阶级的意志和专政工具的理论，政法合一的司法模式，倚重政策、忽视法律的虚无主义法律观以及迷信苏联法制的教条主义倾向，极大地束缚了新中国法制建设的独立视野和本土转化。

第二节 高校法制教育格局初步形成

新中国成立时，由于当时政权对法制建设的需要，法制教育很快受到重视。1949 年 6 月，担任中共中央法律委员会副主任的谢觉哉同志提出了创办中国政法大学以培养新中国司法干部的建议。中共中央批准了这一建议，并于 1949 年 8 月成立了以培训干部为主的中国政法大学。此后，新中国的高等院校法制教育主要通过三种途径建立起来。第一种途径是传承老解放区政法教育传统，开展政法干部教育；第二种途径是接收和改造旧大学法律及政治等专业；第三种途径是以苏联模式创建自己的高等法学教育体系。可以说，新中国的高校法制教育基本上是遵循着两个路径创立和发展起来的，一是在职政法干部法律教育；二是普通高等院校法学教育。1949 年 12 月 16 日，政务院第十一次会议通过了《关于成立中国人民大学的决定》，使政法干部教育和普通高等法学教育开始分流，但 1952 年后逐步建立起来的政法学院实际上仍然承担着培养专门人才和培训在职干部的双重任务。随后 1954 年 4 月至 5 月召开的政法教育会议明确了高等政法教育的任务是"掌

① 陈金全：《新中国法律思想史》，人民出版社，2011 年版，第 44 页。

握先进政法科学、熟悉专门政法业务的干部和法学家”[①]。通过 1952 年的院系调整，实际上形成了以北京政法学院、西南政法学院、华东政法学院、中南政法学院为主体的法学教育体系。到 1954 年，“大学中设法律系的只有中国人民大学、东北大学、武汉大学和当年恢复的北京大学、复旦大学、西北大学这六所，形成了四院六所的布局和状态，奠定了新中国法制教育的基础”[②]。至此，新中国高校法制教育的基本格局初步形成，为后来新中国法制教育构筑了基本的框架结构，为中国法制教育确立了社会主义发展方向，同时也为改革开放后高校法制教育的恢复发展打下了坚实基础。

一、废除六法全书

废除国民党“六法全书”，是新中国成立前夕我国法律界发生的一次重大历史事件，虽然这一事件发生在新中国成立之前，但由于它对新中国法学发展影响深远，所以我们在回顾新中国成立以来六十多年的法制发展史时，这段历史是不得不提及的。1949 年 2 月 22 日，当时任中国共产党中央委员会委员、中央法律工作委员会主任的陈绍禹（即王明）起草了一份文件，代表党中央下发各根据地，要求在司法审判工作中不得再以国民党“六法全书”为依据。这份文件经过毛泽东、周恩来的修改，以及任弼时、董必武、林伯渠等领导的圈阅，同意下发全党执行。这份文件，就是《关于废除国民党的六法全书与确定解放区的司法原则的指示》（简称《指示》）。

《指示》全文不长，一千多字，但几个核心观点异常重要。第一，“废除国民党的六法全书，人民的司法工作以人民的新的法律作依据”。第二，“在人民的新的法律还没有系统地发布以前，则应该以共产党的政策以及人民政府与人民解放军已发布的各种纲领、法律、命令、条例、决议作依据”。第三，“司法机关应该经常以蔑视和批判国民党六法全书及其他一切反动法律、法令的精神，以蔑视和批判欧美日本资本主义国家的一切反人民的法律、法令的精神，来从事法制建

① 曹义孙、胡晓进：《三十年中国法学教育大事记（1949－1978）》，中国政法大学出版社，2010 年版，第 111 页。

② 吴志攀：《中国法制建设研究》，中国人民大学出版社，2009 年版，第 249 页。

设”。[①]《指示》发布以后，1949 年 3 月，由董必武为主席的华北人民政府的训令《废除国民党的六法全书及其一切反动法律》和同年 9 月的《中国人民政治协商会议共同纲领》第 17 条，也都重申了中国共产党的这一立场。

二、政法院系调整

新中国成立后，新的历史阶段开始，中国以崭新的面貌出现在世界舞台上，在社会主义国家形态下创制了自己崭新的政治和经济制度。“中华人民共和国的法制是在彻底摧毁国民党政府旧法统后，根据马克思主义国家与法的理论，按照苏联法制的模式建立起来的”。[②]在全面废除旧法统的条件下，旧的法制教育制度被抛弃得所剩无几，国家对旧中国大学的政法系科进行了调整，并彻底批判了旧的政法教育理论，废除了旧法学课程，建起了新的法制教育制度。这期间，法制教育的重建工作是从培训司法干部和改造旧司法人员开始的，教学理论和模式从苏联全面引进。

（一）院系设置调整

1949 年到 1953 年是新中国法制教育处于废除旧体系，创建新制度的过渡时期。新制度几乎是从空白状态下起步的。“1949 年以前，大学以学政法的人为最多，大学中也只有政法学院为大。据统计，新中国成立前全国有 63 所高等院校设置了法律、社会等 120 多个系科”。[③]但是，1949 年学政法的很多人跟随蒋介石逃跑，剩下当时教法律的没什么可教，学法律的又没什么可学，许多人都不愿学政法。“北京大学是过去法学院最大的一个学校，到 1951 年只有 25 个本科生和两个研究生学政法。”[④]其他高校的法制教育也是一片萧条景象。

正规本科法学教育于 1950 年启动，建立新法制教育制度的基本判断是：旧中国法学所学的“六法全书”、资产阶级议会政治已没有用了，

① 何勤华：《六十年法制建设与法学》，上海人民出版社，2009 年版，第 1～2 页。

② 蔡定剑：《历史与变革——新中国法制建设的历程》，中国政法大学出版社，1999 年版，第 1 页。

③《中国法律年鉴》编辑部：《中国法律年鉴》，法律出版社，1989 年版，第 99 页。

④《董必武政治法律文集》，法律出版社，1986 年版，第 158 页。

旧法学教育随旧法统的废止而失去继续存在的意义，必须以全新的教育内容取而代之。因此，新中国成立后改革法制教育内容遂成为重中之重。新中国成立后第二年就创建了中国人民大学，该校由中国政法大学与原华北大学、革命大学合并而成，中国政法大学成为其法律系。人民大学法律系成为移植苏联法学的基地，也是新中国法学教育的发源地。它最初的任务是“培养政法教师，并要摸出政法教学的东西来”。[①]中国人民大学法律系成为新中国成立后建立的第一个正规法律教育系，只招收本科生，为全国高校法律系培养师资和法学研究专家是其重要职能之一，为此设有专门的师资培训班，另设两年制的研究生班，毕业生分配到其他学校法律系任教。1950 年，东北人民大学（现吉林大学）也设立了法律系。

1951 年，中央司法干部轮训班与新法学研究院合并，成立中央政法干校，彭真任校长。该校由政务院政法委员会直接领导，主要目标是培训政法干部。1952 年，全国高等院校开始进行院系调整，全面改革旧的教育制度，在借鉴苏联经验基础上，对旧大学法学教育重新进行布局。各大学原设置的法律系裁并了相同的专业。“经过调整后的全国政法院系从原来的 34 所减少到 8 所”。[②]从史实角度看，法制教育规模不断压缩，调整后的院系数量也大幅减少；但从法制教育的教学目标来考察，其教育的针对性和有效性都有所加强，为几乎空白的法制教育除旧革新提供了坚强的组织保障。

（二）课程体系建设

在对旧政法院校调整改革的同时，彻底摒弃了旧的教学内容和方法；在批判六法全书观点的同时，树立了新的法学思想。早在 1949 年 10 月，华北高等教育委员会颁布了《各大学、专科学校、文法学院各系课程暂行规定》，废除了旧课程，对其他课程实行“坚决改造，逐步实现”的方针。规定辩证唯物主义与历史唯物论、新民主主义论、

① 董必武：《董必武政治法律文集》，法律出版社，1986 年版，第 195 页。

② 根据《中国教育年鉴（1949—1981）》的资料，政法院系调整后的政法院系为 6 个。根据《中国法律年鉴（1988）》的资料，调整后的政法院系为 8 个，包括武汉大学法律系和西北大学司法专修科。

政治经济学为共同必修课。法律专业课设有如下科目："马列主义法律理论、新民主主义的各项政策法令、马列名著选读、新民法原理、新刑法原理、宪法原理、国际公法、国际私法、商事法原理、犯罪学、刑事政策、苏联法律研究等"。[①]这个教育计划在新中国成立之初还仅停留在书面上，实际上，新中国成立之初头几年时间没有什么东西可教。当时，"政法系的教师也很苦闷，客观上他们不知道如何教，主观上我们也拿不出东西给他们"[②]。当初所能教的主要有中央人民政府新公布的法令规章，翻译苏联的一些著作和苏联专家提供的资料。刑法方面只有《惩治反革命条例》，民法方面主要是新颁布的《工会法》、《婚姻法》等。实际上，"当时政法学院开设的四门课是：阶级论、国家论、国家法、司法政策和行政管理"[③]。

显然这个时期法学教育的总体状况并不令人满意。正如陈守一先生在总结该时期法制教育的基本情况时所言："教学干部量少质弱，教学质量不高，教材图书资料缺乏，教学任务负担很重，社会活动相当多。"[④]由此可见，尽管新中国成立初期的高校法制教育已经有了发展的萌芽，但是由于基础薄、师资弱、教材缺、课时少等客观条件的制约，多有不完善之处，尚处于探索起步阶段。

三、创办政法干部学校

继承老解放区的政法教育传统，建立新中国政法干部教育是新中国成立后高等院校法制教育的来源之一。"老解放区的法政教育最早可以溯及1933年成立的苏维埃大学开办的一个司法班，以当时苏维埃政府制定的法令法条为教材，开设课程。同年创办的江西省苏维埃干部学校，也规定要培养裁判干部"。[⑤]

---

① 周振想、邵景春：《新中国法制建设40年要览(1949—1988)》，群众出版社，1990年版，第4页。

② 董必武：《董必武政治法律文集》，法律出版社，1986年版，第159页。

③ 董必武：《董必武政治法律文集》，法律出版社，1986年版，第195页。

④ 陈守一：《改进高等法律工作，提高教学质量》，见《法学研究与法学教育论》，北京大学出版社，1996年版，第2页。

⑤ 汤能松、张蕴华、王清云、阎亚林：《探索的轨迹：中国法学教育发展史略》，法律出版社，1995年版，第375页。

中华人民共和国成立前后，为适应的新中国法制建设和司法发展，需要继续培养一大批政法干部。为此，中共中央在继承老解放区政法教育传统的基础上，先后批准建立了三所政法干部学校。分别是：第一，1949 年 8 月，中共中央决定在北平朝阳大学旧校址的基础上成立中国政法大学，任命谢觉哉为校长，同年 11 月 6 日举行开学典礼。第二，1950 年 1 月 4 日，中央政府又拟批准创立以改造旧法律界和司法界工作人员为目的的新法研究所，实为一所政法干部学校，培训对象为还在司法岗位的旧司法人员及部分青年知识分子。第三，1951 年，经政务院第十九次会议批准，筹设中央政法干部学校，并将原政法大学及政法干部轮训班、新法研究所都并入其中。中央政法干部学校完全是按照《关于废除国民党的六法全书与确定解放区的司法原则的指示》的精神建立起来的，轮训了数以千计的政法干部，为新中国政权建设培养了大批的政法干部和政法宣传教育的骨干，并为以后的政法干部教育以及普通高等教育创立了模式。

四、效法苏联模式

新中国成立后，旧的法学教育随着“六法全书”等法律的废止而宣告结束。在政治、经济、文化全面苏联化的整体环境下，新中国法制教育全面借鉴了苏联模式。苏联法学教育主要是指对前苏联法律制度和法律思想的学习，包括苏联学者对马列主义经典著作中关于法律论述的阐释、苏联学者创立的法学理论和苏联的法律制度。此时的法学教育以培养无产阶级政法干部为目标，强调政治领先之下的教师主导地位和通过科研提高教学水平的教育原则和实践相结合。与苏联的不断接轨为苏联法和法学的全面进军中国留出了巨大的空间，高等院校法制教育学习“苏联老大哥”，主要是通过以下渠道进行的。

第一，聘请苏联法学专家来华指导中国政府立法、承担法律教育任务以培养中国法律人才，特别是师资队伍。从 1950 年至 1957 年，中国聘请了数百位苏联专家来中国高校任教。其中，“仅中国人民大学就有 99 人次的苏联专家前来执教，法律专家共聘请了多少人虽然没有详细的资料记载，但是据当时在中国人民大学法律系学习和工作的孙国华、江伟、关怀、赵中孚、许崇德、吴家麟、高铭暄、张晋藩、李昌道等教授提供的回忆数据显示，大概不少于40人次，而比较集中的是在中国人民大学。另外，东北人民大学（现吉林大学）的法律系以及北京政法学院、西南政法学院和华东政法学院等高校，也有苏联专家前去讲学或讲座”[①]。

第二，向苏联派遣法科留学生。在1951年至1959年间，“中国派往苏联的留学生不下两千余人，而专门研习法学专业的也有50多人”[②]。这当中绝大多数人后来都成了我国法学界的著名学者，为高校法制教育的法律人才培养做出了不可磨灭的贡献。

第三，苏联法学著作和法学教材大量涌入中国。从1952年到1956年，我国共引进、翻译、出版苏联的法学教材和著作共计四百余部，仅翻译苏联法学教材及著作就高达165种，还有一大批教学大纲也纷纷进入中国高校。这些教材和大纲除了供中国人民大学和东北人民大学法律系使用外，还为北京、华东、西南等各个政法院校所选用。此外，法学教育管理制度也参考苏联模式，如仿照苏联的学制，建立教学研究组（室），改革考试制度等。

“事实胜于雄辩”，以上几个重要历史事件看似是孤立的，实则是苏联法和法学被全面移植进入中国的最好例证。国家与法权理论讲述的是苏联总检察长维辛斯基关于法的定义；宪法讲的是苏联1936年的斯大林宪法及其原理；民法、民事诉讼法、刑法、刑事诉讼法，以及国际法和国际司法，讲的都是苏联的法和法学原理。这一个又一个的实例无不说明了一个不容争辩的事实：中国法制教育进入了一个全盘“苏化”的时期，并呈现出以下特点：第一，培养教育目标是政治素质过硬的无产阶级政法干部。法学教育以马克思列宁主义、毛泽东思想为指导，为巩固人民民主专政，培养了解政策法令和新法学、为人民服务的法学工作干部。第二，教育培养方式是法律院校独立承担法学教育任务，国家统一组织管理。因为法律职业不是一种专业，所以法学教育与法律职业是分离的。第三，教育内容是“讲授课程有法令

① 何勤华：《六十年法治建设与法学》，上海人民出版社，2009年版，第6页。
② 何勤华：《六十年法治建设与法学》，上海人民出版社，2009年版，第7页。

者根据法令，无法令者根据政策……如无具体材料可资根据参照，则以马列主义、毛泽东思想为指导原则，并以苏联法学教材及著述为教授的主要参考资料”[①]。第四，教育方法主要是课堂讲授，强调教师的主导性。由苏联专家直接授课或者由经过苏联专家培训的中国法学教师授课。

学习和效法苏联法制教育模式的热潮一直持续到20世纪50年代末，之后随着中苏关系的恶化，这股浪潮才开始逐渐消退。中国不再聘请苏联专家来华，也不再派遣学生赴苏联学习法律，翻译苏联法学论著、教材和论文等活动也逐步停止。苏联的某些法律理论，如“全民国家”、“全民法”还受到了“批判”。“全盘苏化”成为新中国建立初期一个特定时期的特定事件，并没有再延续。然而，苏联法对中国的影响并没有因为这股浪潮的消退而彻底消亡。反而，中国高校法制教育从教育体制到教育内容再到组织机构，从实体法到程序法，从课堂教学到理论研究等等，无不深深地印刻着苏联模式法制教育的影子，直到现在仍然不同程度地间接受到苏联法和法学的影响。

第三节　新中国成立初期高校法制教育的主要特点

在新中国成立之初百废待兴、百业待举、极贫极弱的年代里，除了要肃清封建主义、资本主义、帝国主义的反动传统外，中国政治、经济、文化、教育、法制等各个方面都需要全面调整和革新。在废除国民党旧的法律制度和引进苏联法制教育模式的基础上，新中国高校法制教育建立了新的法律体系教育雏形，填补了社会主义大学法制教育的空白，为新中国成立后的民主法制建设做出了开创新纪元的贡献。但是，由于受到种种历史条件的限制和制约，高校法制教育在初建过程中又表现出严重的不彻底性和不稳定性，受到了政治局势和社会动荡的强烈影响而举步维艰，发展进程十分缓慢。

---

① 参见教育部：《法学院、法律系课程草案》，1951年6月。

一、除旧未尽而布新不足

中国诸法合体的封建法律制度延续了两千多年，封建法律思想在中国古代文化传统中长期占据统治地位。清朝末年，在内忧外患的巨大压力下，清政府被迫实行变法修律，摒弃了传统封建法律制度模式。到南京国民政府时期，中国完成了传统法律的转型，建立了以“六法全书”为基础的法律体系。新中国成立后，中华人民共和国的法律制度体系，既摒弃了中国传统法律制度的原则，又与依“西法”为模式建立的“六法体系”划清了界限。可以说，新中国的法律制度是在废除国民党政权以“六法全书”为基础的旧法统的前提下，在吸收和继承新民主主义法制建设经验的基础上，以马列主义国家观和法律观为指导，结合中国社会实际，借鉴苏联社会主义法制模式建立起来的。

由于当时认为随着旧法体系被废除，旧中国的法学教育也就失去了继续存在的基础，必然以全新的方式和内容取而代之。然而现实情形是当时旧的法学教育并未清除得一干二净，反而一些腐朽的、封建的、资产阶级的观点和言论依然在高校中有一定的市场和受众。加之我国社会主义的法制体系尚未形成，法制教育的基础因而显得相当薄弱和不完整，这也为旧法统流毒提供一个存在和继续滋生的温床。高校法制教育完全服从和服务于当时政治的需要，未能顾及高等教育的普遍发展需要、内在规律和教育主体能动性。

学术思想、学科建设以及教材建设方面，受苏联影响较大。这一时期出版的165种译著，基本上都是苏联的法学著作和教科书。新中国在废除旧的法律体系之时，并没有同时做好建立新的法律体系的必要准备和前期铺垫。受国内形势所迫和在国际政治环境的压力下，只能盲目移植苏联模式，也就是说，明知苏联模式不是新中国重新建立法律体系的最佳选择，但是至少是当时历史条件之下的权宜之计，能解燃眉之急。虽然从形式上看，新中国的法律制度和法律体系实现了平稳建立和过渡，实则隐藏了巨大的风险和隐患。一方面，旧法统残余没有彻底清除，很容易造成复辟的危险，使人心涣散，缺乏凝聚力，依然对旧的制度和法统“恋恋不舍”，不利于新政权的稳固和法律体系权威的建立。另一方面，无论在理论上、制度上，还是在实践上、操作上，新法律制度的建立都没有提前做好准备。匆忙之中，情急之下，难免漏洞百出、顾此失彼。况且，完全学习、效法苏联模式，没有适应本国国情，进行本土化转化，出现“南橘北枳”的局面就不足为奇了。

二、随政治运动的变化而起伏

新中国成立不久，全国性运动便一个接一个，先是土地改革运动、镇压反革命运动，然后“三反”运动还没有结束，又开始了“五反”运动，到1952年又是司法改革运动。仅是新中国成立头三年就有如此多的运动，迭起的政治运动使整个国家一直处于紧张之中，中国的民主法制建设也在运动中风雨飘摇，可想而知，此时的高校法制教育更是遭受了各种运动的严重干扰和破坏。由于受当时“法律为政治服务”指导思想的影响，政治理论在整个教育课程中占据相当大的比重，法学教育也被称为“政法教育”，这种影响一直持续了相当长的时间。

早在1951年，彭真同志就主张“政法工作不是一种只坐在屋子里办公事、搞文牍的工作，而是一种与群众运动相结合的实际工作。只有面向群众、跟上群众运动，并指导推动群众运动，才能建立起政法部门的经常工作”[①]。董必武同志也说“要做好政法工作，就需要密切地结合运动，我们的工作需要从运动建立起来，运动可以促进我们工作的发展，反过来我们也推动与领导了运动的前进”[②]。在整个20世纪50年代，从旧法统的摧毁、新法制的建立，到法律实施，无不是靠运动主导进行的。

那么，为什么在推进新中国民主法制建设和法制教育的同时要采取运动的方式呢？这在很大程度上是一种习惯之选。运动是毛泽东同志领导国家的一种特有方式，也是中国共产党治国的一种传统方法，这在古今中外是很少见的。中国共产党领导的革命是一次自下而上的群众性大革命。它在组织、动员群众参加革命斗争和其他活动时，主要靠大宣传、大动员这种群众运动的方式，使革命取得了胜利。所以，毛泽东同志相信一切依靠群众是革命胜利的法宝，只要群众都起来，

---

① 蔡定剑：《历史与变革——新中国法制建设的历程》，中国政法大学出版社，1999年版，第282页。

② 董必武：《董必武政治法律文集》，法律出版社，1986年版，第238页。

一切事情都能办得到。社会主义建设时期他仍然要靠这种方式，要靠群众起来消灭犯罪和同犯罪做斗争，靠群众起来革除社会弊端，靠群众起来改造知识分子，靠群众起来同官僚机构做斗争。这是由一个彻底的革命者和贫民领袖的意识决定的。当然，搞群众运动还需要有胆略和气魄，而毛泽东及其领导集团通过战争年代获得了这种素质，并在群众中享有崇高的威望。他们掌握有集中的权力，渗透到社会的各个组织机构中，由党直接同群众对话。所以，运动又是以党代政，党能代替一切的结果。此外，运动还需要有一种有效的手段来传递领导人的决策、贯彻领导人的意志，这就是政策。而政策正好是共产党领导革命和建设得心应手、非常习惯的方法和手段。毛泽东同志和党拥有这些条件和资源，就使得他热衷于以运动的方式来治国。可想而知，法律成了运动的一种产物和手段，中国法制建设和法制教育也仅仅被当成推动运动的一种手段和方法。其结果是它们随着政治运动的变化而变化，无法形成相对稳定、完备的学科体系和专业教育理念。这一时期法制教育内容不完整，偏重政治观教育和思想理论教育；教育形式和方法过于单一乏味，采用政治运动方式开展高校法制教育，忽视了高等教育的普遍规律和教育主体的能动性；教育目标也存在过分强调政治价值、忽视人本价值、权利价值和社会价值的倾向。这些问题都为此后高校法制教育出现“左”的倾向埋下了隐患。

三、政治教育渗透法制教育

新中国成立初期，中国共产党领导全国人民开展了“土改”、“镇反”、“抗美援朝”、“三反”、“五反”等巩固人民民主政权的伟大斗争和各项社会主义改革运动，基本完成了社会主义改造。高等教育也相应地实现了由新民主主义向社会主义教育的转变，这一时期的高校政治教育也围绕着这一转变展开了运动式的法制教育启蒙。既然是法制教育的启蒙，没有什么现成的、系统的教育体系，甚至连比较明确的教育内容和教育目标也没有，而是散见于政治教育的边边角角。

第一，接管旧学校，改造旧教育。人民政府在接管教育之初，就非常重视对高校政治教育的改造和重建工作，在接管旧学校的过程中，党和各地政府对学校政治教育采取了慎重的改造措施：（1）制定了一系列接管政策法规，全面取消以往的旧教育体系，删除相关科目及教学内容，取消“党义”课程和“公民”课程，废除“军政训练”及训育科目，宣布宣扬国民党反动思想为非法，其中心就是清除国民党学校教育的影响，建立新学校德育体系。（2）坚决打击特务分子和反动政客，清理学校管理阶层中的不法分子，并在各地开展肃反运动，基本上清理了隐藏下来的特务和阶级异己分子。这种通过运用法律法规手段作为落实改造举措的有效形式不失为对大学生进行的一种生动的、鲜活的法制教育，让广大学生感受到法律的严肃性和权威性。

第二，适时运用民主教育方法。在开展批评与自我批评的过程中，适当运用了民主教育的方法，积极引导大学生参加各种社会政治运动和生产劳动等，使得原本生硬的说教变得灵活有效，原本难以启齿的批评与自我批评充满了民主的气氛，增强了教育的实效性和感染力。

第三，批判资本主义德育观。这一批判主要集中在批判小资产阶级思想意识，批判崇美、亲美的媚外思想和追求物质生活享受以及不劳而获的思想，反对个人主义和自由主义。从这一批判出发，强调在高校中要进行劳动教育，热爱劳动人民教育和爱集体、遵守法纪和纪律教育。其中遵守法纪和纪律教育就是一种法制教育，主要是针对自由主义思想进行的批判，而改造自由主义思想的途径就是增强纪律观念和法制观念，在政治教育的过程中体现了法制教育的价值和作用。

第四，令人遗憾地取消“公民”课。如果说以上三个方面都是从积极的角度在暴风骤雨般的群众革命运动中探寻法制教育的身影，那么新中国成立初期取消了“公民”课不得不说是一种历史遗憾。新中国成立初期的政治教育采取完全否定的态度，以为“只要是旧的，一切都要不得”，排斥可以批判性吸收的成果。在废除旧德育课程的过程中，取消了“三民主义要义”和“党义”课程是无可厚非的，但是“公民”课程也被同时砍掉却未必适当，这门课程对培养大学生的公民意识、民主意识，养成遵纪守法，遵守社会公德等起着重要的引导和约束作用。实际上世界上许多国家都设置此课，而新中国成立初期的此举造成了无法挽回的后果，使得新中国成立后至改革开放前很长时间内对大学生的道德教育和法制教育陷入缓慢发展阶段，这种对大学生法制教育的不足也为此后法律虚无主义思潮泛滥埋下了隐患，成为我国法制教育发展史上一段无法弥补的相对空档期。

第四节　小结和评论

无论新中国成立初期的高校法制教育存在哪些缺陷和不足，都无法掩盖一个不争的事实，那就是成绩是主要的。在短短不到十年间，新中国的高校法制教育就实现了从无到有、从照搬到借鉴、从无知走向自知、从被动走向主动、从小众化走向大众化的发展过程。虽然过程起伏不定，发展并不平稳，但经过历史梳理和客观分析，至少可以总结出如下经验与成绩。

一、历史进步：废除旧体系，创建新制度

自新中国成立伊始，中国开始进入一个崭新的历史时期，法制教育也由此开始了一条独自摸索的道路。为了肃清国民党旧法统的影响，明确革命法制的原则和方向，早在1949年2月新中国成立以前，中共中央就发表了《关于废除国民党的六法全书与确定解放区的司法原则的指示》。这是废除国民党旧法统和“六法全书”的正式文件，也是中国共产党关于国家法律方面问题的一份重要的经典文献。“根据这一指示，新中国不仅逐渐开始了自己的立法工作，而且通过调整改造旧大学的法学院系和建立新的法学院校，为新中国的法制建设培养了骨干人才。”①新中国成立之初，党和国家废除国民党旧法统对于新中国的法制建设、高校法制教育和法学研究都产生了极大的影响，客观上具有必然性、合理性和历史进步性。具体表现在以下三个方面。

第一，废除旧法统体现了新中国政权与旧政权在阶级属性和意识形态等本质问题上的彻底决裂。法是建立在一定经济基础之上的上层建筑，也是取得胜利、掌握政权的阶级意志的表现。“六法全书”代表大地主大资产阶级的意志和利益，革命的新法制不可能从反动的旧法

① 吴玉章、冯军、邹海林等:《中国二十五年来的法治历程》,2004年6月,http://www.china.com.cn/chinese/zhuanti/fzbg/577841.html。

统中孕育。

第二，国际共产主义运动和中国革命战争中的经验教训为废除旧法统提供了历史依据，奠定了情感基础。马克思在总结1871年巴黎公社失败的经验教训时就曾指出："工人阶级不能简单地掌握现成的国家机器，并运用它来达到自己的目的"。[①]列宁在回顾巴黎公社的历史时也讲到，工人阶级"不能只简单地夺取这个机器"，而"应当打碎和摧毁'现成的国家机器'"[②]，也包括"摧毁注定要灭亡的资产阶级社会的全部法制"[③]。此外，国民党反动派利用"六法全书"残酷屠杀共产党人和革命志士的血淋淋事实，使全国上下对这些法律深恶痛绝。

第三，旧法统废除后，马列主义、毛泽东思想的国家观和法律观，成为新中国法制建设的指导思想，为建立人民民主专政指明了正确的政治方向。"中国共产党的政策以及人民政府、人民解放军所发布的各种纲领、法律、命令、条例、决议成为司法依据"[④]，消除了旧法律的影响，开辟了人民司法的崭新道路，其作用在中国法律史上无疑是扭转乾坤的。

然而时过境迁，站在21世纪的历史起点上重新思考新中国成立初期废除旧法统、建立新制度的运动，学术界对其中的是非曲直进行了深入讨论，许多学者都对这一历史事件在当时具有的历史进步性持肯定态度，认为：一方面，马克思主义的法律观要求我们在建立新的人民政权后，必须打碎旧的国家机器，包括旧的法律制度；另一方面，我们党二十余年领导的革命根据地法制建设，使我们初步拥有了一批人民的法律可以与国民党的"六法全书"相抗衡。此外，新中国建立后初步形成的公有制、计划经济等也都不允许我们再继续沿用国民党的法律，所以必须废除旧体系，创建新制度。

与此同时，也有部分学者认为："《指示》是一个'鲁莽的行为'，是一种'倒洗澡水时连同婴儿一起倒掉'的行为，违背了法学发展的

① 《马克思恩格斯选集》（第3卷），人民出版社，1995年版，第52页。

② 《列宁选集》（第3卷），人民出版社，1960年版，第193～194页。

③ 《列宁选集》（第20卷），人民出版社，1989年版，第16页。

④ 陈金全：《新中国法律思想史》，人民出版社，2011年版，第39～40页。

继承性和可移植性的固有规律，它所造成的最大危害首先是中断了中国法制现代化的历史进程；其次是强化了中国蔑视法律的传统民族心理，成为之后中国法律虚无主义思潮泛滥的根源；再次是在中国法制建设和法制教育上采取了向苏联‘一边倒’的做法，全盘照搬苏联法的建设和教育模式；最后是为新中国很长一段时间内的政策治国打开了方便之门”。①

“鉴于往事，有资于治道。”认真反思这段历史，尽管不能机械地以“阶级属性”为标签就判定几代人为之泣血的“六法全书”以“死刑”。然而，综上所述，从当时各个方面的情况来考察和分析，废除旧体系、创建新制度都是可行的、必然的，应当肯定为一种历史的进步，也是历史选择的必然回应，符合新中国社会的发展要求和发展方向，是新中国法制建设和高校法制教育发展的起点和动力之源。

二、必然之选：全面移植苏联法制教育模式

我们应当客观地认识和评价中国法学理论学习苏联法学理论的那一段历史。苏联法学理论能够较容易和较长期地被中国法学界效法，既有中国历史条件的内因，又有当时苏联历史环境的外因；既带给我们一定的经验，又留下一定的历史性教训。

与人民民主主义和革命根据地时期法制建设的经验相一致，解放初期中国法律及其法制教育和苏联法律及其法制教育结下了不解之缘。正如学者蔡定剑所言：“在全部摧毁旧中国法制之后，中国法制的建立面对的是一片空白。由于意识形态的相同和20世纪50年代初中苏关系的全面热化，为引进苏联法制填补空白提供了契机。一时间兴起学习苏联法律热，大量照搬移植苏联法律教科书和法学观点。这种引进苏联法律思想和法制制度的热情贯穿我国法制初创时期的整个20世纪50年代。”②这种引进是全方位的、全过程的，从法学教育、法学研究及法学观点，到立法和司法实践无不依赖苏联模式。至此开始了苏联法学对中国法学几十年的影响和统治。

① 何勤华：《六十年法治建设与法学》，上海人民出版社，2009年版，第1～2页。

② 蔡定剑：《历史与变革——新中国法制建设的历程》，中国政法大学出版社，1999年版，第15页。

苏联法对中国法制建设的影响是全面和深刻的。比较我国 1954 年宪法和苏联 1936 年宪法时，就会清楚地看到两部宪法从体制到政权体系都存在一定程度的相似性。同时，“新中国大量引进了苏联的各种法律制度，如重视土地法、婚姻法、刑事法律方面的立法，以及经济法概念的接受等等”[①]。新中国初建时期之所以选择以苏联为代表的马克思主义法学为蓝本，其原因具体有三个方面：其一，在国际共产主义运动一个相当长的时期内，“苏联中心论”理念、“苏联老大哥”模式在所有社会主义国家被奉为经典，享有绝对权威，苏联的经验和做法被当作样板而被神圣化。其二，如上所述，新中国领导人在摧毁旧法统、蔑视和批判一切旧的和西方的资本主义法律之后，要建立一种全新的法律制度。因此，在别无选择的情况下，当然要效法革命的先行者苏联的经验。苏联作为第一个社会主义国家，马克思主义理论的第一个实践者，它的成功给中国共产党和中国革命产生极大的影响，具有极高的权威性。其三，经过解放战争的胜利、中国共产党领导人民取得政权后，新中国处在资本主义国家的敌视和包围中。出于当时国际形势的考虑，在政策和法律的选择上倾向于苏联模式也就成为一种必然。这表明对于初创时期中国高校法制教育而言，向苏联学习，甚至是照搬苏联模式成为一种较为自然的选择。在这一过程中最为典型的就是中国人民大学的建立。20 世纪 50 年代初的中国人民大学法律系分设“国家与法权理论”、“国家法”、“刑法”、“民法”四个教研室。“在教研室里，由苏联专家和中国教师组成若干个工作小组，苏联专家通过翻译向中国教师讲授苏联法学，中国教师当场记录翻译口述，随后与翻译一起整理笔记，第二天或稍晚时，再按照笔记给学生讲授”。[②]《人民教育》1952 年 11 月号载文称：“要建设新民主主义教育，

① 沈国明、王立民：《二十世纪中国社会科学·法学卷》，上海人民出版社，2005 年版，第 39 页。

② 沈国明、王立民：《二十世纪中国社会科学·法学卷》，上海人民出版社，2005 年版，第 400 页。

首先必须彻底地学习苏联的先进教育经验。”[①]新中国的高校法制教育更是如此，无论是教材、课程设置、教学计划、还是系所和教研室的设置等，都以苏联大学为楷模和样板。可见，新中国的高校法制教育完全是从苏联照搬过来的，法律观念是从苏联法学家那里借鉴来的，法律制度也几乎是从苏联移植来的。

1956年，党的“八大”提出了一系列建设社会主义的正确主张，指出在社会主义制度建立后，国家要进行全面的社会主义建设，中心任务是发展生产力，发展经济和文化，向自然界开战。在进行社会主义建设的过程中，仍然要以苏联为榜样，但要走自己的路，不机械地照搬照抄苏联模式。为正确领导社会主义建设，调动一切积极因素，理顺各种关系，毛泽东同志提出正确处理人民内部矛盾的理论。其中，最主要的是正确区分和处理两类不同性质的矛盾，特别是正确处理人民内部矛盾，以此作为国家政治生活的主题。在政治上，提出“扩大人民民主，健全社会主义法制”的方针，这是鉴于国内阶级关系和社会主要矛盾的变化，且吸取苏联和东欧国家经验教训之后提出的。党的“八大”把进一步扩大民主、反对“官僚主义”和“着手系统制定比较完备的法律，健全我国的法制”作为国家的两大任务。

不难发现，新中国成立后高校法制教育学习、模仿甚至是照搬照抄苏联模式显然是一种历史的必然产物，但是随着中国共产党社会主义建设中心任务的调整，法制教育也随之逐渐摆脱了对苏联模式的高度依赖，开始迈出了探索具有本土化、专业化特色的社会主义大学法制教育发展道路的步伐。

三、奠定基础：高校法制教育从小众化走向大众化

新中国成立初期，我国高校没有专门针对全体大学生开展的法制教育，一方面因为那个时候我国的立法尚处于空白或起步状态，另一方面因为当前作为思想政治教育课程重要组成部分、后来成为法律基础课上位概念的思想品德课程，也是到20世纪80年代才出现的，因

① 沈国明、王立民：《二十世纪中国社会科学·法学卷》，上海人民出版社，2005年版，第401页。

此，这个时期的思想政治教育中没有包含法制教育，也不可能包含单独法制教育。尽管从正规课堂教学的角度考察无法找寻到现代意义上的法制教育，但是并不意味着这个阶段根本不存在法制教育，这种全面否定的观点是不正确的，需要正本清源。通过上文对此阶段高校政治教育各种形式的深入挖掘和探寻，不难发现，当时历史条件下的法制教育虽然没有固定的名称或提法、明确为法制教育，但是具有法制教育意义的其他教育形式确实隐性存在，应当给予大胆承认，并确立为新中国成立之后未开设法律基础课之前的法制教育萌芽和发端。除此之外，法学教育的除旧布新和创建发展为高校法制教育的发展和变革奠定了扎实的学理基础和深厚的文化根基，为新中国成立之初教育秩序混乱、政治运动频繁、法制教育模糊的年代注入了新鲜活力，对于保持和稳定高校整体法制环境，提升和传播大学生民主意识和纪律观念起到了积极有力的促进作用。

对高校大学生进行的专业法学教育可以追溯到新中国成立伊始，无论是废除旧体系、创建新制度，引进苏联模式，还是进行院系调整和创办政法干部学校，直接服务于高校法学专业教育的建立和发展，间接影响作用于高校大学生法制教育的生根和发芽。法学专业的受众群体毕竟是有限的，而法律专业的存在和发展会影响同时期高校非法律专业大学生的价值观念、民主觉醒和政治取向，让更多的大学生有机会接触到法律知识，感受到民主法制意识，体味到社会主义法制的精神实质。可以说，没有新中国成立初期法学教育的创建发展，就没有改革开放后逐渐走进全体大学生主课堂的专门法制教育；没有小众化法学专业教育的教学经验、实践积累和现实需求，就很难扩散为面向大众的高校法制教育，从而最终成为思想政治教育的有机组成部分。

当然，由原本小众化的法学专业教育走向大众化的法制教育过程中，需要重新定位和诠释其教育内容、教育重点、教育目标和教育任务，既有别于针对小众化、专业化、职业化培养方向的法学专业教育，又要与意识形态化倾向严重的高校思想政治教育的根本任务和历史使命相契合、相一致。可以说，新中国成立初期的高校法制教育虽然与法学教育不隶属于同一学科，但是基于两者在教育内容、教育方法和教育途径等方面的相似性，法学教育还是为法制教育的发展和成长做出了不可磨灭的贡献。而实践也证明，在高校法制教育由小众化向大众化发展的过程中，法制教育自身所固有的学科属性并没有因为“移植嫁接”而完全被同化，依然在学习、吸收和壮大的同时保持着思想政治教育的学科属性和学科特点，并逐渐走上探索中国特色社会主义高校法制教育之路。

第三章 挫折与失误：高校法制教育的曲折发展（1957～1977）

1957 年到 1977 年是中华人民共和国历史由曲折走向挫折的二十年，在法制建设方面，党和国家由开始轻视法制到彻底抛弃法制。新中国在彻底摧毁旧法基础上刚刚建立起来的新法制，又被自己再度摧毁。法制教育在这一历史时段中遭受的曲折挫折和严重削弱为世人共睹。从 1957 年到“文化大革命”前，政治运动此起彼伏，法制教育在强大的运动冲击波下，一再萎缩、几乎停滞。新中国成立初期的法制建设成果付诸东流，法制教育土崩瓦解，最终酿成了无法挽回的历史悲剧，为后世留下了沉痛的历史教训。

第一节 高校法制教育倒退停滞的思想根源

1957 年“反右”斗争出现重大失误，许多正确的法律思想被视为反党言论，受到极其严厉的批判，由此拉开了党可以不受宪法和法律约束的序幕，中断了新中国成立以来民主法制建设的良好势头和前进道路。1966 年“文化大革命”全面爆发，“文化大革命”的十年是社会主义法制遭到全面破坏的十年。在这一时期，正确的法律理论和法律思想被批判、被否定，而以极“左”为特征的法律虚无主义思潮、个人崇拜下的群众专政思想空前泛滥，对法律存在的必要性进行彻底否定。

一、法律虚无主义思潮

中国是以小农经济为主导的农业大国，有着长期封建专制统治压迫和专制思想控制的历史传统，缺乏严格系统的法律制度和牢固深厚的法律意识。因而，这种背景一方面易于培育忠顺、忍耐的个性；另一方面易于形成狂热浮躁、蔑视权威、蔑视法制的心理特点。这种矛盾的双重文化性格，是法律虚无主义思潮的温床。而“文化大革命”时期的法律虚无主义思潮，除了法律文化的影响外，主要表现为党在法律问题认识上的“左”倾失误，其具体表现为以下三个方面：

一是全面否定的思潮。“这股思潮既片面否定资本主义上升时期具有历史进步和借鉴意义的法律制度和思想，又断然否定法律在社会主义社会的重要作用”。[①]对新中国成立以来在法制建设方面取得的一些成绩也进行全盘否定。二是迷信权利的思潮。这不仅体现在以林彪、江青为首的两个企图争夺党和国家最高权力的特殊集团身上，也体现在“文化大革命”时期的红卫兵造反派身上。“当时的红卫兵运动和控制‘各级革命委员会’大权的一批造反者和未能掌握权力的造反者，都是迷信权力和蔑视法制的代表者。他们可以私设公堂，私藏武器，冲击党政机关，殴打甚至枪杀干部群众，破坏交通、制造武斗流血等严重犯罪事件。而这些触犯刑律的造反者都可以逍遥法外，甚至成为‘反潮流’的英雄”。[②]三是“文化大革命”中的“德治主义”。“文化大革命”摒弃法制的结果必然转向“‘文化大革命’式”的“德治主义”。这种德治主义，一方面深受传统儒家伦理观念的影响，主张儒家内省式的自觉革命，灵魂深处爆发革命；另一方面又受社会主义道德观的影响，要求要具有乐于助人、大公无私、忠于国家、热爱领袖、爱憎分明、立场坚定的品质；同时还受“文化大革命”现实需要的驱动，主张要具备“反修防修”、“兴无灭资”、活学活用、“三忠于四无限”、敢闯敢干的思想素质和阶级斗争的思想觉悟。人们对合法非法的问题已不关注，所关注的只是自己的思想红不红、专不专，言论和行动是否符合“文化大革命”的整体需要。从本质上讲，“这种脱离生活的德治，与现代法治的精神相悖，是法律虚无主义的一种时代变形”[③]。

① 陈景良：《当代中国法律思想史》，河南大学出版社，1999 年版，第 175～176 页。
② 陈景良：《当代中国法律思想史》，河南大学出版社，1999 年版，第 181 页。
③ 陈景良：《当代中国法律思想史》，河南大学出版社，1999 年版，第 183～186 页。

此外，整整十年“文化大革命”都充斥着“无法无天”的思想，成为法律虚无主义思潮的一个集中体现。所谓的“和尚打伞，无法无天”，所表明的并不是当时国家政治中真的“无法无天”，而是拿法根本不当法，以权为法、以言为法，以内部文件、决策、批示、领导人的个人看法取代法律。当法律虚无主义盛行之时，社会上并非完全无法可依，而是将法只视为形式主义的存在或只作为政治目的工具使用，是可以随时忽视和抛弃的“条文”而已，“经常表现为有法不依、无法可依、不重视法、不重视法律对政治权力的制约、以言废法、因言定罪、以批斗代司法等”[①]。

二、个人崇拜下的群众专政思想

个人崇拜下的群众专政思想表现为两个方面的内容：其一，个人崇拜导致领袖的话语具有至高无上的法律地位；其二，以个人崇拜为核心，群众向领袖以外的任何权威专政。这种专政思想在现实层面具体体现在以下两个方面。

第一，“句句是真理”与“最高指示”的出现。“文化大革命”期间，一方面国家法制遭到严重破坏，另一方面领袖个人被神化，领袖的话被宣传为“句句是真理”，是“最高指示”，从而具有至高无上的法律地位，它代替了国家法律而具有规范、约束全体社会成员的根本大法和普通法的性质。领袖的话语还可以代替党的纪律条例而具有规范和约束全体党员的党规、党纪的性质。另外，它还可以代替社会习惯而成为规范、约束人们日常生活习惯的准则。

第二，“群众专政”思想。这个时期的“群众专政”的理论基础不是党历来提倡的完整的群众路线，而是对群众路线进行断章取义的割裂。1966年8月通过的《关于无产阶级“文化大革命”的决定》中提出了“只能是群众解放自己”，“让群众在运动中自己教育自己”的口号。这样的群众专政，脱离了党的领导，从而滑向歧途。首先，“群众专政”借用“群众”的旗号，摆脱党和政府及司法部门的领导与约束。其次，借“群众专政”之名，对广大干部和人民群众实行专政。从根

① 陈甦：《当代中国法学研究》，中国社会科学出版社，2009年版，第28页。

本上说，“群众专政”思想是个人崇拜下“左”倾群众运动的产物，在“文化大革命”中起到了严重的破坏作用。

在上述法律思想的指导下，“反右”斗争中的法制建设严重凋敝，到“文化大革命”时，可以说处于全面停滞甚至被毁灭的境地。新中国成立以来，中国没有建立起一套权威稳定的法律制度，而新中国成立初期刚刚建立的一点脆弱的法律根本抵挡不住权力的挑战，宪法和法制很快就被强权所打碎。此外，从新中国成立伊始就存在的阶级斗争的法制思想依然在继续，而且愈演愈烈。

第二节　极“左”思潮下高校法制教育的停滞和毁灭

“文化大革命”使新中国建立的法制受到冲击，秩序被破坏，人们的生命、财产安全得不到有力的保障，“群众专政”代替了政治机关，“最高指示”和中央“文化大革命”小组的指示成为“法律”。

一、法制教育政治化

新中国成立之初，高校的法制教育和法学研究呈现出良好的发展势头。但是“反右”运动之后，随着法律虚无主义的盛行，法制教育不可避免地受到冲击。在法制教育方面，教育规模不断萎缩，全国仅合并保留了五所法律院校和在几所综合大学里设立了法律系，还对招生规模进行严格限制，每年毕业的学生根本无法满足国家对法制建设和工作的需要。此外，教师短缺、教材不全、手段落后、专业课不断被合并或被取消、政治理论代替了业务教育、学生专业素养日益下降等现象比比皆是。

至于法学研究，1957 年以后，由于法学被逐渐纳入行政化的轨道，片面强调为实现政治斗争服务，诠释现行政策。不仅在研究领域形成了许多禁区和政治教条，而且还严重地助长了在学术活动中“乱扣政治帽子、抓辫子、打棍子，以势压人，主观武断，以党和国家领导人的讲话、言论判断法学争论是非等不良风气”[①]，使广大研究人员长期处于精神高度紧张状态，谨小慎微、沉默寡言、唯恐犯政治错误，创作热情受到了极大的抑制，其结果是学术产品的数量和质量大大下降。

1957年的“反右”斗争扩大化，导致在政法院系中把学术问题当政治问题进行批判，不少教师被扣上“右派”的帽子、赶出法学教育教学一线，专业教学内容被政治理论、政治运动和劳动所代替。“1958年至1960年，全国掀起了‘教育大革命’的高潮，政法学院有的被撤销，有的被合并”。[②]政法院校贯彻司法部把政法院校“办成党校性质的学校”的指示，修订教学计划，加大政治课比例。专业必修课从1955年的21门减少到1960年的7门。由于把政法院系定位于培养“无产阶级专政干部”，采取“以阶级斗争为纲”的指导思想，直接导致以政治教育代替法制教育的结果，从而影响了高校法制教育的正常发展。1965年11月教育部和最高人民法院召开全国政法教育工作会议，提出政法学院要“逐步过渡到半工半读”，强调“革命化办学”，教育目标是培养无产阶级专政人才。“由于当时几乎没有法律，实际上处于无法可教的状态，阶级斗争理论占主导地位，法制教育转化为意识形态化的阶级斗争教育”。[③]这一时期的高校法制教育中“左”的倾向片面强调政治教育、体力教育、群众运动，忽视思想启发、业务学习和专家教师的作用，在很大程度上违背了教育基本规律，抹杀了教育者和被教育者的积极性，严重影响了学生正常知识的获取和全面素质的提高，扭曲了高校法制教育的根本目的和任务。

二、法学教育和研究受到严重摧残

“文化大革命”期间，在“砸烂公检法”、“无法无天”的口号鼓动下，高等法学教育和研究遭到毁灭性摧残，全国政法院系全部卷入

---

① 侯欣一：《走向民主与法治的国度——改革开放30年中国法治建设回顾》，天津人民出版社，2008年版，第10页。

② 如西南政法学院与四川公安学院合并，1962年改为四川行政学院；中南政法学院与财经学院及武汉大学法律系合并，成立湖北大学；华东政法学院被撤销。

③ 吴志攀：《中国法制建设研究》，中国人民大学出版社，2009年版，第250页。

了一场混乱动荡的运动中，法制教育随同刚刚有所起色的中国社会主义民主法制建设一同遭到严重破坏。从 1966 年至 1972 年，政法院系停止招生；1969 年以“战备疏散”为由，各政法学院和部分高校被迫从大城市外迁，大批师生员工下放农村；1971 年全国教育工作会议确定的《关于高等学校调整方案》撤销了 106 所高校，中国人民大学、湖北大学和四所政法学院皆在撤销之列，仅北京大学和吉林大学法律系幸免于难，成为今天了解那个时代高校法制教育的唯一窗口。被撤销院系的教师和研究人员被强制下放农村、转业遣散或调作他用，校舍大量被占，档案材料失散，图书资料被付之一炬。“一些有成就的老法学专家、教授被戴上‘反动学术权威’、‘走资派’等各种政治帽子，成为审查和批判的对象，有的被调整专业，有的被下放从事体力劳动。中青年法学教师业务荒芜，一批宝贵的法学书刊、教学资料大量失散。”[①]法学教育和研究完全停滞，新中国十七年来高校法制教育来之不易的成果损失殆尽，中国高校法制教育遭受了一场空前的严重灾难。

“从 1973 年至 1976 年，只有北京大学和吉林大学法律系招收工农兵学员。1973 年招生 36 人，在校生占全国高校在校生的 0.01%；1974 年招生 132 人；1975 年招生 100 人；1976 年招生 109 人。1977 年，招收法学专业的学校增加到北京大学、吉林大学、湖北财经学院和郑州大学四所，共招生 223 人，在校生人数 431 人，占全国高校在校生人数的 0.07%。”[②]从下表可以看出，1952 年院校调整后法律院校招生人数呈上升趋势，1957 年呈下降趋势。1966 年“文化大革命”爆发后，学校停止招生。1971 年开始，招收了 80 个工农兵学员。1972 年中断，1973 年又恢复。到 1977 年国家恢复高考招生前，最多时为 1976 年，招收工农兵学员 410 人。实际上，这时的在校学生也无书可读，法制教育完全陷于瘫痪。

① 张友渔：《中国法学四十年》，上海人民出版社，1989 年版，第 7 页。

② 数据来源于《1953 年至 1976 年全国政法院系法律本科招生毕业生在校学生统计表》、《1977 年至 1988 年全国普通高等教育法律专业本专科招生在校生统计表》。参见霍宪丹：《中国法学教育的发展与转型（1978－1998）》，法律出版社，2004 年版，第 324～326 页。

1949 年～1976 年间政法教育情况表[①]

年份	设有政法专业的院校数	年均招生人数	年均在校生人数	年均毕业人数	政法教师人数
1949～1951	53	870	6049	2365	647
1952	20	1271	3830	1403	450
1953	6	1271	3908	977	450
1954～1957	9	2195	6042	913	502
1958～1965	9	1173	4927	1256	523[②]
1966～1970	8	0	123	833	不详
1971～1976	2	114	187	46	不详

三、政治运动和劳动严重消损法制教育

1956 年社会主义改造基本完成后，全国开始转入大规模的社会主义建设阶段。但随之而起、接连不断的政治运动，使法学教育陷入了艰难曲折的发展阶段。"反右"运动开始后，不少法学院的教授、讲师被扣上"右派"帽子，"公民在法律面前一律平等"、"法院独立审判只服从法律"、"无罪推定"、"有利被告"等问题受到批判，都成为学术上的禁区，不能作为正常的学术问题进行讨论。"1958 年'大跃进'运动开始后，全国高校掀起了教育大革命的高潮，围绕开展教学工作大检查和政法教育大革命，教研组、教师和学生都订立集体和个人的红专计划，在'红专辩论'和'向党交心'的基础上，号召师生'拔白棋'，'乘风破浪，鼓足干劲，向又红又专的目标跃进'，进而推动学习与斗争相结合、教学与生产相结合的'新的学风'"。[③]

20 世纪 60 年代初期，随着全国政治形势的变化，中央对此前法制教育工作中出现的问题加以反思。1963 年 10 月教育部和最高人民法院联合召开全国政法教育工作会议，贯彻落实中央批转的中央政法

① 资料来源：《中国教育年鉴（1949～1981）》，第 266～269 页，第 967～973 页。

② 1949～1952 年的政法专业院校数包括政治学系、社会学系、人类学、外交学等专业。所以，真正法律专业的实际人数比上述数字还要少。

③ 李林：《新中国法治建设与法学发展 60 年》，社会科学文献出版社，2010 年版，第 24～26 页。

小组、教育部党组《关于加强高等政法教育和调整政法院系问题的请示报告》。《报告》认为，全国高等政法教育近年来有所削弱，培养的学生无论数量和质量都不能满足政法队伍建设的需要，应当加强这方面的教育力量。为此决定：调整政法院校，稳定招生规模。最终调整为全国四所：北京政法学院、西南政法学院、华东政法学院、西北政法学院；政法院校的办学定位是“培养又红又专，能够作为党的驯服工具的政法工作者”[①]。北京大学法律系、中国人民大学定位为培养法学理论人才，学制为五年，其他高校政法院系为四年；调整补充师资，明确领导关系，各政法学院统一由教育部和最高人民法院双重领导，北京大学、中国人民大学、吉林大学由教育部直属，法律系业务上接受最高人民法院指导。鉴于法律专业属于党性、阶级性较强的领域，为了从思想上、政治上保证人才培养工作的纯洁性和先进性，法律专业被要求“按绝密专业标准招生”[②]。

这一时期开展的“政法教育改革”主要基于当时对“政法教育过去一直存在着教学脱离生产问题”的认识，以及“理论脱离实际斗争，包括阶级斗争、政法战线上的思想斗争和学生的思想斗争”等根本性问题而展开的。因此，中央认为必须抓住这个根本进行政法教育大革命，使学习与斗争相结合、教学与生产相结合，这样才能达到理论与实践相结合、知识分子与工农群众相结合、脑力劳动和体力劳动相结合的目的；才能培养出适合国家需要的又红又专的、既掌握法律知识又学会生产本领的群众干部和政法干部。要使他们做到目前既是好学生又是好工人，将来做好干部。政法工作是掌握“刀把子”的，所以招生条件应该严格规定政治条件，主要是吸收工农干部和工农子弟，这样才能使政法教育适应经济基础的需要。

在当时“左”的理论看来，一方面，法制教育被认定为仅仅是阶级斗争的工具；另一方面，又认为阶级斗争主要是通过政治运动、政

---

①《西南政法学院1958年修订教学计划》等有关资料。

②《中央政法小组教育部党组关于加强高等政法教育和调整政法院系问题的请示报告》（中共中央文件发〔63〕462号），转引自《中国教育年鉴1949－1982》，第268页。又：《教育部关于高等学校一般专业按绝密、机密专业政治审查标准录取新生的通知》，1963年7月11日。

治批判、政治斗争来进行的。政策可以代替法律，而法律或法制的作用微不足道，甚至是政治运动的障碍。法律已成为可有可无的东西，那么法制教育也就必然畸形发展，以至于最终丧失了其存在的必要。政法院校被认为实质上具有党校的特点，政法教育的任务就是培养“刀把子”，政法专业被神秘化。在偏向“又红又专”的人才培养目标下，政治运动冲击业务课程，知识分子的思想改造冲击专业学习，高校法制教育忽视了对学生真才实学的培养，违背了基本教育规律，严重偏离了为中国民主法制建设服务的大局，使得高校法制教育“面目全非”，成为政治运动的“重灾区”。

第三节　特殊时期高校法制教育的沉痛反思

改革开放前，我国高校的法制教育大致可以分为两个阶段：一是1949～1956年的初创时期，二是1957～1977年的挫折时期。由于种种错综复杂的原因，如果说初创时期的法制教育总体上还算正常的话，那么挫折时期的法制教育更多的只能说是教训或是遗憾。考察这一段特殊的历史时期，我们更能深刻地体会到：一个国家法制教育的发展实则有赖于该国政治、法律制度的相对完善和该国社会经济生活等的稳定乃至繁荣。反过来说，一个国家法制教育的兴衰，可以反映出该国政治、经济、文化等的发展水平。

一、高校法制教育从有到无

1958年所谓的“大跃进”运动，在法制教育上片面强调教育与生产劳动相结合，忽视专业理论和专业知识学习，把理论与实践对立起来，反对成名成家，把个人刻苦钻研、认真学习当作“白专道路”进行批判。1966年至1976年，在长达十年的“文化大革命”中，新中国建立的一切，包括政权、经济、民主法制在内，都遭到破坏。所以，“文化大革命”期间成为中国法制发展历史上一段真正的空白。正是由于接连不断的政治运动，当时的法制教育一再萎缩，一度完全消失。显然，“1957年之后的法制教育既失去了法学教育的性质，也无法达到最低标准的大学教育”[①]。“无论在司法部、地方政府，还是在最高人民法院管理之下，政法院校都要办成‘党校性质的学校’，朝‘半工半读’的方向发展。”[②]

从历史本身反思历史，“文化大革命”时期我国显然不是依照法律自身的发展规律建设法制，而是带有着强烈的人为主观色彩，法制教育的泛政治化导致了法律教育质量的下降和法学教育研究的中断。在1968 年的一次讲话中，毛泽东同志说过：“大学还是要办的，我这里说的是理工科大学还要办。”“我没有说文科不要办，但要改变方法。至于法律恐怕是不学为好。”[③]不难看出，当时存在这样的观念误区：既然法学只是法律的意识形态解释，在意识形态主宰一切的社会现实情况下再另设法律专业确实是一种多余，社会中无需那么多专门从事法律事务工作的人才。由此可见，尽管新中国成立后的中国民主法制建设工作取得了一些可以值得称颂的成绩，但从更长远的历史角度来讲，它使得中国人民对于法律的认识有了过于偏颇的观念，同时导致了法律工作者特征的不完整性。新中国高校法制教育自始便缺乏法律职业和实践相联系的基础。对于高校法制教育生存正当性的质疑不绝于耳：“既然不存在职业化的司法官和律师，为什么要学习法律？既然不存在民法、刑法和诉讼法，到政法院校去学什么？”[④]这种特殊的“逆法式”法制建设工作是对此后中国民主法制建设系统工程的一种阻滞和困绕，它使得新中国成立后刚刚发展、略见起色的高校法制教育陷入“从有到无”的境地，成为高校法制教育发展史上一段短暂的空白。

二、高校法制教育先天不足

中国是一个历经数千年专制集权统治的国家，自夏朝到清朝，在国家管理上一直实行家长式的管理方式，其特点就是高度集权，各级

① 方流芳：《中国法学教育观察》，见：苏力、贺卫方：《20 世纪的中国：学术与社会》（法学卷），山东人民出版社，2001 年版，第 347 页。

② 汤能松：《探索的轨迹：中国法学教育发展史略》，法律出版社，1995 年版，第 405 页。

③ 赵聪：《文革运动历程述略》（第四卷），友联研究所出版社，1979 年版，第 689 页。

④ 汤能松：《探索的轨迹：中国法学教育发展史略》，法律出版社，1995 年版，第 348 页。

政府均主要借助统治者个人的人格魅力和权威来进行管理和统治，即主要依靠道德和无所不在的权力来进行统治，法律只是一种迫不得已的辅助手段而已。而管理的内容也无明确的制度限制，毫无公权力和私权力的划分和区别，也就是说，只要主要管理者愿意管，其权力的触角可以任意延伸到一切私人领域，并直接干涉其结果。就中央和地方的关系而言，秦朝时建立起了单一制的国家体制，不仅地方的人权、财权和军事大权以及一切重要资源都高度集中于中央，而且中央和地方的关系也无任何清晰明确的法律规定，全凭皇帝个人的意志。而在中央，国家一切大权则又高度集中于皇帝个人手中，根本没有现代国家立法、司法、行政等权力的划分和制约，法律只是皇帝用以控制他人的统治工具而已。在这种专制集权统治下，人们迷信权威、畏惧权力、崇尚人治，对法律和制度始终抱有一种怀疑和不信任的态度。“人存政举，人亡政息，为政在人”可以说是数千年来中国人不变的观念。

晚清以降至新中国成立前，中国虽然表面上接受了西方的法治主张，但实际上历届政府仍然实行的是集权专制的统治。自1921年中国共产党成立起到新中国成立前，除短暂的时间外，一直处于非法的、被镇压的地位，根本无法通过议会斗争以及其他合法的方式行使权力，只能通过武装斗争来夺取政权。长期的非法地位和武装斗争使党的第一代领导人将自己的注意力几乎都放在了军事方面，对法律和秩序重视不够。正如彭真所言：“在战争时期，党也好，军队也好，群众也好，注意的是党的政策。那时只能靠政策。就全国而言，法是国民党的或外国侵略者的。如果要讲法，就不能革命，就是维护三大敌人的统治秩序。那时候对反动统治阶级就是要无法无天。”①

自1957年之后一直到“文化大革命”结束这一时期，中国法制教育日益衰落直至最后被彻底取消。1957年以后，由于党的工作指导方针的“左”倾错误影响逐渐严重，高校法制教育开始衰落。在当时“左”的理论看来，一方面，法律被肯定为仅仅是阶级斗争的工具；另一方面，又认为这些阶级斗争主要通过政治运动、政治批判、政治斗争来

① 彭真：《论新时期社会主义民主与法制建设》，中央文献出版社，1989年版，第218～219页。

进行。法律或法制的作用是微不足道的，甚至是政治运动的障碍。因而，“法律专业课程有的被合并，有的被取消，政治理论学习基本上代替了专业学习。接连不断的政治运动致使法律教学活动根本无法正常进行”。[①]党的政策取代国家法律，忽视法律，长期以政策代替法律，政策成为最高的思想和行为标准，直至导致了法律虚无主义的进一步蔓延，国家的法律法规最终被束之高阁。正如曾宪义先生所指出的那样：“1966 年，史无前例的‘文化大革命’爆发，中国的法治建设和法学事业很快被动乱的狂涛所淹没。中国人民在新中国成立以后取得的各项政治成果，包括尚未成熟的法治事业，在长达十年的动乱中被破坏殆尽。”[②]

因此，改革开放前，我国历史上与法制有关的建设从未真正成为一项独立的工作而受到国家的高度重视，始终处于一种可有可无的形式化地位。新中国成立后，如果说废除了旧法统建立了新制度是一次从破旧到立新、从摧毁到建设的过程，那么之后的这二十年的法制教育状况本质上是一次从建设到摧毁的残酷倒退过程。从某种意义上说，法制教育在这二十年的悲惨境遇未尝不是封建“人治”思想在新中国成立初期的一次复辟，也是新中国成立后法制教育“目标缺位”发展模式所埋藏的各种隐患集聚到一定程度上在一定阶段的一种爆发。因此，在如此复杂的时代背景下，高校法制教育自始缺乏法治精神就不难理解了，也因此成为这一时期发展和催生高校法制教育的先天羁绊和天然瓶颈。

三、呼之欲出的民主法制建设

“文化大革命”结束后，中国的领导层和各界人士，开始致力于改革社会主义政治制度、经济制度，发展社会主义民主法制。其深层次动因在于对政治和法律史的批判和清理，深刻反思之前那些严重践踏民主法制的事件，总结经验教训，希望通过加强民主和法制来防止悲剧的重演。中国在政治体制上既缺乏制度化的政治继承规则，又缺

---

① 王健：《论中国的法律教育》，《比较法研究》，1994 年第 2 期，第 139～152 页。

② 曾宪义：《新中国法治 50 年论略》，《中国人民大学学报》，1999 年第 6 期，第 31～41 页。

乏权力制约机制，无法防止权力过分集中或个人独断专行。邓小平同志指出必须从制度方面解决问题："我们过去发生的各种错误，固然与某些领导人的思想、作风有关，但在组织制度、工作制度方面的问题更重要。这些方面的制度好可以使坏人无法任意横行，制度不好可以使好人无法充分做好事，甚至会走向反面。即使像毛泽东同志这样伟大的人物，也受到一些不好的制度的严重影响，以至对党对国家对他人都造成了很大的不幸。……这个教训是极其深刻的。不是说个人没有责任，而是说领导制度、组织制度问题更带有根本性、全局性、稳定性和长期性。"①因此，"我们要认真建立社会主义的民主制度和社会主义的法制。只有这样，才能解决问题"②。

在反思历史教训的同时，党的领导层也开始对社会主义民主法制道路进行顶层设计。邓小平同志提出了纲领性的主张："为了保障人民民主，必须加强法制。必须使民主制度化、法律化，使这种制度的法律不因领导人的改变而改变，不因领导人的看法和注意力的改变而改变……应该集中力量制定刑法、民法、诉讼法和其他各种必要的法律……并加强检察机关和司法机关，做到有法可依，有法必依，执法必严，违法必究。"③党的十一届三中全会重申了这一主张并且强调："要保证人民在自己的法律面前人人平等，不允许任何人有超越法律之上的特权。宪法规定的公民权利，必须坚决保障，任何人不得侵犯。"④社会主义民主和法制的重要性越来越得到重视和加强，经过历史挫折后重构中国民主法制制度的决心和行动开始提上议事日程。民主和法制作为紧密联系的两个方面，同时得到了强调："民主和法制，这两个方面都应该加强，过去我们都不足。要加强民主，也要加强法制。没有广泛的民主是不行的，没有健全的法制也是不行的……这好像两只手，任何一只手削弱都不行。"⑤此时的高等教育界和学术界也对民主

---

①《邓小平文选》（第2卷），人民出版社，1994年版，第333页。

②《邓小平文选》（第2卷），人民出版社，1994年版，第348页。

③《邓小平文选》（第2卷），人民出版社，1994年版，第146～167页。

④《中国共产党第十一届三中全会第三次全体会议公报》，人民出版社，1978年版，第12页。

⑤《邓小平文选》（第2卷），人民出版社，1994年版，第189页。

法制的重要性以及两者的互动关系做出了进一步的阐述和论证。民主法制的缺失造成了国家的混乱、人权的丧失和教育的荒废，为此付出的沉重代价促成了民主法制建设的崭新开端。此后，中国高校法制教育一直是在民主和法制的共同发展、相互促进中不断发展进步的，这是“文化大革命”后中国民主法制建设以及在法制现代化时代背景下成长的高校法制教育迅猛发展的重要原因。

“‘文化大革命’是一次史无前例的破坏法制的运动，它抛弃宪法、践踏人权、砸烂法制机构，破坏了法律秩序”[①]，给中国人民上了一堂极其沉重和深刻的法制教育课。人们深感秩序、安全、法制、自由、民主和人权的重要。这种历史性的深刻反思，体现为一种要求新秩序的历史脉动，为中国法制建设的恢复和发展提供了助推力量。随着1977年“文化大革命”被宣告结束，1978年党的十一届三中全会召开，及时确立了“实事求是、解放思想”的路线，深刻总结了历史经验和教训，特别是“文化大革命”的沉痛教训。把“发展社会主义民主、健全社会主义法制”作为国家建设的重要目标提出来，对民主法制建设的认识产生了一次历史性飞跃，从而使中国的民主法制建设进入了重建和迅速发展的历史新时期。伴随着改革开放的春风，中国的民主法制建设及其高校法制教育几乎又“从无到有”开始逐步发展，但是，此时与新中国成立初期“从无到有”建设时的目标和动力是迥然不同的。时隔三十年后，中国人民要抱着建设一个社会主义法治国家的必胜信念，逐步促进民主法制建设全面发展，不断取得更新、更大的成就。

① 蒋传光：《新中国法治简史》，人民出版社，2011年版，第39页。

第四章　恢复与发展：高校法制教育的重大转折（1978～1985）

1978 年是中国法制史的一个转折点，中国法制现代化在历史停滞甚至倒退之后又开始起步。就社会背景而言，30 年来中国社会的进步和法制的现代化开始于对“文化大革命”的反思，得益于改革开放的强大推动。从 20 世纪 70 年代末开始，全党、全国人民深刻反思“文化大革命”的教训，党中央做出以经济建设为中心，实行改革开放，健全社会主义民主，加强社会主义法制建设的战略部署。社会的变革、实践的发展推动加快中国民主法制建设的历史进程，是新时期依法治国，建设社会主义法治国家取得重大成就的重要原因。

中共十五大报告，在党的历史上第一次把“依法治国，建设社会主义法治国家”作为中国共产党领导人民治理国家的基本方略郑重地提了出来。这不仅是我们党领导方式、执政方式、治国方略的重大转变，也是总结贯彻中共十一届三中全会做出的“发展社会主义民主、健全社会主义法制”这一战略决策的长期实践经验所得出的结论。如果说，中共十五大提出的“依法治国”方略，是我国社会主义法治建设进程中的一座新的里程碑，那么，中共十一届三中全会强调发展社会主义民主、健全社会主义法制，则是我国由“人治”社会走向“法治”社会的历史转折和全新起点。

第一节　高校法制教育的发展契机

改革开放后，十一届三中全会的及时召开与会议精神的贯彻落实，经济体制改革的不断深化与社会主义市场经济的创新发展，政治体制改革的逐步推进与社会主义民主政治的稳健革新，建设社会主义法治国家的科学理论与伟大实践，全国高等院校恢复高考与高等教育春暖花开，这些都为含苞待放的高校法制教育蓬勃发展提供了无限的机会和充足的动力，高校法制教育乘势而上，迎来了发展的春天。

一、十一届三中全会的召开

1978年5月11日，《光明日报》以特约评论员的名义发表了《实践是检验真理的唯一标准》一文，并由此引发了全国范围的关于真理标准问题的大讨论。这篇文章被认为是当代中国第一次思想解放的宣言书。这场大讨论，是当代中国第一次伟大的思想解放运动，它为中共十一届三中全会的召开做了思想上的准备。江泽民同志《在纪念党的十一届三中全会召开20周年大会上的讲话》中，对十一届三中全会进行了高度评价。他说："十一届三中全会是建国以来我党历史上具有深远意义的伟大转折。党在思想、政治、组织等领域的全面拨乱反正，是从这次全会开始的，伟大的社会主义改革开放，是由这次全会揭开序幕的，建设有中国特色社会主义的新道路，是以这次全会为起点开辟的。当代中国的马克思主义——邓小平理论，是在这次全会前后开始逐步形成和发展起来的。十一届三中全会是一个光辉的标志，它表明中国从此进入了社会主义事业发展的新时期。"①

在中国历史发展的重要分期和历史拐点上，中共十一届三中全会被称为"社会主义时期的遵义会议"，它是中国共产党重新探索建设中国特色社会主义道路的崭新起点，也是中国共产党领导的第二次革命的伟大开端。它不仅是新中国成立以来党和国家历史上具有深远意义的伟大转折，也是中国人民探索伟大的社会主义民主法制建设事业进程中的历史性分水岭。这次会议重新确定了"解放思想、实事求是"的思想路线，将全党工作的重心统一到改革开放和社会主义现代化建设事业上来，而且还统一到实施依法治国、建设社会主义法治国家的

① 江泽民：《在纪念党的十一届三中全会召开20周年大会上的讲话》，《光明日报》，1998年12月19日。

行动方向上来。“依法治国”的重大方针与创新实践，是基于中共十一届三中全会实现了在政治指导思想上的拨乱反正之后，才逐步提上议事日程的。可以说，中共十一届三中全会以来改革开放的历程，就是中国民主与法制重建和发展、重新探索建设社会主义法治国家的重要历程。因而，从一定意义上说，没有中共十一届三中全会的召开，就没有中共十五大“依法治国”基本方略的提出，更不可能有建设社会主义法治国家宏伟目标的根本确立。

十一届三中全会以后，党和国家领导人认识到加强法制教育的极端重要性。要保证法律规范的遵守执行，就必须首先提高全民族的法制观念。1986年邓小平同志在一次中央政治局常委会上讲话指出：“我们开始抓法制，没有法制不行。法制观念与人的文化素质有关。所以，加强法制重要的是进行教育，根本问题是教育人。”[①]党和国家领导人多次强调，一切国家工作人员，特别是各级领导干部，必须认真学习宪法和法律，牢固树立起社会主义法制观念，在各项工作中遵守法律规定，养成依法办事的习惯。胡耀邦同志在十二大提出：“要在全体人民中间反复进行法制的宣传教育，从小学起各级学校都要设置有关法制教育的课程，努力使每个公民都知法守法。特别是要教育和监督广大党员带头遵守宪法和法律。”[②]彭真同志还提出“把法律交给人民”的口号，指出要经常进行有关民主和法制的宣传教育活动，加强和提高干部和群众的法制观念，使人们学会正确运用法律武器。正是基于上述认识，才有后来的全民普法教育规划在全国范围内的实施，并从小学开始就设置了法制课。

总括起来，十一届三中全会后，党对民主法制建设的认识具有突破性和关键性意义，主要体现在以下三个方面：第一，十一届三中全会确立了“发扬社会主义民主，加强社会主义法制”的方针。这一方针后来确立为我国的根本任务和现代化建设的重要目标。第二，邓小平在“党和国家领导体制的改革”中提出了法律制度的重要性，要建

---

① 《邓小平文选》（第3卷），人民出版社，1993年版，第163页。

② 《十二大以来重要文献选编》，人民出版社，1986年版，第35页。

立一种法律制度不依领导人的转移而转移，不依领导人的注意力的转移而转移。这就响应了制度高于领导人，一个好的制度比任何好的领导人更可靠、更稳定这样一种观念。第三，在十二大报告和党章中规定了“党必须在宪法和法律的范围内活动”的原则。后来1982年宪法把它确立为国家法治的一项重要原则，即“全国各族人民、一切国家机关和武装力量、各政党和社会团体、各企事业组织都必须遵守宪法和法律”①。这一原则的确定，对推进我国民主法制建设具有十分重大的意义。它至少在理论上解决了一个长期得不到答案的问题，即党与法律的关系问题。显然，它非常明确地回答党必须遵守宪法和法律，在宪法和法律的范围内活动，一切违反宪法和法律的行为都应受到法律追究，从而为我国走向社会主义法治社会奠定了坚定的思想基础和法律基础。

上述论述对新时期中国法制建设具有举足轻重的意义，是新中国建立三十年来法制建设的最高思想成就。新时期法制建设的许多进步都是在这些思想指导下取得的，没有正确的法治理念做指导，社会主义法制建设很容易走偏路、走错路。这充分说明，党和国家对民主法制建设的认识达到新中国成立以来的最高历史高度，这是中国人民付出了沉重的历史代价后最重要的决策和收获。

二、经济体制改革的深入

中国提出要建立社会主义市场经济体制，实际上就打开了要走依法治国的大门。市场经济是法治经济，就是说在市场经济条件下，经济行为的运作完全依赖于法律。不仅是经济活动的主体要依法，政府行为更要守法，要依法行政，依法管理经济。否则，政府以行政命令和政策、计划的方式管理经济，就不可能建立起市场经济。“依法治国，建设社会主义法治国家”就是在市场经济建立和发展过程的内在需要下提出的。

中国法制的危机是在市场经济体制改革的冲击下产生的，同时市

① 全国人大常委会法制工作委员会：《中华人民共和国常用法律法规全书》，中国民主法制出版社，2006年版，第1页。

场经济的改革又为新法制提供了生长点。法制的改革就是要把法制的根基，以及由这个根基生长的法律制度和法律观念，从计划经济的土壤中剥离出来，由“人治的法制”转变到“法治的法制”上来，因为只有市场经济才能生长出现代法治。在市场经济体制下，独立、平等的经济主体以经济利益为目的活动，激增了人们权利意识的提高，每个独立的人或法人都有自己明确的经济利益。正当利益受侵害时就要求保护，这是最基本的权利意识。利益是权利的催发剂，利益的不断增长和相互摩擦，必然伴随权利意识的发育壮大。权利意识的实质就是法律意识，公民权利意识的增强必然要求法制的建立和完备。

任何社会经济的运作都需要有一种力量起支配作用。在我国，从计划经济转向市场经济的过程中，法律起着尤为重要的作用。在计划经济体制下，一切经济活动要靠强大的国家权力推动，政府万能的手在运作指挥经济。当计划经济转向市场经济时，万能的行政之手失灵了，国家不能再直接指挥一切经济活动。那么，这个庞大、复杂的大市场靠什么力量支配它有序地运作呢？靠法律，只有法律才有权威，才能有效地推动市场有序运作。当计划体制消退，行政权力弱化的时候，必然伴随着法律手段的强化。如果因政府职能的转变造成政府权力的缺位，而法律没有及时填补，那么经济活动必然随之陷入混乱和无序的状态。因此，法制在建立社会主义市场经济过程中起着至关重要的作用。在市场经济条件下，公民成了独立的市场主体。他们有自己的财产，并能自我支配自己的行为和财产。所以，公民都是自主、自由、彼此之间平等的，这样才能形成公民社会。在公民社会中，人们彼此之间保持着一定距离，发生纠纷矛盾就需要法律来调解，但更重要的是要制定大量的规则，来避免和防范人们之间的矛盾发生。因此，公民社会更需要法制。

市场经济是法制经济，但法制不会自然生长，它需要在变革旧法制的基础上建立起新法制。那么，如何变革法制？市场经济需要建立什么样的法制？“它需要的法制不是来自国家的意志，而是来自市场主体、利益关系者的意志——人民的意志。它要求法律超乎一切权力，具有最高权威，受到全社会尊重，而不是国家或政府手中的‘工具’

和‘指挥棒’”。[①]它需要法律受制于理性，根植于人的心中，而不取决于领导是否重视，也不受制于人们的感情、甚至情绪的支配。法律也不仅依靠于国家强制力或外在强力存在，而是发自人们内心的需要。法律需要真正独立和公正的、超越政府和社会之上的机构来评判执行。这次改革就是要从计划经济下的“法制”走向市场经济的“法治”，从传统中国的“法制”走向现代文明社会的“法治”。社会主义市场经济的确立为变革提供了新鲜的土壤和必要的条件。唯有对过去的法制进行彻底改革，才能摆脱危机，使我国民主法制建设走上现代化法治之路。

高校法制教育在从计划经济向市场经济过渡的时代浪潮下，既遇到史无前例的历史机遇，也面临着无可预知的巨大挑战。“无法无天”的日子一去不复返，阶级斗争的阴霾已经烟消云散，在中国特色社会主义市场经济蓬勃发展的良好形势下，高等教育肩负着培育建设中国特色社会主义“四有”新人的重任，有理想、有道德、有文化、有纪律，其中“有纪律”就是要加强和改进全国大学生的法制观念、法律意识和法律素质，不仅法律专业的大学生要学法用法护法，全体在校大学生都应该接受正规的高校法制教育，能够懂法、不违法，还要进一步尊法、护法，为建设社会主义法治国家承载社会所赋予大学生的特殊历史使命，承担大学生应当履行的时代责任。

第二节　改革开放后高校法制教育的恢复发展

1978 年 12 月党的十一届三中全会召开，开始了新中国成立以来党在历史发展进程中一次具有扭转乾坤意义的伟大转折。经过批评“两个凡是”，拨乱反正，重新确立了实事求是的马克思主义思想路线、政治路线和组织路线，抛弃了以阶级斗争为纲的错误做法，转向以经济建设为中心，中国进入了改革开放和法制建设的新时期，各项法制建设的恢复工作开始紧张有序地进行。其中不可或缺的是全面重建被“文

---

① 蔡定剑：《历史与变革——新中国法制建设的历程》，中国政法大学出版社，1999 年版，第 367 页。

化大革命”砸烂的法制教育，可以说，高校法制教育从此开始真正步入了富有生命力的青年成长发育时期。

然而，新中国成立以来一直维持和支撑着高校法制教育生存和发展的实质上是一种小众化的法学专业教育，形成了一个比较完整的、专门政法院校和综合大学法律系为法学教育骨干、业余在职法律教育为辅的多层次、多功能的法学教育系统。十一届三中全会以来，不但一些老的名牌大学法律系都已恢复，而且一些部属院校和地方大学也纷纷设立了法律系或专业，除西藏外，内地其他省、市、自治区、直辖市至少有一所法律院系。与“文化大革命”时期政法院系停办或被撤销相比，简直是沧桑巨变、今非昔比，法学教育获得了在哲学社会科学领域的显著地位。

那么，当人们在为法学教育恢复发展拍手称赞时，一个不可回避且日益尖锐的问题进入到教育界的视野。在继续发展和繁荣小众化的法学教育同时，如何能让更多更广的大学生学习法律知识，普及民主法制意识，弘扬社会主义法治精神，为建设社会主义民主法治国家建功立业？因为法学专业的受众群体是有限的，若要完成对全体大学生进行法律基础教育和法律意识增强的任务，就需要将法制教育纳入到思想政治教育的范畴，成为每一个大学生必须认真学习和完成的必修课。当然，思想政治教育视域下的高校法制教育，需要重新定位和诠释其教育内容、教育重点、教育目标和教育任务，既有别于针对小众化、专业化、职业化培养方向的法学专业教育，又要与意识形态化倾向严重的高校思想政治教育的根本任务和历史使命相契合、相一致。至此，思想政治教育视域下的高校法制教育开始正式进入历史舞台，经历了从无到有、从繁到简、从自发到自觉的演变发展过程，在探索和改革过程中，不断调整和审视其教育性质和教育定位。准确地说，高校法制教育应当不同于法学专业教育，也不应当等同于思想政治教育，而是应当在社会主义法治国家建设的时代进程中，在高等教育不断恢复发展中，从精英化走向大众化，从单一性走向系统性，从封闭型走向国际化，成为培养高素质人才教育目标及其实践的重要组成部分和促进新兴教育战略实现的不可分割的有力助推器。

一、内容上，知识普及与观念引导结合，以知识普及为主

在1978年拨乱反正过程中，人们认识到思想政治教育的重要性，“文化大革命”期间最大的失败在教育，而思想上的教育才是根本。于是，在高等院校加强思想政治理论课程教育的问题就应运而生。到20世纪80年代初，除继续保留马克思主义理论课程之外，又提出了开设共产主义思想品德课这门新课的问题。1982年10月，教育部根据党的十二大关于加强共产主义思想教育的精神，发出了《关于在高等学校逐步开设共产主义思想品德课的通知》，这是思想品德课作为课程进入高等教育领域的一个标志性文件，被看作思想品德课的启航。之后不久，1984年9月国家教委发布《关于在高等学校开设共产主义思想品德课的若干规定》进一步指出：“共产主义思想品德课是高校学生思想政治教育的重要组成部分。”①至此，开始形成了高校马克思主义理论课程和思想教育并举的高校思想政治理论课程的基本教育构架。由于这是一门新课程，从内容到方法都需要进一步开创和探索，使之逐步完善。因此该《规定》对共产主义思想品德课的教学内容、教学任务、教学原则、教学时间、考核、队伍建设、教学机构等问题都做了非常明确的规定，并且制定了《共产主义思想品德教学大纲》（试用本）。

经过几年的国家调整，相比改革开放之前整个高等教育秩序随着国家政治和经济的回暖也有所恢复。这一时期的政治理论课共有四门，分别是：哲学、政治经济学、中共党史、思想政治教育。高等学校的政治理论课教育教学逐步走向正轨，在恢复发展的基础上，又有了新的进展，各门课程进一步确定并逐步编写出教材，学习时间有了较为科学的规定，并且用条例的形式固定下来。在1983年四川人民出版社出版的《共产主义思想品德教育》一书中，将有关民主与法制的知识作为共产主义思想品德基础教育中的内容之一进行编排和撰写，其中法制教育涉及两章内容，一章是做遵守纪律的模范，另一章是当奉公

① 教育部社会科学司：《普通高校思想政治理论课文献选编（1949－2006）》，中国人民大学出版社，2007年版，第100页。

守法的公民。这两章内容大多都是在介绍有关纪律、法制、权利、义务、自由、违纪等概念性、普及性的一些知识，即便是联系了观念引导，也是为数不多，而且多从教育目标和目的出发进行规定和引导。纯粹从观念引导层面进行的有意识教育几乎没有。无独有偶，在 1985 年 7 月福建教育出版社出版的《大学生共产主义思想品德概论》中对于法制教育的介绍只有一章“加强法制教育，增强法制观念”。在这一章中，主要介绍了法的本质、起源、发展、作用以及法律执行等基础知识，虽然涉及一些法的基本理论，但总体上看还是以知识普及为主。这两部教材仅是这个时期有关法制教育的一个缩影，在这个阶段的其他教材中，法制教育的内容和形式也是大同小异，主要集中在知识普及，是一种基础的、初级的、浅显的法制教育知识启蒙和开荒。实际上，经过了新中国成立后若干次运动的折腾和“文化大革命”的血雨腥风后，人们无暇也无缘接触到有关民主法制方面的教育。虽然高校法制教育一直没有放弃，始终若隐若现，但是其生存状况非常险峻，整个社会的大环境都趋向于人治专权和政治运动，甚至是无法无天，因此高校法制教育作为在这个社会大环境中存在的一个细胞，又怎能强行突破和超越现实社会和时代的禁锢和樊篱呢？

二、途径上，课堂内外结合，以课堂外为主

邓小平同志曾经明确指出加强法制重要的是要进行教育，根本问题是教育人。1979 年 9 月中共中央下发的《关于坚决保证刑法、刑事诉讼法切实实施》指示中指出：“要运用各种宣传工具，采用生动活泼的方式，广泛、深入地对广大党员、干部和群众宣传法律，加强法制教育”，[①]并要求各大中小学和各级党校、各类干部学校，都要把法律课列入教学内容。据此，一些高校开始在政治理论课教学和政治学习活动中，增加一些民主与法制教育的相关内容。因为改革开放之初我国的法制建设处在刚刚恢复发展阶段，很多立法尚处于空白，连思想品德课都没有，更何况再包含普及性法制教育呢？甚至是作为思想政

① 中共中央：《关于坚决保证刑法、刑事诉讼法切实实施》，中发〔1979〕64 号，1979 年 9 月 9 日。

治教育课程重要组成部分、后来成为法律基础课的上位概念的思想品德课，也是直到 80 年代中期才出现的。

1982 年在国家教委下发的《关于在高等学校逐步开设共产主义思想品德课程的通知》中提出了“共产主义思想品德教育是培养学生成为有革命理想、讲革命道德、守革命纪律，有文化的又红又专的人才”。[①]为了落实这门课的教学目标，共产主义思想品德课作为一门必修课，被纳入高等教育教学计划，由专门部门组织实施，配备有逐步完善的教学大纲和教学参考材料。虽然这一文件的下发和《共产主义思想品德课》的实践，在培养大学生人生观、道德观和纪律观方面发挥了重要作用，但是从课程定位上看，它只是思想品德课的初级起点，仍然没有对法制教育相关内容的专门规定。至于独立将法制教育纳入大学生思想政治教育的范畴已是 1986 年之后的事情了。

然而，这一阶段对大学生进行的若干法制教育启蒙主要依附于 1984 年国家教委印发的《关于高等学校开设共产主义思想品德课的若干规定》中提到的一些做法，高校将道德与法律、自由与纪律等内容纳入到思想品德课的教学计划和大纲中，可以说法制教育才开始“勉强”地进入到高校的主课堂，而这种进入也是附随性的、随机性的、非重点的、非正规的，对此并没有明确要求和指导监督。因此，此时的课堂教学仅仅是有了高校法制教育教学的萌芽和发端，还不足以形成气候，从总体上看，还是以课堂外的自发教育为主，主要表现在大学生在参与民主实践的过程中自我教育和社会教育。

三、管理上，宣传部门和教学部门结合，以宣传部门为主

1985 年全民“一五”普法教育规划实施前，高校法制教育主要由政治辅导员在相对集中、统一确定的政治学习时间内组织大学生学习有关国家法制建设方面的一些政论文章和新闻报道。少数共产主义思想品德课开设较好的学校或院系往往与道德教育相结合来开展法制教育，但是所涉及到的法制教育无论从宽度上还是广度上，都是十分有

① 教育部社会科学司：《普通高校思想政治理论课文献选编（1949－2006）》，中国人民大学出版社，2007 年版，第 92 页。

限的，而且各个地区各个学校的情况也是发展不平衡，参差不齐。

在全民“一五”普法教育规划实施后，高校法制教育逐步纳入到“向全体公民基本普及法律常识的五年规划”中，高校成立了由学校主要领导牵头，有关领导和宣传、保卫、学工等部门负责人共同组成的普法工作领导小组，其办公室大多设在党委宣传部。主要由宣传部门负责法制宣传教育的总体设计和具体工作落实，其教育的形式主要是通过法制宣传报告、讲座、知识竞赛、辩论赛、广播、板报等较为传统的方式来开展和进行的。此时的教学部门处于辅助和服从地位，没有独立的教育主导权，对高校法制教育所能发挥出来的作用是非常有限的。

第三节　改革开放初期高校法制教育的主要特点

1978年改革开放后，中国共产党做出树立法制权威和加强法制教育的决定。在中国法制建设中，立法成果不断扩大的同时，高等教育提出以人的全面发展为教育目标，中国高校法制教育的模式逐步突破重政治素质、轻法律素养的苏联模式干扰，呈现出与以往不同的新的阶段特点，其主要标志是：第一，培养教育目标是德智体全面发展的专业人才；第二，教育培养方式是通过多种形式、多种途径培养法制建设人才；第三，教育内容是新中国成立以来，尤其是改革开放以来国家颁布的最新法律法规条文、法学基础理论知识和有关社会科学的综合人文知识；第四，教育主要方法是基于以教师为主导的传统型课堂教学模式，教育者在教学活动中占据主导地位，受教育者处于从属地位。

一、注重法律常识教育

《现代汉语词典》中关于“常识”的解释是“普通知识”，“普及”的意思是普遍推广。一般而言，普法教育向大众普及的应该就是“普通知识”，即法律常识。与全民“一五”普法教育的目标任务一致，高校法制教育以普及法律常识为主，其主要任务就是要普及宪法、刑法、刑事诉讼法和治安管理处罚条例等被称为“九法一条例”的法律常识。

普及的内容有《宪法》、《刑法》、《刑事诉讼法》、《民法通则》、《民事诉讼法》（试行）、《婚姻法》、《经济合同法》、《森林法》、《兵役法》、《治安管理处罚条例》等，简称“九法一例”。

以法律常识为教育模式更多地沿袭了法学专业教育的模式和特点，更注重具体应用、法律规范的条文教育，更专注于解决问题的知识教育。以“九法一例”为主要内容，向大学生普及法律常识教育，使他们知法、懂法、守法，养成有法必依、依法办事的观念。要求学生知道宪法和几个重要法律、法规的基本要点和基本法律精神。对于大学生法制教育的考核验收方式主要以闭卷考试为主，其中判断题、选择题、填空题等客观题目的考查知识点主要来源于“九法一条例”中的法律规范和法律条文。可以说，这一阶段的高校法制教育在知识传授和普及上比较扎实、系统，从教育者到受教育者都很专注于这一首创性的教育活动，参与民主法制实践意识较强，这为后来高校法制教育工作的进一步开展和深化奠定了牢固的知识储备和坚实的法律基础。

二、突出实体法教育

高校法制教育的内容与中国民主法制建设进程息息相关，与中国的立法、司法进程依旧密不可分，教学内容应当包括哪些法律部门，教材编纂应当收录哪些最新的立法成果等等，都与高校法制教育有着千丝万缕的联系。这一时期，国家制定了较多的实体法，尤以宪法的几次修改和颁布为特色。1978 年 3 月 5 日，第五届全国人大一次会议通过了《中华人民共和国宪法》，对 1975 年通过的宪法作了较大幅度的重要修改。在 1978 年《宪法》制定后不到两年的短短时间内，我国宪法前后经历了两次重大修改，这在法制发展史上都是比较罕见的。1982 年 12 月 4 日，五届全国人大五次会议又通过了新的《宪法》，在序言中确立了“四项基本原则”，同时重申了宪法的至高无上地位；规定了公民基本权利和国家机构的组成，确立了现行立法体制的框架。1982 年宪法规定了我国的根本制度和根本任务，确定了四项基本原则，明确了改革开放的基本方针，对于这一系列重大战略问题的重要规定是其根本特点所在。这部宪法恢复并发展了 1954 年宪法的优点和长处，确认了法治原则，摒弃了 1975 年宪法和 1978 年宪法中所强调的“阶级斗争”话语。宪法的全面修订标志着法治时代逐渐到来，注重传播法治精神，引导全社会树立崇尚法治的理念，建立对宪法和法律的信仰。这种理念和氛围不但触及到了普通民众的神经，更感染了全国高校的大学生，学习宪法、尊崇法治，“只向真理低头”，而不屈服于任何暴力和威胁的民主呼声激励着一代青年人热血沸腾、奉献青春、献身祖国。

与此同时，重视实体法教育而程序法教育不足是这个阶段高校法制教育的一个突出现象。造成这一现象的原因有二：其一，中国法制建设处于起步阶段，对于程序法的立法和司法工作尚未跟上，在各个法律部门中，程序法本身就没有受到应有的重视和立法。其二，重实体法轻程序法是一个很普遍的现象，即使在法治化程度相对提高的现代社会，对程序法的应有作用和地位仍然存在着某些偏见和成见。因此，在那么一个承上启下的历史年代，重视实体法，尤其是根本大法宪法也是一种自然流露的法律情感和法律实践。然而，我们需要清醒地认识到对程序法教育的匮乏可能造成的两种结果：一是学生无法了解自己在相关程序中所应享受的权利和应受到的约束，即使自己的权利在相关程序中受到侵害，即使公权力机关滥用权力，学生也没有意识去保护自己的合法权益，更谈不上对公权力进行有效的监督。二是学生因对程序法缺乏足够了解和理解，因此不可避免地陷入即使学习了很多法律知识，也无法转换为实际操作的“怪圈”之中，由此导致了“程序不正义”，最终无法实现真正的公平和公正。

三、大学生积极参与民主实践活动

随着改革开放的推进，社会生活日益复杂，高等教育开始逐渐重视学生理论联系实际的能力。“1980 年，清华大学学生率先提出‘振兴中华，从我做起，从现在做起’的口号，在全国大学生中引起强烈反响。随后，北京、辽宁等地一些高校兴起了大学生社会调查和咨询服务的自发活动”[①]，使大学生走出校园、走向社会，大学生社会实

① 姜正国：《全球化背景下的高校思想政治教育创新研究》，湖南人民出版社，2011 年版，第 30 页。

践活动逐步发展起来，其中包括多种形式的民主实践活动。

“1982 年宪法在正式通过之前，其草案先行公布，交付全民讨论，大学生积极参与了这场伟大的民主实践活动。其中一些大学生的修改意见和建议还受到了立法机关的重视，极大地激发了大学生参与国家政治活动的热情”。[①]1982 年 12 月 4 日，我国《宪法》颁布后，高校党委宣传部、学生工作部门和相关的教学机构，及时组织大学生认真学习并展开热烈讨论，许多大学生大胆踊跃发言，表达自己对国家根本大法及其地位和作用的见解和看法，畅谈学习心得和体会，从而受到了活生生的社会主义民主法制教育。为了满足大学生接受社会主义法制教育的愿望和需求，一些高校尝试在有关课程中渗透民主法制教育的相关内容，为大学生民主法制意识的增强奠定了一定理论基础和知识储备。

1983 年团中央、全国学联发出《关于纪念“一二·九”运动四十八周年开展“社会实践周”活动的通知》，鼓励大学生要将理论学习和社会实践联系起来。继而在 1987 年 6 月，教育部、团中央又联合发出《关于广泛组织高等学校学生参加社会实践的意见》。在不到五年的时间内，关于大学生参与实践活动的文件连续下发，这种在时间上的频繁性可以理解为对该项工作的重视程度。显然，在团中央和全国学联的指导和支持下，大学生社会实践活动作为高校法制教育的一种重要形式和有效途径在全国范围内快速推广，社会实践的内容和形式也随之不断发展和丰富，形成社会调查、民主实践、法律咨询服务、义务劳动、勤工助学等内容丰富、形式多样的民主法制实践活动类型，成为大学校园外一道独特而亮丽的风景线，有力地推动了大学生贴近社会、了解民情、体验百态民生，树立社会主义民主法制观念，积极参与各项民主实践活动。

---

① 陈大文、刘一睿：《从普及法律常识到提升法律素质的教育——改革开放 30 年高校法制教育发展回眸》，《思想理论教育导刊》，2009 年第 4 期，65 页。

第四节　小结和评论

从整体上看，由于政治运动和“文化大革命”的破坏，高校法制教育多年来一直是高等教育事业中最薄弱的环节，属于高等教育领域中的“短板”，明显带有欠账补偿的性质色彩。十一届三中全会思想理论的坚冰打破后，在中国民主法制建设事业生机蓬勃发展的春天里，高校法制教育几乎从“文化大革命”完全破坏的废墟上重建，并得到了迅速恢复。可见，高校法制教育与社会主义法治国家建设具有历史的内在逻辑关联，正如张晋藩教授所言：法治兴则法学兴，则国兴；法治废，则法学教育废，则国废。

一、高校法制教育与中国民主法制建设进程同步

从新中国成立至1985年之前，我国社会发生了两次历史性巨变，经历了三个不同历史阶段。新中国成立到1956年是我国由新民主主义社会向社会主义社会过渡时期；随着1956年社会主义改造的完成，我国迈入了社会主义建设时期；在1978年召开十一届三中全会以后，我国进入改革开放和社会主义现代化建设的新时期。社会发展的深刻变化，必然直接或间接地对高校法制教育产生或多或少的影响。总体上回顾，1985 年之前的高校法制教育发展经历了三个不同阶段，即1949～1956年探索起步阶段、1957～1977年挫折停滞阶段和1978～1985年恢复发展阶段。社会主义改造基本完成和社会主义制度基本建立以后，我国开始转入全面的大规模的社会主义建设阶段，这种建设几乎是全方位、全覆盖、全辐射的，除了在政治和经济两个主要领域一如既往、重整旗鼓外，如火如荼的民主法制建设也是恢复发展的重点领域。五届全国人大二次会议制定的七部法律，拉开了新时期法制建设恢复和重建工作的序幕，新时期法制建设的恢复工作是在法制的各条战线全面展开的，其中高校法制教育也是恢复和发展的一支重要力量，与中国民主法制建设进程协调同步、相互促进。

为了适应社会主义民主法制建设的改革和发展需要，高校法制教育的课程设置也发生着相应的变化。在改革开放前，高校法制教育主

要以面向法学专业学生的法学专业课程为主；改革开放后，高校法制教育从小众化法学教育转向大众化法律基础教育。而法律基础课的前身就是思想品德课，被纳入到思想政治教育理论课程之中，因此有必要对此做出说明和阐述。改革开放前，思想政治理论课主要以马克思主义理论课程设置为主；改革开放后，高校思想政治理论课出现了从以马克思主义理论课为主导向以马克思主义理论课与思想品德课并重的格局发展和转变趋势，高校思想品德课的地位得以确立。这种转变是随着党的工作中心的转移、大学生实际思想状况的变化和国内外复杂社会背景的不断突变而做出适应和调整的必然回应，同时也与党和国家对高校思想政治教育认识的不断重视和深化有密切关系。

高校思想品德课早在 1985 年之前就受到了一定关注并进行了积极有益的探索。1979 年 8 月，共青团中央、国家教委根据新的历史时期青年思想发展的特点，联合召开了北京等十二个城市青少年共产主义道德教育座谈会。这一举措恰恰说明了党中央对青年学生思想品德教育的重视和关注，已经将其提上了议事日程。1980 年 4 月，国家教委、共青团中央联合发出《关于加强高等学校思想政治工作的意见》，根据当时大学生的思想实际，明确提出要求，对大学生加强共产主义道德品质教育，并且就内容和方法也做了较为详细的规定。1982 年 7 月，国家教委在大连、西安分别召开高等学校思想政治工作座谈会，主要议题是在高等学校大学生中逐步开设共产主义思想品德课。1982 年 10 月，国家教委根据党的十二大关于加强共产主义思想教育的精神，发出了《关于在高等学校逐步开设共产主义思想品德课的通知》，这一文件的正式下发成为我国高校法制教育新的开端和起点。1982 年 11 月，国家教委在北京召开高等学校共产主义思想教育座谈会。同年 12 月，国家教委又发出通知，重点在大、中学校开展学习宣传新宪法活动，把法制教育与共产主义道德教育结合起来，共同促进我国民主法制建设。1985 年 8 月，中共中央颁布《关于改革学校思想品德和政治理论课教学的通知》，对大、中、小学思想品德和政治理论课程进行了统一规划，认为近几年来，部分高等学校陆续开设了对大学生进行共产主义思想品德教育的课程，有计划性地进行理想、纪律、道德教育，其中将纪律教育和道德教育相结合就是法制教育的一种具体体现和有效拓展，这充分说明高等教育实践离不开法制教育，单凭从其他教育“借力”并不是长久之计，在高校独立开设法制教育势在必行。经过了复杂而艰辛的演变和改革，才有了1986年“千呼万唤始出来”的法律基础课的设立，开创了高校法制教育的新纪元。

实践证明，法治是一场“对人的塑造与培育的事业”[①]。“新中国民主法制建设的历程已经证明了这一规律，法治应当成为检验中国法学教育成败得失的唯一标准”。[②]思想品德课的开设，在培养学生的思想道德素质、树立大学生的理想信念、使大学生形成正确的世界观、人生观、价值观和法制观方面具有不可磨灭的贡献。将道德教育与法制教育结合起来，是高校思想品德教育适应社会发展步伐的发展方向和重要保证，是弥补传统的、行政化的、意识形态化的高校思想政治教育缺陷的有效支撑，更是国家民主法治化程度不断推进和增强的教育导向和信号。反之，如果没有改革开放催生了中国民主法制建设，就没有中国法制建设的恢复发展和适应社会主义市场经济发展的迫切需要，也就不可能在“文化大革命”后还未来得及喘息，紧跟着社会法治化、现代化建设的步伐，在短短几年时间内就能建立起高校法制教育的制度启蒙和意识自觉。这实属高等教育之幸、法治国家之幸。

二、高校法制教育再次从无到有，开始走上正轨

新中国成立以来到1985年，在并不长的三十多年时间内，中国高校法制教育居然经历了两次从无到有颠覆性的发展，在高校法制教育发展历史上也算是创造了一个“不是巧合”的奇迹。第一次“从无到有”是1949年新中国刚刚成立、百废待兴之时，在废除了“六法全书”之后，新中国的高校法制教育几乎陷入冰点，无任何现成的法制教育模式可以沿袭和参考。在中华人民共和国成立前夕召开的中国人民政治协商会议第一届全体会议通过的《中国人民政治协商会议共同纲领》中明确指出：“人民政府的文化教育工作，应以提高人民文化水平，培

① 孙笑侠：《法律人之治——法律职业的中国思考》，中国政法大学出版社，2005年版，第414页。

② 梁文永：《法治是检验法学教育的唯一标准》，《法制日报》，2008年3月2日，第11版。

养国家建设人才，肃清封建的、买办的、法西斯的思想，发展为人民服务的思想为主要任务。”[①]此时，在高等学校废除国民党党义、六法全书等课程，添设马克思主义课程是一种社会政权变革、交替过程中自然的从无到有的过程。这种从无到有虽然需要经过新中国高等教育的“零起点”实践摸索和理论总结，但无论如何，与旧的社会制度告别、迎接全新的社会主义社会，都是人们期待已久的宿愿。在高等教育领域，即便是明知一切从头开始，需要经历从无到有的蜕变，然而全面废除旧的法律制度和法制教育体制对当时的人们来说依然是一件欢欣鼓舞的事情，因为在全新的社会制度基础上，就应该与旧制度、旧体制彻底决裂，重新创建属于新社会的先进的法制教育体系。因此，第一次“从无到有”是自然的、主动的、积极的，从主观认识上来说，人们是愿意接受并主动承担起这种“从无到有”的结局，毕竟这不是终点，而是追求美好生活的新起点。

在经历了新中国成立初期从无到有的发展阶段后，高校法制教育在中国民主法制建设摸索前进的过程中自身也在摸爬滚打、曲折前行。院系调整、创办干校、效法苏联，这一个又一个有效措施促使高校法制教育缓慢启程，但是毕竟已经脱离了“零”的状态，开始探索具有中国特色社会主义大学的法制教育模式和体制。然而好景不长，一个接一个的政治运动对刚刚起步的高校法制教育发展而言，无异于雪上加霜，使其更加步履维艰。在政治化法制教育畸形发展的踉跄状态下，“文化大革命”再一次把即将生根发芽的高校法制教育倒逼回去，进入了“无法无天”的时代，高校当然不能幸免，反而成了“砸烂公检法”的重灾区。这种破坏和停滞存在了整整十年，此时的高校法制教育再次回归原点。直到十一届三中全会以后，高校法制教育的“冰冻”才慢慢解禁、融化，并伴随着改革开放的春风，高校法制教育又开始经历了第二次“从无到有”的过程。这次“从无到有”是人治的、被动的、消极的，如果从主观意志上来考察，是不得不为的一种无奈

① 李曜明：《第一次全国教育工作会议明确新中国教育总方针》，《中国教育报》，1999年9月8日。

之选，也是经历了混乱的“人治”时代后热切企盼民主和法制的第一道曙光的体现。这种跌入低谷后的大力反弹与第一次“从无到有”有着本质上的不同，人们对于法制建设、法制教育等法制问题的态度更加回归现实和理性，少了些幻想和仓促，多了份厚重和沧桑。

与中国的民主法制建设同步，改革开放后的高校法制教育逐步走上正轨。从官方文件来看，1982 年《关于在高等学校逐步开设共产主义思想品德课的通知》，权威性地规定了共产主义品德课的教学任务、教学内容、教学原则、教学考核、队伍建设及教学机构等重要问题。与此同时，共产主义思想品德课也被视为法律基础课的前身。从这个意义上看，共产主义思想品德课开创了改革开放后高校法制教育的先河，具有丰碑般的历史意义。从主课堂来考察，高校法制教育的雏形虽然“嫁接”在思想品德课的范畴内，但是毕竟已经正式进入高等学校的主课堂，成为大学生必须学习和完成的必修课，且有相应的教材、大纲、学时、师资作为教学保障，这是高校法制教育开始走上正轨的最好例证。从社会实践角度来分析，大学生热衷于参与民主实践活动，无论是宪法的讨论与参政议政，还是课堂外的法制宣传与民主实践，都是高校法制教育走上良性发展道路的有力说明。毋庸置疑，改革开放后的高校法制教育虽然再次经历“从无到有”的过程，但是相对而言起点较高，自始就将课堂讲授和社会实践结合起来，注重学生实践能力和创新精神的培养，符合高等教育发展和改革的需要和趋势，为 1986 年在全国高校普遍开设法律基础课奠定了扎实基础，提供了重要保障。

第五章 开拓与进取：高校法制教育的深入发展（1986～2003）

随着改革开放的不断推进和中国民主法制建设事业的不断深化，中国法治建设进入稳固发展期，开始从一种合法的行为方式的建设扩展为一种对法律秩序、政治生活乃至整个社会生活的一种优良状态的追求。尽管此时党和国家还并未明确使用“法治建设”取代“法制建设”作为党和国家治国理政的基本方略，但是，从法治原理和法治发展的基本规律来看，这个时期已经不再是较为简单的“法制建设”，而是开始具备“中国法治”探索的萌芽，可以说中国已经开始进行较为完整系统的中国特色社会主义法治建设。正因为如此，此时的高校法制教育也顺利过渡到开拓进取阶段，进入成长发育期。我国社会主义市场经济迅速发展，社会主义社会全面进步，中国社会主义民主法制建设出现了全新的局面。1986 年法律基础课的设立、1995 年《关于加强学校法制教育的意见》的下发、1999 年“依法治国，建设社会主义法治国家”基本方略载入宪法、1999 年《关于深化教育改革全面推进素质教育的决定》的发布、2001 年中国加入世界贸易组织、2003 年《关于加强依法治校工作的若干意见》的颁布，这些重大历史事件和重要历史时刻无不记载着高校法制教育发展道路上取得的重大成就，将永载史册。但是，建设社会主义法治国家的道路还很漫长，高校法制教育需要根据教育主体、客体、介体和环体在不同历史时期的新变化相应地做出及时调整和更新，为培养“有理想、有道德、有文化、有纪律”的高素质、复合型、现代化人才而不懈努力。

第一节 高校法制教育深入发展的时代背景

改革开放后不久，1985年开始了一场以政府主导、人民群众广泛参与的自觉学法守法用法、逐步培养公民法律意识的自我教育和社会教育相结合的全国性普法运动，声势之浩大、历时之长久、影响之深远前所未有。正在全民普法教育如火如荼开展和规模提升的同时，中国民主法制建设进入到新中国成立以来的历史最高峰，1997年中共十五大的召开、1999年“依法治国，建设社会主义法治国家”基本方略入宪，不断为我国现代化法治国家建设推波助澜，而且在这个春光灿烂的季节里，高校法制教育置身其中，顺势而上，不断深化改革，开创了新中国成立以来高校法制教育发展的全新局面。

一、全民普法教育渐入人心

“文化大革命”结束后，全国上下总结这十年的历史教训，深刻认识到建立健全社会主义民主与法制的极端重要性。邓小平同志多次强调：“没有民主就没有社会主义，就没有社会主义的现代化。”[①]“我们坚持发展民主和法制，这是我们党的坚定不移的方针。”[②]党的十一届三中全会以后，立法进程加快，初步建立了以宪法为核心的社会主义法律体系。在新的历史条件下，加强社会主义法制宣传、普及法律常识成为与推行民主法治相配套的社会基础工程。1984年，彭真与首都新闻界举行了三次座谈，专门讲法制宣传教育问题，反复强调：“宣传法制，引导人们知法、懂法、守法，依法办事，使我们的国家长治久安，有利于完成党和国家的总任务，这就是我们的出发点。”[③]中央领导多次就法制宣传教育发表重要讲话、做出重要指示，同时中央领

① 《邓小平文选》（第2卷），人民出版社，1994年版，第168页。

② 《邓小平文选》（第2卷），人民出版社，1994年版，第256～257页。

③ 《人民日报》，1984年5月12日，http://www.people.com.cn/GB/shizheng/252/9114/9119/20020929/834017.html。

导以普通学员身份聆听法制课，“震动了国内外”[①]。高层领导的指示和新闻媒体的造势为普法教育渐入人心热身助跑。

自1985年向全体公民基本普及法律常识的第一个五年规划至今，全民普法教育已经历经近三十年的发展历程，这是一场自上而下的法律常识启蒙运动，又是政府为适应新形势而主动进行的以依法行政、依法管理为导向的执政方式的调整。“中国的普法教育实行党委领导、政府实施、人大监督、全社会参与的运行机制，是经过充分动员、调动全社会积极参与的一项社会系统工程”[②]，具有全民性、社会性的显著特点。在普及法律常识的过程中，学法是基础，用法是目的。一方面“作为民主法制基础的法制宣传教育工作，紧紧围绕党和国家的工作大局，紧密结合国家民主法制发展的需要，宣传依法治国，建设社会主义法治国家的基本方略，宣传民主法制思想，宣传宪法和国家的基本法律，在维护社会稳定、促进社会主义市场经济的发展、推进依法治国方略的实施中，发挥重要的基础性作用”[③]，极大地提高了广大人民群众的法律意识、法律素养，有效地推动了依法治国的深入开展，为社会主义法治国家建设奠定了坚实的社会基础和群众基础。另一方面，虽然普法教育已取得一定的成效，但与法治国家的要求相比还有相当的差距，还需要在建设社会主义法治国家的实践中进一步发展和完善。但是无论如何，普法教育已经成为人的现代化的重要内容和渠道。“法治的诸项要求必须体现社会关系的实际情况并在人们的观念中得到普遍的认同和支持，法治才能成为现实”。[④]全民普法教育开展以来，中国民主法制建设取得显著进步，与此同时，普通公民特别是广大青少年的法律知识和法治观念的教育问题日益成为影响法治系统成败的关键性问题。换言之，培养公民民主法治意识、培育法治

① 《乔石同志在第二次全国法制宣传教育工作会议上的讲话》，刘飚主编：《依法治国的生动实践——普法依法治理十五年》（下册），北京：法律出版社，2001年版，第1039页。

② 朱景文：《中国法律发展报告数据库和指标体系》，中国人民大学出版社，2007年版，第518页。

③ 张福森：《深化普法教育 强化依法治理》，http://politics.people.com.cn/GB/1027/3329126.html。

④ 孙国华、朱景文：《法理学》，中国人民大学出版社，1999年版，第216页。

社会环境的普法教育关系到社会主义法治国家建设的兴衰成败。

“中国法治通过政府推动与社会参与相结合，自下而上和自上而下的双向互动逐步达成”。[①]我们往往侧重于让社会公众明确具体法律条文的内容,“其实我们在普法教育的指导思想上更需要的是社会公众通过法律宣传教育具有较高的法律素质”[②]。在二十多年的普法实践中，全民普法教育理念已从最初的法律常识普及教育发展到法律意识增强教育，又发展到今天的法律素质提升教育，其建设理路几乎和同期高校法制教育同步并轨，为推进高校法制教育营造了良好的社会法治文化氛围。法制现代化首先是人的现代化，随着人的现代化不断深化，普法教育本身也面临着转型的需要、改革的需要。当代社会的普法教育应以提高国民法律素质、推进中国公民现代法律意识为目标。具体而言，包括以下三个方面。第一，普法教育目的层面，将公民法律意识现代化作为普法教育的目标。法治理念教育的根本目标在于使现代法律精神转化为当代中国法律文化意识的有机结合部分，实现对久远历史法律文化传统的创造性转换，形成富有中国特色的现代公民法律意识体系，确立对现代法律的信仰，使之与社会文明秩序和人生终极目的的关怀融为一体。第二，普法教育内容层面，由原来的法律规范教育和具体条文教育为主转化为社会主义法律意识教育为主，向公民传授现代法的基本观念、基本价值和基本内容。第三，普法教育效果层面，通过普法教育要让法治观念内化为广大公民的自觉行动。“如果遇到法律问题，发生纠纷应当如何寻求法律保护，如何通过法律途径解决问题，而不是坐以待毙或草草私了，更不能欲壑难填、走极端路线”。[③]

毋庸置疑,“中国的全民普法教育，是中国改革开放与社会主义民主法制建设的产物，它无论在规模、形式还是内容上都堪称中外法制史上的创举”[④]；是改革开放后新的社会历史条件下党和国家领导的

① 孙国华、朱景文：《法理学》，中国人民大学出版社，1999年版，第218页。

② 许章润：《普法运动》，清华大学出版社，2011年版，第137页。

③ 刘旺洪：《法律意识论》，法律出版社，2001年版，第340～341页。

④ 张福森：《努力开创普法依法治理新局面》，《人民日报》，2001年11月7日，第11版。

规模化、群众性普及法律常识活动。在全体公民中普及法律常识，目的是培养公民的法律意识，提高全体公民为社会主义民主法制建设奠定坚实的社会基础和群众基础，保证“依法治国，建设社会主义法治国家”这一根本治国方略得以顺利实施。“观念是行动的先导，树立正确的法治观念，在法治观念上实现社会和谐的共识是所有法治社会不可或缺的重要环节”①，而高校法制教育面向的是社会中的未来精英阶层，大学生的法治观念如何、法制教育效果如何、可接受法治程度如何将对全民普法教育的成败产生直接影响，更重要的是对中国社会民主法制建设的持久、高速发展道路起到决定性作用。因此，我们应当从更深层次上看待和理解全民普法教育，不仅应看到普法之初较为单纯的普及法律常识对于社会大众的法治启蒙用意，更要将其与 20 世纪 70 年代末期以来重新启动并不断加速进行的中国社会转型和社会治理方式的转换紧密联系起来，与社会民主化进程中统治秩序发生合法性危机后意识形态与政治权力的正当性重建结合起来予以考察和定位。改革开放以来，中国社会转型的一个突出特点是法律向经济、政治等社会生活诸多领域的全面渗透，以及在此过程中法律自身价值的确立和彰显并逐步得到全社会的认同。以全民普法教育为发展契机和历史机遇，高校法制教育将在与之水乳交融、协调共进中开拓进取、不断向前深入发展。

二、“依法治国，建设社会主义法治国家”治国方略确立

中国有长达两千多年的封建专制统治，有着丰富的法制资源，而缺少法治传统。中华人民共和国成立初期加强了法制但并未真正实行法治，一定程度上仍是人治。人治的恶果导致了“十年浩劫”，邓小平同志作为中国改革开放的总设计师，历经“文化大革命”劫难，深刻认识到民主法制的重要性。1978 年 12 月，他指出“为了保障人民民主，必须加强法制。必须使民主制度化、法律化，使这种制度和法律不因领导人的改变而改变，不因领导人的看法和注意力的改变而改变”②，

① 许章润：《普法运动》，清华大学出版社，2011 年版，第 139 页。

② 《邓小平文选》（第 2 卷），人民出版社，1994 年版，第 146～147 页。

这一法制思想在中共十一届三中全会上形成全党的共识。经过改革开放后十余年的努力，我国终于确立了“依法治国”的基本方针。1996年江泽民同志在中共中央举办的法制讲座上提出了“实行依法治国，保障国家的长治久安”的理论；而后全国八届人大四次会议确立了“依法治国，建设社会主义法治国家”的基本方针。1997年中国共产党第十五次全国代表大会，从建设中国特色社会主义政治、继续推进政治体制改革的高度，在党的历史上第一次把“依法治国，建设社会主义法治国家”作为当代中国的治国方略正式确立下来。1999年3月第九届全国人民代表大会第二次会议通过的宪法修正案，又把“依法治国，建设社会主义法治国家”写入宪法，使其上升为国家意志。“依法治国”方略的提出，是中国共产党领导方式、执政方式、治国方略的重大进步，标志着新中国的社会主义民主法制建设进入了一个新的历史时期。

（一）依法治国方略的确立，是新时期中国法治建设发展的必然结果

中国法治建设的动力是什么？这是学术界长期思考的问题。与大多数发展中国家，或者说法治后进的国家一样，中国的法治建设采取的也是自上而下的路径。其最初的动力，或者说最大的动力来自共产党内部如邓小平、彭真等老一代的革命家，他们要么出于拨乱反正的需要，要么是出于对“文化大革命”期间自身和国家遭遇的反思而力主依法办事。这种力量当时在党内部究竟占据多大比例，我们无法得知，唯一知道的是反对的声音不绝于耳。

不仅党的内部，整个社会也是如此。改革开放初期，绝大多数民众缺乏起码的民主意识和公民意识，企盼的仍然是传统的“圣王”与“青天”，几乎不知道现代法治为何物。而知识界尽管对法治需求较之一般民众要大，但新中国成立后频繁的政治运动以及改革开放之初乍暖还寒的政治气候使他们要么噤若寒蝉、心灰意冷，要么早已思想僵化，何况长期的思想禁锢也使他们对现代法治知之甚少。推动中国法治建设的历史重任只能由执政的中国共产党来承担。同时我们也应当看到，在改革开放之初，厉行法治符合绝大多数人的利益，因而推行依法办事难度不会太大。

中国法治建设的最初目的是为了恢复必要的社会秩序，是想为社会树立必要的规则意识和权威，由执政的中国共产党来深入法治建设，强调依法办事就成了自然之选。但是随着法治建设的逐渐深入，当法治建设的触角深入政治领域，进展到以依法治官为中心的阶段时，当社会利益早已从一元进入多元的时代，就必须扩大其动力源。可喜的是，经过改革开放后二十多年的法治发展和社会进步，中国社会已经发生了翻天覆地的变化，法治与民众的生活和社会本身的联系日益密切。党的执政方式、执政理念日渐成熟，普通民众的法律意识有了较大的提高，知识界对现代法治的理解更加准确。尤为重要的是经过近三十年的发展，民众的公民意识有了较大幅度提高，民众对公民角色更加认同。他们不再局限于牢骚和抱怨，不再满足于坐而论道和纸上谈兵，而是尝试着通过各种维权活动、通过对各种公共事务的深度参与，主动承担起推动中国法治建设的历史重任。而互联网等新媒体技术的快速发展和应用又对这种参与起到了推波助澜的作用。民众的维权活动，知识界对热点、公共事务的积极参与，为依法治国的推行注入了强大的、源源不断的动力。

（二）依法治国方略确立于改革开放的历史大背景下

总结改革开放以来中国的发展经验，可以说总体经验就是中国这三十多年的发展和进步主要得益于改革和开放。“是改革开放从根本上改变了中国长期闭关锁国和沉闷僵化的状况，打破了束缚人们思想和体制的桎梏，极大地调动了亿万人民群众的积极性和创造性，有力地推动了经济和社会的发展，推动了政治的文明和社会的和谐。因而，只有坚持改革开放，国家和民族才有光明的前途”。[①]

改革开放与坚持法治和依法治国两者相辅相成。没有改革开放，中国的法治建设不会有今天的成就，依法治国的方略也不可能得以确立。因而，中国法治建设要想进一步发展，必须坚持改革开放；反之，只有坚持依法治国，将符合绝大多数民众意志的改革开放方针上升为

① 侯欣一：《走向民主与法治的国度——改革开放30年中国法治建设回顾》，天津人民出版社，2008年版，第45页。

国家意志，变成国家的法律，树立起法律应有的权威，使这种意志不因某位领导人个人意志和注意力的改变而改变，不因少数人的反对而放弃，改革开放的方针和路线才能继续坚持下去。

环顾当今世界，就政治文明而言，民主已成为一种普遍的价值观念，法治也已成为绝大多数国家的不二之选。诚如孙中山先生所言："世界潮流，浩浩荡荡，顺之则昌，逆之则亡。"坚持法治，实行依法治国不仅是绝大多数国人的需要，也符合世界上绝大多数民族的利益。随着改革开放的不断深化，中国已经深深地融入了世界一体化、经济全球化的进程中，因此，无论是倒退还是停止都是背道而驰，法治对于现代中国而言是历史的必然选择。

（三）依法治国方略和法治国家所需要的前提条件已基本具备

"依法治国，建设社会主义法治国家"不是纸上谈兵，而是需要具备坚实的基础。这些基础包括完备的民主政治制度、发达的市场经济和全民较高的法治意识，三者缺一不可。如果说，改革开放前这些条件中国还基本上不具备的话，那么经过改革开放的持续发展，这些前提条件在中国均有了不同程度的存在，也就是说在发展中的中国推行依法治国方略已成为一种历史必然，"依法治国，建设社会主义法治国家"在中国已成为一种不可逆转的趋势。

依法治国方略的确立为中国指明了正确的方向，对于一个国家来说，只要方向正确，并已经开始上路，就有了良好的开端。但即便如此也不应该过分乐观，还必须清楚地看到法治国家对于中国来说还是一个奋斗目标，还有很长的路要走。但毕竟随着依法治国方略的确立并写入根本大法，任何反对法治的声音都失去了公开和理直气壮的坦然，它有利于使依法治国方略尽可能地争取到更多人的支持，有利于全社会法律意识和法制观念的增强，有利于自觉学法、守法、用法的社会氛围有效形成。

如此说来，"依法治国，建设社会主义法治国家"治国方略的确立是中国民主法制发展史上一座承上启下的历史丰碑，是改革开放后中国日益走向富强、民主、文明、和谐的必然之路的标志。在这一具有重大转折意义的历史关键时期，高校法制教育无论从理论指导上、价值导向上，还是实践力度上、教育深度上都将迈向新阶段，闪耀新光芒。

第二节　高校法制教育向纵深发展

党的十二大第一次把教育、科学提高到社会主义建设战略重点之一的地位。1987 年中共中央颁发了《关于加强和改进高等学校思想政治工作的决定》明确提出其方针、政策、内容、方法等。十四大、十五大、十六大的召开，随着改革开放进一步持续深入，社会法治大环境得到更好的改善，高校法制教育有了进一步的加强和改进，在稳步发展并积极开拓的过程中获得了新的生机，内容更加丰富、途径更加宽阔、管理更加创新。

以思想道德修养和法律基础为主要内容的高校法制教育课程，经历了从 1980 年开始部分高校开设“共产主义品德”课程到 1982 年国家教委下发《关于在高等学校逐步开设共产主义思想品德课程的通知》，再到 1986 年国家教委下发《关于在高等学校开设“法律基础”课程的通知》，继而到 1987 年将思想教育课程确定为“法律基础”、“大学生思想修养”、“人生哲理”、“职业道德”等课的变迁，直到 1992 年思想品德课调整为“思想道德修养”和“法律基础”并立，这一方案一直持续到 2005 年以后调整为“思想道德修养与法律基础”课。“从法律基础课的历史演变来看，尽管在课程名称上发生了较大变化，但在课程内容上则保持着较好的连续性，具有相对稳定的特点”。[①]

一、内容上，从法律基础课独立到与思想道德修养课并立

1986 年 9 月国家教育委员会《关于在高等学校开设“法律基础课”的通知》被誉为是高校法制教育的开端，正因为有了这个文件的下发，高校法制教育才正式进入正规高等教育的主课堂内，也才登堂入室有了自己的独立地位，发挥了其他教育不可比拟和替代的功能。1987 年 10 月国家教育委员会《关于高等学校思想教育课程建设的意见》提出：“根据高校思想政治教育实践，针对学生普遍关心的形势、政策、人

① 骆郁廷：《高校思想政治理论课程论》，武汉大学出版社，2006 年版，第 119 页。

生、理想、道德、民主、法制、纪律等方面的问题，有计划地开设一些思想教育课程，在时间上、制度上加以保证是必要的。《意见》规定设置如下五门课程：“形势与政策”每学期均开设，时数根据需要由各校自行安排，“法律基础”（30学时）两门为必修课；“大学生思想修养”（一年级实施）、“人生哲理”（二年级实施）、“职业道德”（三年级实施）三门课可因校制宜有选择地开设。各校开设思想教育课程的总学时不要超过288学时，除“形势与政策”外，其他几门课程的教学时数不宜多，每门课可适当集中安排。教务部门要将思想教育课程合理地排入课表。教师讲授思想教育课应计算教学工作量”。[①]这个文件的颁布实施，标志着思想品德课程作为一个正规课程体系基本形成。实践证明，思想品德课的开设，在培养学生树立思想道德素质、坚定理想信念教育和加强大学生“三观”教育方面，都有十分重要的作用和意义，是我国高校思想品德课顺利开设的重要保证。

从思想品德课程诞生的历史来看，思想品德课程的产生既得益于党和政府及教育主管部门的倡导，又充分发挥了广大一线思想政治教育工作者的积极性、主动性和创造性，思想品德课程就是在广大思想政治教育工作者的实践创造的基础上，经过教育主管部门吸纳成为正式的教育渠道。思想品德课程的出现，适应了改革开放以来高校法制教育出现的新形势，弥补了高校思想政治理论的缺陷，调动了广大学生学习法律知识、参与民主法制实践活动的积极性和主动性，为高校法制教育教学的发展开辟了新领域。

（一）“85方案”中的法制教育

根据1985年《中共中央关于改革学校思想品德和政治理论课程教学的通知》，各类高等学校思想政治理论课程教学内容是：“进行以中国革命史为中心的历史教育，使学生了解具有悠久历史文化传统的中国，是怎样根据历史的必然走上以共产党为领导力量的社会主义道路的；进行马克思列宁主义基本理论的教育，使学生了解马克思主义的哲学、历史学、经济学、政治学和科学社会主义等基本理论观点的历

① 顾海良：《高校思想政治理论课程建设研究》，经济科学出版社，2009年版，第79页。

史渊源、主要内容和现代发展；同时有分析有比较地介绍当代其他各种社会思潮，对错误的思潮要有分析地进行充分说理的批评，培养学生运用马克思主义对这些思潮进行鉴别和分析的能力；进行中国社会主义建设和改革的理论、政策和实际知识的教育，使学生了解我国党和人民正在进行的有世界意义的伟大事业和青年一代的密切关系及崇高责任。”[①]

在“85方案”中，尽管思想政治理论课程包括马克思主义理论课和思想品德课，但两类课程分属于教育部社会科学研究司和思想政治教育司主管，两类课程并没有形成为一个整体；同样，尽管中共中央及教育部曾下发有关学校德育工作和思想政治理论课程建设的一些文件，也对高校思想政治理论课程的地位和功能做过一些界定，但并不全面和系统。把马克思主义理论和思想品德课程结合成一个整体，并对思想政治理论课程进行准确的科学定位，还是发生于20世纪90年代的事情。

（二）从“85方案”向“98方案”过渡

1993年7月国家教委思政司在中国矿业大学召开了“新形势下思想政治理论课程建设座谈会”，会议回顾和总结了改革开放十多年来高校思想政治理论课程建设的基本经验和成绩，分析和研究了当前思想政治理论课程建设遇到的新情况和新问题，对如何应对新形势的要求、积极改革备战、加强思想政治理论课程建设的问题进行了进一步探讨。改革开放后十多年来，在各级党政教育部门的领导下，在高校领导和有关部门的支持下，通过广大思想政治教育课教师的不懈努力，思想政治教育课已同马克思主义理论课一起成为高校学生思想政治教育的主阵地和主渠道，成为高校德育工作的重要组成部分，在培养社会主义建设者和接班人的事业中日益发挥重要作用。

1993年8月中共中央组织部、中共中央宣传部、国家教育委员会联合下发《关于新形势下加强和改进高等学校党的建设和思想政

---

① 教育部社会科学司：《普通高校思想政治理论课文献选编（1949—2006）》，中国人民大学出版社，2007年版，第107页。

治工作的若干意见》正式将“马克思主义理论课和思想政治教育课”简称“两课”[①]，明确了“马克思主义理论课和思想政治教育课是学生思想政治教育的主渠道，是社会主义学校的本质特征之一；加强和改进‘两课’教育是摆在我们面前的一项紧迫任务；‘两课’要贯彻理论联系实际的方针和‘少而精的’、‘要管用的’原则，以增强说服力和有效性为目标，以改进教学内容和方法为重点，注重相辅相成，深入进行教学改革”[②]。

1994年《中共中央关于进一步加强和改进学校德育工作的若干意见》又将“思想政治教育课”改为“思想品德课”，沿用至2004年。《意见》指出：“学校政治理论课和思想品德课是系统地对学生进行马克思主义理论教育和品德教育的主渠道和基本环节，要重点进行教学内容和方法的改革。”[③]《意见》进一步用中央文件的形式，明确了“两课”教学在学校德育中的地位和作用，明确了“两课”改革和发展的方向。从此，马克思主义理论课和思想品德课逐渐成为对大学生系统进行马克思主义理论和思想品德教育的重要思想政治理论课程。

1995年10月国家教育委员会印发《关于高校马克思主义理论课和思想品德课教学改革的若干意见》，对高校德育课程的地位和功能进行了较为科学的总结：“对青年学生系统进行马克思主义基本理论教育和思想品德教育，是社会主义大学的本质特征之一。高校‘两课’是高校思想理论教育的主要渠道和主要阵地，是每个大学生的必修课程。”[④]这一文件对学校德育课程的准确定位，是学校思想政治理论课程建设科学化的理论前提，为学校思想政治理论课程的科学化和规范化发展奠定了基础。

（三）“98方案”中的法制教育

① 顾海良：《高校思想政治理论课程建设研究》，经济科学出版社，2009年版，第80页。

② 教育部社会科学司：《普通高校思想政治理论课文献选编（1949—2006）》，中国人民大学出版社，2007年版，第148页。

③ 教育部社会科学司：《普通高校思想政治理论课文献选编（1949—2006）》，中国人民大学出版社，2007年版，第152页。

④ 教育部社会科学司：《普通高校思想政治理论课文献选编（1949—2006）》，中国人民大学出版社，2007年版，第157页。

祖嘉合教授认为："法律基础课由1986年初创，经过12年的实践探索，在1998年迎来了重要的调整时刻。"[①]1998年6月中共中央宣传部、教育部下发《关于普通高等学校"两课"课程设置的规定及其实施工作的意见》（简称"98方案"），该方案明确提出："两课课程设置必须着眼于引导和帮助学生掌握马克思主义的立场、观点、方法，树立正确的世界观、人生观和价值观，确立建设有中国特色社会主义的共同理想，为他们坚持党的基本路线不动摇打下坚实的理论基础。"[②]"98方案"确立了以邓小平理论为中心的课程内容体系，法律基础课作为全国大学生的必修课之一，其主要任务是对大学生进行世界观、人生观、价值观和思想素质、道德素质教育以及法制教育。它对于大学生树立中国特色社会主义的理想信念，对于培养他们成为社会主义的合格建设者和可靠接班人，具有不可低估的重要作用。

"98方案"对"两课"（即马克思主义理论课和思想品德课）的课程设置进行了调整，法律基础课作为一门与思想道德修养课对应的科目，被纳入到"思想品德课"的范畴。从这时起，高校法制教育才正式进入到思想政治教育的视域，成为和道德修养并列互补的法律修养教育。"98方案"规定："法律基础主要是进行社会主义法制教育，帮助学生掌握马克思主义法学的基本观点，了解宪法和有关专门法的基本精神和规定，增强学生的社会主义法制观念和法律意识。"[③]在这一阶段，法律基础课虽然被整合入思想政治教育的范畴，但是无论在课时安排上，还是师资配备上，仍然具有相对独立性。

二、途径上，课堂内外结合，以课堂内为主

全民"一五"普法教育的实施，给予高校法制教育一个积极的信号和方向。一年之后，在普法教育的大背景下，高校法制教育开始了

---

① 祖嘉合、宇文利：《思想道德修养与法律基础前沿问题研究》，安徽人民出版社，2012年版，第153页。

② 教育部社会科学司：《普通高校思想政治理论课文献选编（1949－2006）》，中国人民大学出版社，2007年版，第183页。

③ 教育部社会科学司：《普通高校思想政治理论课文献选编（1949－2006）》，中国人民大学出版社，2007年版，第185页。

正规化的课堂教学，进入了课堂内外结合、以课堂内为主的教育阶段。1986 年 9 月国家教委发出《关于在高等学校开设法律基础课的通知》，明确了大学生学习法律基础知识的三个途径："一是在结合公共政治课'中国社会主义建设'讲授'社会主义民主与法制'；二是结合大学生的思想实际，开设法律基础知识专题讲座；三是结合不同专业的需要，开设专门法的选修课"[①]，并对教学内容、教学时数、师资队伍、教材教参和实施步骤等提出了明确的要求。这一通知的下发是高等教育领域的一大重要举措，是加强社会主义法制建设基础而又深远的巨大进步，是全民普法教育初步实施后高等院校这一社会晴雨表的有效举措和直接呼应。

从《通知》规定的三个途径来看，第一个途径的法制教育，可以纳入传统的思想政治理论课的范畴，《通知》规定该部分的内容包括"人民民主专政的国家制度"、"建设高度的社会主义民主"和"建设健全的社会主义法制"，着重从理论与实践的结合上，阐明法的本质、我国的国体、政体等基本问题；分清社会主义民主与资产阶级民主的本质区别；明确大学生应当维护宪法，正确行使民主权利，在遵纪守法方面起表率作用。第二、三条途径的法制教育，讲授更为具体的法律专业知识，在科目归属上，是与思想政治理论课并列的，是介于思想政治理论课与法学专业课之间的独立课程。由此可见，法律基础课在其初创时期虽然与思想政治理论课有交融关系，但却不是直接隶属关系。之所以关注法律基础课程的归属和定位，是因为它关系到高校法制教育目标与任务等一系列问题的理解和把握。《通知》还对法律基础课的学时和师资做出了具体规定，为法制教育在我国高等教育中全面展开奠定了坚实基础。

按照文件的精神，绝大多数学校能够按照国家教委关于在高等学校开设"法律基础"课程的要求，结合公共政治课"中国社会主义建设"讲授"社会主义民主与法制"专题，主要介绍关于国体、政体和

① 教育部社会科学司：《普通高校思想政治理论课文献选编（1949－2006）》，中国人民大学出版社，2007 年版，第 113 页。

公民基本权利与义务的宪法常识。也有少数高校结合本校开设不同专业的实际需要，开设了专门的选修课。这时的高校法制教育不仅按照法制宣传部门的规划和要求，以活动为载体，开展了丰富多彩的实践活动，而且按照教育主管部门的要求，较为整齐统一地实现了“两进”，即“进教材、进课堂”。1987 年 10 月国家教育委员会《关于高等学校思想教育课程建设的意见》（87 教政字 015 号），要求普通高等学校为本专科生普遍开设“法律基础”课，不仅将这门课定性为一门独立设置的思想教育必修课，而且将其教学目的与要求概括为：“使学生懂得马克思主义法学的基本观点，掌握宪法和有关专门法的基本精神与规定，增强法制观念和社会责任感，正确行使公民的权利与义务，以适应社会主义法制建设的要求”。[①]同时，对教学学时和管理体制等做了明确清晰的规定，从而在国家教育主管部门的层面上完成了一门独立设置课程的制度设计和构建。这标志着我国高校法制教育开始迈向了一个崭新的发展阶段，具有里程碑的历史价值和重大意义。

之后在十几年的发展演变过程中，尽管法律基础课的地位从独立发展为与思想道德修养课并立，但是教育途径上仍然以课堂内为主，课堂教学具有相对独立性，不断拓宽法制教育的教育层次和形式，除了开设公共必修课和相关选修课外，有条件的高校还增加了法律辅修专业和第二学位，高校法制教育规模和教育水平逐步提高。除此之外，在以课堂教育为主导途径的同时，还以课堂外教学途径为辅助手段，对课堂教学而言具有依附和补充的性质，努力丰富和拓展实践教学平台，为大学生提供更多更有效的高校法制教育学法用法的新途径和新渠道。

三、管理上，以教学部门为主，拓展管辖职能

教学部门负责组织实施教学活动，培养师资队伍，并不断拓展到课外实践教育；学校教务部门负责制订教学计划，明确学时学分，指导课程建设，各部门分工明确、运转有序。关于教学部门的提法或归

① 教育部社会科学司：《普通高校思想政治理论课文献选编（1949－2006）》，中国人民大学出版社，2007 年版，第 133 页。

属并不是一成不变的，而是随着课程改革和学科建设的不断调整发生相应变化的。尤其是在 20 世纪 80 年代中后期法律基础课程初建阶段，关于教学部门的管辖问题比较复杂，没有全国统一的做法，依照各个高校的不同情况因地制宜，总体上可以归纳成两种情况。第一种情况是，一些拥有独立法学院或法学系的全国综合性高校，特别是重点高校，除了为法学专业学生授课之外，还在全校范围内为非法律专业学生开设法律基础课和一些法学类选修课。其中条件较好的部分高校法学院或法律系还开办了法学二学位或法学辅修专业，为在校大学生法制教育创造了多层次的教学平台和机会。这种由法学院或法学系独立管理、调度师资、安排教学的情况由于受到种种办学条件的限制，因此在全国范围内为数并不多，大多集中在全国知名院校。第二种情况是就全国普通高等院校的一般情况而言的，20 世纪 80 年代初期全国高校承担法律基础教育的部门多以马列主义教研室、德育教研室或政治教育系为主，之后陆续有更名为马列主义教研部的，也有叫马列课部的，还有叫马列部的等等，名称较多、莫衷一是。而且，这一时期从事法律基础课教学的师资来源以专兼职结合模式为主。

随着马克思主义理论学科和思想品德教育学科的并重局面形成，此时的政治理论课被称为“两课”，“98 方案”后，在教学单位的名称上以“两课部”、“社会科学部”居多；“05 方案”后，“两课”格局做出了新的调整，7 门课变成 4 门课，思想政治教育理论学科发展也较为成熟，此时更多的高校将承担全校学生思想政治理论课教学的部门称为“思想政治理论教学研究部”或“思想政治理论课教学部”等；其中，一些学科发展较为成熟、办学条件较为优越、师资力量较为雄厚的高校在 2005 年前后还成立了专门的“马克思主义学院”。而之前提到的第一种情况，在“98 方案”前后也逐渐将法律基础教育并入两课教学部门的管理范围，法学院或法律系仅承担法学专业教学管理。“05 方案”后，思想道德修养与法律基础在课程性质上合一，更无争议地属思想政治理论课教学部门管辖。从一定意义上来说，我们从教学部门名称的发展和演变中不难发现，法律基础课作为大学生的一门公共必修课，其教学管理部门的管理范围体现出较强的稳定性和独立性，只是随着课程改革的深化其名称发生了一些变化，但始终没有改变这门课的教学管辖和隶属关系。

教学部门在继续承担课堂教学管理任务的同时，也在不断拓展实践教学，将管理职能的触角延伸到校园内外。在管理方式上依然采用独立垂直管理的原则，并未从属或合属于学校学工部或团委等职能部门开展校外实践活动。从整体上看，这一阶段整个高等教育改革和发展的基本思想倾向是减少课内学时，增加课外学时，培养学生创新精神和实践能力。“98 方案”后，课程门数较多，总学时也较多，在尽量克服时间少、课时紧等制约因素的同时，法律基础课也逐渐突出实践性和创新性，将理论联系实际的实践教学提上日程，既符合大学生成长成才、接触社会的实际需要，也与高等教育教学改革的总体趋势相吻合，成为高校法制教育改革发展过程中的一大亮点。

第三节　高校法制教育的主要特点

如果说，改革开放初期高校法制教育迎来了发展的春天，那么，独立开设法律基础课之后的高校法制教育则是进入了夏天般火热的持续深入发展时期。教育目标上，高校法制教育逐渐从法律常识教育提升到法律意识教育。教育内容上，随着中国民主法制建设的稳步发展而不断充实和完善，形成了实体法教育和程序法教育并重的格局。教育保障上，在“依法治国，建设社会主义法治国家”基本方略的指引下，高校法制教育备受党和国家重视，中央级、部委级文件规定密集下发、前后呼应、高度关注，全国性教育教学改革和研讨会议接踵而来，频繁在全国各地召开，形成了深入发展阶段迥然不同的发展特点。

一、从法律常识教育到法律意识教育

高校法制教育的发展，尤其是以法律基础课的演变为代表，在“85 方案”之后到“98 方案”之前，严格来讲是独立于思想政治教育之外的教育，在“98 方案”后逐渐被纳入思想品德课程中，但仍然是和思想道德修养对称、并立的相对独立的科目。这两个时期的法制教育，逐步完成了向思想政治教育体系的转变，但在教育定位和侧重上，实

则更接近于法学专业教育的特点。从师资队伍的变化也能看出法制教育的这一变化趋势。1986年独立开设法律基础课时，师资队伍主要依赖于法律专业教师，但当时全国只有三十多所高校设有法律专业，绝大多数高等学校没有讲授法律的专门师资，因此《通知》指出："在全国各大学讲授法律基础知识，一方面，要请其他学校法律专业教师和政法部门的工作人员到各大学兼职讲课；另一方面，要抓紧时间对各高等学校自身的政治理论课教师和思想政治工作人员进行培训，使他们中间有一些人能逐步担当起讲授法律基础知识的任务。"[①]"98方案"前的法制教育更多地沿袭了法学专业教育的模式和特点，更注重具体条文、法律规范的教育，更专注于解决问题的知识教育。尽管理论界也注意到了法学教育与本书所指的法制教育有所不同，认为"法学教育与一般法制教育的区别在于，关于法律知识是否具有较高的理论性不同、是否具有知识的系统性和全面性不同、教育者与受教育者对于法律的认识是否具有专门性不同"[②]。这些不同显然说明了法学教育和法制教育在知识的深度和专业的广度上存在不同，但并没有改变此时的法制教育属于知识教育而非观念教育或理念教育的事实。

在"98方案"实施后、"05方案"实施前，法律基础课虽然在教材、师资、课时等方面还保持着相对独立的地位，然而在34至36个学时的教学时间限制内，要想进行系统的知识讲授几乎是"天方夜谭"。我国民主法制建设不断取得进步，立法数量和质量也在不断提升，进入高校法律基础课程中的部门法也在不断调整和更新，因此"98方案"后对法律基础课的定位由原来的知识教育上升到观念教育和理念教育，那么此时的高校法制教育更趋向于法律意识教育。这种转变不是突然的、强行的，而是顺理成章、水到渠成的，思想政治教育视域下的法制教育本身就应当是介于知识教育与观念教育之间的全新教育形式。必备的法律知识是法制教育的基础和切入点，但不是教育的目标

① 教育部社会科学司：《普通高校思想政治理论课文献选编（1949－2006）》，中国人民大学出版社，2007年版，第114页。

② 卓泽渊：《法治进程中的法学教育与法律人才》，http://article.chinalawinfo.com/ Article_Detail.asp?ArticleID=38144。

和目的。法制教育的目的应当是提高大学生的法律意识。但是反过来说，知识教育和意识教育是相辅相成、相互促进的，没有知识基础的意识教育是空中楼阁，与此同时，没有意识先行的知识教育也是支离破碎的，没有向心力和指引力，达不到法制教育的根本目的。思想政治教育视域下的法制教育是以法律知识教育为基础，以法律意识教育为主导、以培养大学生社会主义法治观念为最终目标的系统教育过程。

二、实体法与程序法教育并重

高校法制教育主要“进行社会主义法制教育，帮助学生掌握马克思主义法学的基本观点，了解宪法和有关法的基本精神和规定，增强学生的社会主义法制观念和法律意识”①。1998 年的《法律基础教学大纲》规定了高校法制教育在课堂主渠道上，应该讲授哪些基本理论和部门法律。《大纲》主要包括绪论和十章内容，分别是：我国社会主义法制的基本理论；邓小平民主与法制理论——依法治国；宪法法律制度；行政法法律制度；民事法律制度；知识产权法律制度；社会主义市场经济法律制度；家庭婚姻财产继承法律制度；刑事法律制度；诉讼法律制度。2003 年的《法律基础》教学要点主要包括 9 个方面：“我国社会主义法的基本理论；邓小平民主法制理论、‘三个代表’重要思想与我国的民主法制建设；宪法是治国安邦的总章程；行政法是依法行政的法律依据；民法是调整平等主体之间财产关系和人身关系的法律依据；经济法是国民经济运行的法律依据；刑法是惩治犯罪的法律武器；诉讼法是实现实体法的程序法律保障；国家法是我国对外开放和国际交往的基本准则”。②

改革开放以来，随着国家法治化程度的不断提高，我国法制建设在立法、司法、执法领域都取得了可喜的成绩，法治现代化的进程驶入了“快车道”。各种法律门类都已齐全，每一个法律部门都由相应的法律和相关的关系法构成，形成了实体法和程序法并驾齐驱的基本格局。这些法律、法规和规定基本涵盖了国家的政治、经济、文化、社

① 教育部社会科学司：《普通高校思想政治理论课文献选编（1949－2006）》，中国人民大学出版社，2007 年版，第 185 页。

② 骆郁廷：《高校思想政治理论课程论》，武汉大学出版社，2006 年版，第 109 页。

会生活等各个方面，基本做到有法可依，基本能够满足社会发展的需要。此时的高校法制教育在保持稳定性和整体性的前提下，从教学内容、教学理念到教材教参也紧跟法制建设的快速发展步伐，发生着日新月异的变化，不断更新和充实最新、最全、最准的法律规范，用中国法制建设的最新成果武装大学生的头脑，提升法律知识的新鲜度，增强学法用法的自信心，以推动高校法制教育与国家法制建设的无缝对接，为建设社会主义法治国家不断输送一批又一批具有社会主义法治理念的高素质复合型人才。

三、重要会议和文件数量众多且密集

1986 年至 2003 年，是高校法制教育快马加鞭、迅猛发展的时期，在短短 17 年中，以中央宣传部、司法部、教育部、中央综治办、共青团中央的名义下发的文件和召开的会议就高达 15 项之多，且时间集中密集，不乏重量级的文件，其数量之多、时间之密、重要性之强均创造了新中国成立以来高校法制教育官方文件下发之最。这 15 项文件和会议按时间顺序排列分别是：（1）1987 年 10 月 20 日，国家教育委员会《关于高等学校思想教育课程建设的意见》（87 教政字 015 号）；（2）1988 年 3 月 24 日至 28 日，司法部和国家教委共同召开的全国高等学校法制教育经验交流会；（3）1989 年 4 月 15 日至 18 日，中共中央宣传部与司法部在北京召开的第三次全国法制宣传教育工作会议；（4）1991 年 3 月 12 日至 14 日，中宣部、司法部在北京召开的全国制定“二五”普法规划经验交流会；（5）1993 年 8 月 13 日发布的《中共中央组织部、中共中央宣传部、国家教育委员会关于新形势下加强和改进高等学校党的建设和思想政治工作的若干意见》；（6）1995 年 10 月 24 日国家教育委员会印发的《关于高校马克思主义理论课思想品德课教学改革的若干意见》；（7）1995 年 12 月 28 日，国家教育委员会、中央社会治安综合治理委员会办公室、司法部联合发出的《关于印发〈关于加强学校法制教育的意见〉》的通知；（8）1998 年 6 月 10 日，中宣部、教育部印发的《关于普通高等学校“两课”课程设置的规定及其实施工作的意见》；（9）1996 年 4 月 18 日，中共中央、国务院下发通知转发的《中央宣传部、司法部关于在公民中开展法制宣传教育的第

三个五年规划》；（10）1996 年 5 月 15 日，第八届全国人民代表大会常务委员会第十九次会议通过的《全国人民代表大会常务委员会关于继续开展法制宣传教育的决议》；（11）2000 年 3 月 16 日，司法部、教育部、中央综治办、共青团中央联合下发的《关于进一步加强青少年法制宣传教育的通知》；（12）2001 年 5 月 27 日，中共中央、国务院转发的《中央宣传部、司法部关于在公民中开展法制宣传教育的第四个五年规划》；（13）2002 年 10 月 21 日，教育部、司法部、中央综治办、共青团中央联合发布的《关于加强青少年学生法制教育工作的若干意见》；（14）2002 年 10 月 25 日，教育部、司法部、中央综治办、共青团中央在北京召开的全国青少年学生法制教育电视电话会议；（15）2003 年 7 月 17 日，教育部下发的《关于加强依法治校工作的若干意见》。

在上述这些会议和文件中，有一些是对高校法制教育发展和走向具有标志性意义的或者是高校法制教育发展历史上不能不提及的，需要进行详细的阐述和说明。1987 年 10 月 20 日，国家教育委员会《关于高等学校思想教育课程建设的意见》（87 教政字 015 号），将法律基础课定性为一门独立设置的思想教育必修课，在国家教育主管部门层面上完成了一项独立设置课程的制度设计，标志着高校法制教育开始向一个新的阶段发展。1988 年 3 月 24 日至 28 日，司法部和国家教委在湖南长沙共同召开了全国高等学校法制教育经验交流会，这是高校法制教育史上一次非常重要的会议，总结和交流法律基础课开设以来的经验和教训，充分讨论了课程性质、教学要点、教育方法等课程建设的基本问题，推动了高校法制教育在主课堂层面更加优化发展。1995 年 12 月 28 日，国家教委、中央综治办、司法部联合发出了《关于印发〈关于加强学校法制教育的意见〉》的通知，被视为国家主管部门关于学校法制教育的一个完整的规范性文件，明确指出学校法制教育是学校德育工作的一个重要组成部分，学校法制教育是对大学生进行社会主义民主和法制方面的教育、培养学生树立以社会主义法律意识为核心的法治观念、增强法律运用能力、实现依法治国的百年大计的重要途径。2002 年 10 月 21 日，教育部、司法部、中央综治办、共青团中央联合发布了《关于加强青少年学生法制教育工作的若干意见》，从目标群体的角度进一步明确了青少年学生法制教育的指导思想、教育目标、教育内容、教育要求、方法和途径，指出要让他们牢固树立三种意识，即宪法意识、权利义务对等意识和依法办事意识。

第四节　小结和评论

世纪之交，中国深化改革、谋求发展，世界局势动荡、变幻莫测。“依法治国，建设社会主义法治国家”的基本方略被载入宪法，加快了中国民主法制建设的步伐。高校法制教育主课堂稳中有变，实践教学成为教学改革和创新的拓展途径。高校法制教育管理走上依法治校之路，在探索和渐进中不断突破和完善。高校法制教育任务未轻反重，既源于高校自身发展的内部需要，更来自高校法制教育肩负的不容懈怠的历史使命。变化着的时代、变化着的社会，呼唤着、推动着高校法制教育深入改革和发展，有效地服务于变化中的中国及中国高等教育。

一、众多高校探索依法治校之路

从语义学角度分析，高校依法治校中的“依”是“按照、依据”的意思，即高校管理者在管理的过程中要依法办事，体现法治精神。依法治校中的“法”指国家制定的法律、法规和法令的总称，有广义和狭义之分。广义的“法”不仅包括专门的高等教育法律、法规、规章和制度，如《高等教育法》、《中华人民共和国学位条例》、《普通高等学校学生管理规定》等，还应该包括《宪法》、《行政法》、《民法》等与高等教育有关的法律、法规和规章；狭义的“法”指法的本身，这里主要指专门的高等教育法律、法规和规章，其中包括高校依据《高等教育法》、《教育法》等上位法制定的高校内部的规章制度。高校依法治校所依之法，应从广义的角度来理解，依法治校既应该依据专门高等教育法律、法规、规章和制度，又应依据全体社会成员应当普遍遵守的一般法律和法规。依法治校中“治”的意思为“整理、治理”。从法学或教育法学的角度来理解，“治”是指立法、执法、守法和司法等法制建设的各个环节。立法、执法、守法和司法都是依法治校的基本途径。“校”即高校，政府依法对高校进行行政管理、行政干预和施加行政影响。具体到高校的事务，可以分为内部事务和外部事务。如在教学方面，应按《教师法》、《教师资格条例》、《教学成果奖励条例》及教育部有关教学方面的计划和规定去执行，引导监督教师全面贯彻教学大纲要求，制订教学计划，完成教学任务；在管理方面，应贯彻执行《教师法》、《高等教育法》、《普通高等学校学生管理规定》等保护教师和学生的合法权益；在服务方面，后勤集团等教辅机构应依法履行对学校育人工作的支持职责，提供充分、有效、适当的物资和服务。如学校食堂应贯彻执行《食品卫生法》、《学校卫生工作条例》、《物价法》，依法安排伙食，合理收费。外部事务主要指高校作为独立法人，特别是高校管理者作为法人代表在对外交往、合作过程中应承担的责任和义务。围绕高校的改革与建设，高校必然涉及对外交往与合作事宜，包括国内外各方面的交往与合作，在这方面学校管理者同样要依法办事。

自从 1998 年北京科技大学学生田永因作弊退学事件状告母校以来，大学生状告母校的诉讼浪潮就一直没有间断过。在这些诉讼案件中，高校胜诉与败诉的情况都有，但是结果并不重要，重要的是这些案件暴露了高校在管理过程中存在的不合法、不合理问题。也就是，“学校在行使管理学生的公共职权的同时，如何避免侵犯宪法和法律赋予学生应当享有的正当权利；学生在诉求自己权利的同时，如何受制于学校依法管理的权力”，[①]这种学生权利本位、规则意识原则、协商对话意识原则、正当程序原则等法治精神与传统的行政指令和服从型管理模式格格不入、令人无所适从，从而成为高校法治化管理工作和大学生思想政治教育工作面临的新问题和新困境。

1999 年 12 月，前教育部长陈至立在第一次全国教育法制工作会议上做了题为《全面推进依法治教，开创 21 世纪教育振兴的新局面》

① 教育部高等学校社会科学发展研究中心组：《交叉学科视野下的高校德育创新发展研究（2011）》，高等教育出版社，2012 年版，第 48 页。

的报告，强调指出："依法治校就是要在依法理顺政府与学校的关系、落实学校办学自主权的基础上，实现学校管理与运行机制的制度化、规范化，形成政府宏观管理，学校依法按照章程自主办学，依法接受监督的新格局。"[①]我国《高等教育法》第一章总则第十一条规定："高等学校应当面向社会，依法自主办学，实行民主管理"。[②]当前我国多数高校的管理还是沿袭传统的行政主导型治理模式，强调人治而忽视法治，重义务而轻权利，重结果而淡过程，这种欠缺法治化的管理模式导致高校的意外事件频发，高校涉讼案件不断增多。面对这一严峻的情势，我们应当清醒地认识到：只有探索依法治校之路，实行法治的治理方略和治理模式，才能从根本上维护学校和师生各方的利益，不断深化高等教育改革，促进校园法治氛围的营造。高等院校作为国家的人才培养输送基地和青年人进入社会前的最后一道育人门槛，随着科教兴国战略的实施和依法治国基本方略的稳步落实，其法治化管理问题越来越受到人们的关注和重视。依法治校是进行高等教育科学改革和持久发展的关键，也是依法治国，建设社会主义法治国家的重要保障。

依法治校的改革和实现过程不是一蹴而就的，而是循序渐进、平稳推进的，这既需要高等学校自身克服重重困难和矛盾、不断深化体制改革和落实依法治校方略，而且需要党和国家为高校走依法治校之路提供理论支持和实践动力。2003 年 7 月教育部颁发了《关于加强依法治校工作的若干意见》，明确指出："实行依法治校，就是要全面贯彻教育方针，坚持教育为社会主义现代化建设服务，为人民服务，与生产劳动和社会实践相结合，培养德智体美全面发展的社会主义建设者和接班人。实行依法治校，就是要严格按照教育法律的原则和规定，开展教育教学活动，尊重学生人格，维护学生合法权益，形成符合法治精神的育人环境，不断提高学校管理者、教师的法律素质，提高学

① 教育部：《关于印发教育部部长陈至立在 2001 年度教育工作会议上的讲话和〈教育部 2001 年工作要点〉的通知》，2001 年 1 月 4 日。

② 全国人大常委会法制工作委员会：《中华人民共和国常用法律法规全书》，中国民主法制出版社，2006 年版，第 493 页。

校依法处理各种关系的能力。实行依法治校，就是要在依法理顺政府与学校的关系、落实学校办学自主权的基础上，完善学校各项民主管理制度，实现学校管理与运行的制度化、规范化、程序化，依法保障学校、教师、学生的合法权益，形成教育行政部门依法行政，学校依法自主办学、依法接受监督的格局”。[①]毫无疑问，关于依法治校专项文件的下发必将成为高校法治化管理的助推力，“把教育管理和办学活动纳入法治化轨道，是深化教育体制改革，推动教育产业发展的重要内容，也是完成新时期高等教育工作历史使命的重要保障”[②]。

随后不久的2005年颁布的《普通高等学校学生管理规定》又强调指出：“高等学校要依法治校，从严管理，健全和完善管理制度，规范管理行为”。[③]这就向高等学校提出了依法治校的总体要求。从之前的“从严治校”到“依法治校”，转变的关键点无疑是“依法”，这既是“依法治国，建设社会主义法治国家”治国方略在高等教育领域的具体要求，也是高等学校自身内涵发展、可持续发展的必由之路和改革趋势。依法治校要求高等院校在管理过程中要摒弃过去那种只求“严”、求“快”而不顾“法”、无“序”的传统固有思维和工作套路，将“法”作为教学育人、管理育人和服务育人的新标尺，在制定校规和行使各项权力时，一定要严格遵守宪法、法律、法规和规章制度等各种上位法的规定，其自由裁量权只能在上位法规定和允许的范围内行使和活动。

目前，我国的高等教育改革和发展将进入历史攻坚阶段，高校作为教书育人、文化传承和人才培养的多功能复合型教育机构，担负着科教兴国的重大责任和培养复合型人才的教育使命，能否发挥国家和社会赋予的应有作用，能否在中国法治化进程中传递出正效能，很大程度上取决于高校生存和发展的管理理念和管理方略。高等教育法治化是21世纪现代教育发展的必然趋势和要求，而依法治校又是高等教育法治化的必经环节。因此，应确立依法治校的办学思路和治校方略，

---

① 教育部：《关于加强依法治校工作的若干意见》，2003年7月17日。

② 刘群：《大学和谐校园建设的理论与实践》，吉林大学出版社，2007年版，第50页。

③《普通高等学校学生管理规定》，http://www.edu.cn/20050331/3132843.shtml。

把高校各个环节的管理和服务都纳入科学化、规范化和法治化轨道。依法治校已成为高等学校重要的办学理念，是高等学校教育管理的内在要求和必然趋势。高等学校应大力贯彻和主动适应依法治国的要求，不断推进依法治校，为培养新世纪创新人才贡献力量。

二、延伸课堂教育，探索实践教学

法律基础课与大学生的生活实际紧密相连，能够充分反映学生的思想状况特点。“用马克思主义理论指导大学生成长成才的法律基础课，既要向大学生进行系统的理论教育，强调知识的系统性、理论的科学性和完整性，同时又要强调在理论逻辑中凸显问题意识，坚持理论联系实际，贴近实际、贴近生活、贴近学生，要善于运用改革开放和现代化建设的立体生动的实践，回答解决青年大学生群体中普遍关心的问题，尤其是重大现实问题、热点问题，并切实解决大学生所面临的思想问题、实际问题，才能真正增强法律基础课教育教学的针对性和实效性”。[①]改革开放后的高校法制教育在不断发展和改革课堂教学的同时，也在着力延伸主课程教学效果，让理论联系实践的教学目标通过一定载体展现并彰显出理论学习的实际效果来，基于此，这时期的高校法制教育纷纷探索实践教学，开拓法制教育教学的新途径。

首先，实践教学联系青年大学生成长成才的实际。法律基础课教育除了要切实解决大学生所面临的思想问题、法律问题和实际问题外，还有助于引导大学生通过知行合一进行自我修养。由于人的思想道德水平的发展是知、情、意、行相统一、相结合的辩证过程，外部教育和环境影响只是这个过程的外在因素；只有通过个人的主观努力和躬身实践，才能把外在的影响内化为心灵深处的品质、落实为主动的自觉行动。因此，通过大学生法律基础课程的不断学习和实践运用，不但能够使大学生乐于接受正确的理论知识，而且使他们结合自己的思想实际，不断认识到加强法律修养的重要性，不断提高加强法律素质的自觉性，做到身体力行、学以致用，化课堂知识为实际行动。

其次，实践教学联系大学生服务社会的实际。理论联系实际既要

---

① 顾海良：《高校思想政治理论课程建设研究》，经济科学出版社，2009年版，第101页。

联系以往的社会实际，更要联系当前的社会实际。联系以往的社会实际主要指中国近现代以来的历史。联系当前的社会实际是要联系当代世界的形势，在经济全球化与世界政治多极化交织发展的情势下，了解中国的现实国情，追踪现代化建设进程中的深刻变化，响应党的路线方针政策，联系改革开放和社会主义现代化建设，尤其要联系重大、现实问题和一些敏感问题和热点问题。不仅如此，随着我国对外开放和社会主义市场经济深入发展，社会生活呈现“多样化”特征，即社会经济成分、组织形式、就业方式、利益关系和分配方式日益多样化，人们思想活动的独特性、选择性、多样性和差异性日益增强。社会大舞台将是大学生现在和将来学习、生活、工作的大背景。

再次，实践教学联系国际国内形势政策。值得注意的是，在当前经济全球化强劲发展背景下，国际敌对势力正在加紧对我国实施“西化”、“分化”的政治图谋，极力争夺我国青年一代；而且青年学生面临着大量西方文化思潮和价值观念的冲击，日益受到西方学术思想和生活方式的影响。这是高校法制教育无法回避的问题，必须进行认真而深入的研究，才能做到从实际出发，理论联系实际，对大学生的思想困惑给予现实的、有价值的解答。所以，加强马克思主义法制观教育，树立社会主义法治理念，使学生在投身实践、服务社会的过程中了解中国改革开放的巨大变化，感受中国法制建设成果的点点滴滴，引领学生争当法治社会的捍卫者，这种感性实践活动丰富了说教式的课堂教学，促进了教育效果最大化，增强了学生守法用法护法的责任感。

由此可见，不断增强高校法制教育教学的吸引力和感染力，在社会实践中去亲身体验和感受，了解法治进程中的中国现实，激发维护社会公平正义的力量，充分发挥实践育人的功能。从法律基础课不断深入发展和创新的历史足迹中，我们看到了新体系课程内容不但体现了鲜明的实践性，而且因其实践性特征进一步扭转了广大学生对法制教育教学的片面观点，增强了思想政治教育理论课的说服力和感染力。

三、高校法制教育普及化任重道远

社会主义法治建设离不开教育，高校法制教育是教育的重中之重。高校法制教育的效果将直接影响社会主义法治国家的建设速度和质量，影响到大学生是否能承担起依法治国历史使命的实现程度，从长远来看，决定着中国现代化建设人才的实际需要。这一时期，国家教育部和司法部在 1995 年和 2002 年先后两次下达了关于高校法制教育的专门文件，《关于加强学校法制教育的意见》和《关于加强青少年学生法制教育工作的若干意见》，更加明确地指出高校法制教育的基本方向和主要任务。尽管在理论层面上达成了共识，认为高校法制教育是高等院校德育工作的一个重要组成部分，学校法制教育是对学生进行社会主义民主法制教育、培养学生树立社会主义法律意识、增强法制观念的重要途径，实现依法治国的百年大计。然而，在实际操作层面上，除了教育路径单一、缺乏教育环境和载体、法律基础课全程孤军奋战外，就起主导作用的主课堂自身建设而言，尚须面临从“85 方案”到“98 方案”过渡不适的困境，重德育轻法育的盲点，校园法治文化欠缺等新问题，给高校法制教育发展和创新带来了巨大挑战，需要妥善、积极处理好以下四种矛盾。

（一）知识的庞杂性与讲授的片面性之间的矛盾

法律基础课作为一门独立的公共必修课，将十几门法学主干课整合到一本教材之中，将一个法学专业本科学生学习四年才能学完的系统课程压缩到一个学期完成，通过 30 多个学时的讲授，想要教师讲全、讲透知识，想要学生听懂、理解所讲知识，几乎实现不了，不得不说有“拔苗助长”、“突击”之嫌。按照教育的正常规律，这么庞杂的知识应该通过分阶段、分层次、分步骤等形式循序渐进地教授知识和传递信息，再辅之以案例教学、课堂讨论、观点辩论、视频播放等多种途径。但是，事实上通常是，教师们为了赶课时、追进度，不得不挑重点讲，挑学生们喜欢听的讲，挑容易引起学生思考和共鸣的讲。从教学互动和效果上考量，这种短期行为运用在课堂上确实见效很快，容易吸引学生的眼球，然而忽略掉或省略掉的内容往往是看似不好理解、距离生活较远、不贴近学生实际的法律部门，实则是高校法制教育的重点，是能够集中体现社会主义法治本质的知识和理念，也是法律基础课教学的重点要点，如宪法教育。宪法是我国的根本大法，本应花大力气讲解的法律部门，却因为“快餐式”的教学模式一笔带过，丧失了应有的地位，使得教学任务中预期达到的教学目标大打折扣。

（二）课时的有限性与目标的远大性之间的矛盾

从新中国成立后的百废待兴到1986年在高校开设独立且专门的法律基础课，其原因是多方面的，其中一个重要原因是经历了“文化大革命”的浩劫后，人们太需要民主与法制了，或者说对人治之类的东西已经深恶痛绝并且胆战心惊，害怕再回到这条老路上去，这种渴望民主与法制的情绪体现在高校中就是开设独立的课程，对大学生进行专门的法制教育，因为在当时的历史条件下，开设法律基础课是最直接、最快捷也是最有效培养和提高大学生法律意识的途径。但是囿于课时有限，通过区区30多个课时，实在无法完整地传达出本应实现的教育效果，更何况与树立社会主义法治意识、推动法治国家建设等远大的教育目标也不成正比例，陷入了“投入不足，产出异化”的怪圈，使得教育目标中所树立的教育理想很难实现，教育目标被无形中架空。

（三）法律的专业性与学生的非专业性之间的矛盾

虽然思想道德修养课具有一定的专业性，但是主要还属于思想政治教育的范畴，技术性和专业难度不强，容易让大学生理解和接受。相比之下，法律知识则具有更强的专业性，法律规范虽然在一定程度上兼容了一般大学生的经验和常识，但法律条文更多体现为一些专业性规范和技术性规范，体现了国家意志的权威性和非此即彼的强制性。也就是说，思想道德教育主要是观念教育，而法律基础教育会糅合一些知识教育，是建立在知识基础上的观念教育。法律知识的这一特点决定了它是一个相对“精准”的学科，无论是专业法学教育还是作为素质教育的法律基础教育，在涉及规范层面的内容时，都应当传授学生正确、明确的知识。虽然法律基础教育在系统性和难度上都远不及法学专业教育，但是基于法律知识独有的特点所开展的相关教育是具有相似性和相通性的。对于刚刚步入大学的大一新生，既没有相关的法律基础知识积淀，又没有接受过类似的思维锻炼和逻辑训练，要想学好、学精一门如此“精准”的课程，并非易事。作为思想政治理论课的重要组成部分，也作为高校法制教育的主渠道，法律基础课承载的几乎是把法盲、半法盲培养教育成基本具备法律素养、具有社会主义法治意识的合格大学生。从这个角度来讲，已经超出了一门普通课程的范畴，几乎成了教育过程中一个现实的难题和挑战。这种挑战除了对学生适用，更多地是对任课教师提出来的。非法学专业背景的思想政治教育理论课教师若想在法律基础课领域通盘掌握、驾轻就熟，确实是教学上一个不小的挑战，也是高校法制教育在主课堂存在的一个现实困惑和矛盾之一。

（四）课程的枯燥性与学生渴望趣味性之间的矛盾

大学生对政治理论课一向有偏见，逃离了高中政治课的海量背诵和识记，他们中的大部分人一提政治课就挠头，具有一种先天的排斥性。教学中的实际状况是，法律基础课难免要以枯燥的知识和晦涩的法条作为法学的必备基础，感性、生动性色彩较少，理性、思辨性色彩较浓。虽然时不时也会穿插一些生活中的案例解读和社会热点重案要案解析，但始终不能掩盖课程的抽象性、枯燥性和连续性，这样使得课堂越发沉闷和无趣，大学生学习兴趣淡化，上课流于走过场和应付差事。针对这种情况，借助一句名言——“兴趣是最好的老师”一针见血指出这一矛盾的症结，学生渴望趣味性与课程本身的枯燥性形成鲜明的对比，短时间内无法根本改善这一矛盾又将成为制约高校法制教育教学效果和教育目标实现的现实屏障和实际难题。

正是存在着重重矛盾，要想让大学生通过一学期对一门课程的学习后，就能人人懂法、人人守法、人人敬法实在是一个难以完成的任务，如此未免对高校法制教育的主课堂要求太高、不切实际。况且，许多高校除了设置一门课程之外，其他配套的法制课程、法制活动、法制实践、法制环境几乎没有。奢望通过一门孤零零的课程就能改变和扭转整个高校法制教育的现状和命运，大幅改造和提高大学生的法治意识，显然是“镜中花、水中月”。因此，从这个角度来考察，高校法制教育虽然已经取得了很丰硕的成果，但是大学生对法制教育效果的消化和吸收浮于面上的居多，能够内化、深化的甚少，高校法制教育普及化依然任重道远，需要不断革新和完善，更需要大刀阔斧和标新立异。

第六章 继承与创新：高校法制教育的继往开来（2004至今）

众所周知，法制教育是任何现代国家国民教育体系中非常重要的组成部分。就其社会价值而言，法制教育是一国法治化的基石；就个体价值来说，法制教育亦是培育公民法治意识的基本路径。新世纪的到来掀开了高校法制教育的新篇章，我国高校法制教育已经从外围的普及法律常识教育向核心的社会主义法治理念教育稳步推进。我国的法治是社会主义的法治，以社会主义法治理念为指导的高校法制教育必然会在新世纪的重要阶段，对于高校法制教育的性质功能、宗旨使命、目标方向、价值取向、网络应对、实现途径和根本保证等重大命题做出理论和实践的双重回答。相信随着对以往法治认识的接续升华，对前期成果的高度总结和提炼，高校法制教育定会对我国未来高等教育人才培养战略产生举足轻重的影响力，对国家法治建设宏伟目标的实现承担起更重要、更艰巨的推动力。

第一节 新世纪高校法制教育需应对的几种新挑战

新世纪伊始，令中国和中国人民为之骄傲和自豪的事件莫过于中国加入 WTO，古老的中国敲开了世界贸易组织的大门。入世是中国百年开放史上最具里程碑意义的重大转折，不仅意味着中国经济融入世界大家庭，中国从此走上经济全球化的发展轨道，更意味着中国法治面临严峻考验。“简言之，WTO 既是调整成员之间贸易关系的法律体制，又是一个贸易谈判与修改其法律体制的场所，也是一个调解和解决争议的机构。”[①]WTO 规则对成员具有普遍约束力，接受并履行 WTO 规则，就理所当然成为各成员加入 WTO 的前提。随着我国加入 WTO，为了履行中国加入 WTO 时的承诺，中国法治必须顺应 WTO 的规则要求，进行大刀阔斧的改革。WTO 对成员立法、行政、司法的总体要求是：“第一，法律的透明性；第二，统一、公正、合理的法律实施；第三，独立、客观、公正的司法审查。”[②]中国民主法制建设和变革需要围绕这些要求进行，同时，经济全球化、信息网络化、文化多元化时代背景的日新月异产生了人际交往方式的更新换代，给新世纪的高校法制教育带来了日益严峻的新挑战。

一、法律的透明性对高校法律素质教育提出了新要求

为保证贸易环境的稳定性和可靠性，WTO 除了要求成员方遵守有关市场开放等具体承诺外，还要求成员方的各项贸易措施，包括有关法律、法规、政策及司法判决和行政裁决，保持透明。透明度原则是指 WTO 成员各方应公布和通知其所制定和实施的贸易措施。公布的具体内容主要包括以下方面：“……有关服务贸易的法律、法规、政策和措施；有关知识产权的法律、法规、司法判决和行政裁定，以及世贸组织成员签署的其他影响国际贸易政策的协议等。”[③]WTO 成员方应迅速公布和公开有关贸易的法律、法规、政策、措施、司法判决和行政裁定，最迟应在生效时公布或公开，使世贸组织其他成员和商贸商及时知晓。

为了便于成员方履行通知义务，世界贸易组织相继制定了 100 多项有关通知的具体程序与规则，包括通知的项目、通知的内容、通知的期限、通知的格式等。WTO 规则要求的透明度原则，可避免司法的“暗箱操作”，实现司法、立法、行政的民主、公正、透明。民众可以旁听“庭审”，电视传媒可直接转播“庭审”，社会公众亦可查阅、复制司法判决书及行政规章。通过透明的司法和行政活动与公开的法

① 〔瑞士〕奥利佛·隆：《关税与贸易总协定多边贸易体制的法律及其局限》，董守云译，中国社会科学出版社，1989 年版，第 5 页。

② 徐继超：《公民道德教育与公民法制教育》，中国社会出版社，2003 年版，第 263 页。

③ 石广生：《中国加入世界贸易组织读本》（一），人民出版社，2001 年版，第 29 页。

制宣传，对提高民众的法治意识，充分实现当事人各方的权利、促进我国“依法治国”方略实现意义重大。

当然，我们也应看到，由于我国缺乏法律文化传统，实行法治的任务极其艰巨。邓小平同志早就指出：“旧中国留给我们的封建专制传统比较多，民主法制传统很少……解放以后，我们也没有自觉地、系统地建立保障人民民主的权利的各项制度，法制很不完备，也很不受重视，特权现象有时受到限制、批评和打击，有时又重新滋长。”[①]中国加入 WTO 之后，我国高校的大学生法律素质有待极大提高，法律意识和法律信仰有待培育，这些都是留给高校法制教育的艰巨任务。

二、西方法律文化渗透给高校法制教育提出了新问题

我国加入世界贸易组织，表明我国完全融入了“经济联合国”。WTO的体制基础是市场经济，它要求国际贸易应遵循国际经济规律形成统一的国际大市场，按照公平、公正、公开的“三公”原则，开展自由竞争，促进贸易自由化和经济全球化。国内有学者认为：“所谓全球化就是资本主义化，是资本主义的一种新的形式和新的发展阶段。当代经济全球化实质上是在当代资本主义主导下的全球化，全球化问题实际上也是当代资本主义特别是发达资本主义的问题。”[②]既然全球化是资本主义的最新发展形式，以美国为首的西方发达国家便是发达资本主义的当代代表，那么由此推理出全球化就是西方化或美国化。

笔者并不赞成这种观念，即认为全球化就是资本主义化或美国化。其实问题是中国加入 WTO 之后，经济全球化对中国法制进程的影响肯定是深远的，既有正面影响，亦有负面效应。正如江泽民同志指出：“必须全面正确地认识和对待经济‘全球化’的问题。经济‘全球化’是世界经济发展的客观趋势，既要看到它的有利一面，又要看到它的不利一面。这对于我们中国这样的发展中国家来说尤为重要。”[③]全球化时代的到来不是洪水猛兽，而是世界发展的时代趋势，意味着各国

① 《邓小平文选》（第 2 卷），人民出版社，1994 年版，第 332 页。

② 纪玉祥：《全球化与当代资本主义新变化》，《马克思主义与现实》，1998 年第 6 期，第 17 页。

③ 江泽民：《坚定不移贯彻“一国两制”方针 继续保持香港繁荣稳定》，《人民日报》，1998 年 3 月 10 日，第 1 版。

交往所必须遵守的普遍“国际惯例”具有前所未有的重要性和约束性。换言之，法治呈现全球化的发展趋势。“从法律的视角来看，全球化概念的援引向人们提出了一些需要进一步思考的问题。例如，世界经济与国家利益的冲突，传统文化与现代化的抵触，以及由此引发的国家主权与全球化的关系，法律多元主义，国家作为立法者和法律渊源地位等政治法律问题。”①由经济全球化推动的法律全球化发展趋势，对我国的法律现代化会带来特定机遇，能推动和迫使我国加快改革相对落后的法律制度，改造不适应社会迅速发展的法律文化。

另一方面，对中国这样一个发展中国家，法律现代化将面临挑战。中国加入 WTO 之后，这种挑战尤为明显。WTO 的规则可以视为具有国际法律效力的法典，所提出的法律规则：较成熟的市场法律制度，公民权利的法律保障，司法运作机制等，西方国家有较为成熟的经验，因此上述 WTO 规则基本上按西方发达国家的法律规则制定。此外，中国入世谈判时，美国、加拿大等国都认为不能将中国作为一般的发展中国家对待，最终谈判的结果是：除了每四年一次的正常审议外，WTO 还对中国追加了一年一审的特殊审议机制，这一特殊审议机制将持续十年，如果前八年审议没有发现中国的贸易政策、法律、法规有违反 WTO 规则之处，最后两年可以合并审议一次。这样就使得当代中国的法律改革只能遵循国际社会的主流价值观念的牵制和束缚，很难走出一条与国际社会，特别是西方社会的主流法律价值观念相悖的法律改革之路。西方发达资本主义国家利用 WTO 作为舞台，以法律规则作为武器，通过经济交往以达成其意识形态、价值观念、法律文化等方面的隐性渗透，从而“西化”、“分化”我国，实施和平演变的阴谋。因此，怎样维护国家主权，走中国特色社会主义社会发展道路，警惕法律文化交流中对大学生的文化侵略与渗透，是我国高校法制教育现在和今后将长期面临的紧要任务。

三、人治传统与 WTO 法治精神的冲突是高校法制教育的新形势

中国传统社会是农业社会，中国农业文化是一种不同于世界其他

① 李林：《全球化背景下的中国立法发展》，《学习与探索》，1998 年第 1 期，第 94 页。

各类文化的历史文化现象。它以人身的社会控制和政治统治为本位，强化宗法、族姓观念；它注重人的心理及人格的完善和价值实现，但这种价值和人格的完善和实现只偏重于政治、伦理、社会方面；它以较单一的自给自足式的农业生产方式为根本经济基础，并因而形成生活方式、思维方式以追求较少物质条件为前提的社会安定；它导致几千年来中国独立体系的传统政体模式——人治。

中国数千年的封建社会，一直缺乏法治的传统。新中国建立后，在长时间内又未能有意识地构筑法治有效运作的社会基础，传统文化在人们心理上所积淀下来的根深蒂固的影响具有强大的心理惯性。十一届三中全会以来，党中央坚定不移地推行民主法制建设，为中国社会从人治走向法治提供了良好契机，社会主义市场经济建设的推行，又为实行法治提供了经济基础。历史实践表明，民主政治、民主法制的实现总是与商品经济密不可分的。“大规模的贸易，特别是国际贸易，尤其是世界贸易，要求有自由的，在行动上不受限制的商品所有者，他们作为商品所有者来说是有平等权利的，他们根据对他们来说全都平等的权力进行交换。……而自由通行和机会平等是首要的和愈益迫切的要求。”①没有商品经济的平等要求，就不会形成现代的平等观念，更不会有现代的民主和自由的法治观念。

以江泽民同志为核心的党的第三代中央领导集体，大力推行社会主义市场经济建设与依法治国建设。但是适合于法治生存的理性文化不可能在很短时间里生成，而与理性文化密切联系的平等、自由、权利等法治观念在儒家人治文化的土壤里生长艰难。就是在中国已经加入 WTO 的今天，官僚主义、长官意识、特权现象、等级观念、宗法意识等“人治”传统，仍在中国政治生活与法律生活中大量存在。法律的地方保护，经济的行政审批仍在我国社会中不同程度地呈现。这就与 WTO 所要求的最惠国待遇原则、国民待遇原则、透明度原则、自由贸易原则、公平竞争原则等法律规则要求相去甚远。“传统是一种巨大的阻力，是历史的惰性力，但是它是消极的，所以一定要被摧

① 《马克思恩格斯选集》（第 3 卷），人民出版社，1972 年版，第 144～145 页。

毁……”[①]由于我国的社会主义市场经济建设中，法制建设不是自发生成的，而是由上而下凭借国家权力推动形成的。要使广大民众“摧毁传统”，建立法治社会，实现从“人治”到“法治”的变革，首先必须转变观念。“毫无疑问，教育不可能置身于思想和行动的新潮流之外，它在更新价值观念方面大有可为。”[②]而观念的培育是一个自觉、自在、自为的过程，这就必然要求加强高校法制教育，切实提高大学生法律素质，为未来的社会精英创造更加民主、法治、宽松的教育环境与实践平台，为实现“依法治国”基本方略、与WTO法治精神相衔接，扫清障碍、排除干扰，促进中国的法治现代化不断走向新的胜利。

第二节 高校法制教育的指导思想

科学发展观是马克思主义中国化的最新成果和产物，是中国共产党对中国社会发展的一般规律认识的深化，是一种科学的理论，也是推进我国社会主义现代化建设全面发展的指导思想。在社会主义法治国家建设的过程中，科学发展观起到了指引和引领的作用，贯穿于法治建设的整个过程。站在新世纪的历史高度上，高校法制教育注重继承和创新，不断用马克思主义中国化的最新成果指导高校法制教育全面发展、协调发展和可持续发展。

一、科学发展观中的法治理念

中国共产党在第十六届三中全会上提出：“坚持以人为本，树立全面、协调、可持续的发展观，促进经济社会和人的全面发展”，按照“统筹城乡发展、统筹区域发展、统筹经济社会发展、统筹人与自然和谐发展、统筹国内发展和对外开放”[③]的要求推进各项事业的改革和发展。中国共产党第十七次全国代表大会审议并一致通过十六届中央委员会提出的《中国共产党章程（修正案）》，决定这一修正案自通过之

① S.拉塞克、G.维迪努：《从现在到2000年教育内容发展的全球展望》，马胜利等译，教育科学出版社，1996年版，第101页。

② 《马克思恩格斯选集》（第3卷），人民出版社，1995年版，第717页。

③ 《中国共产党第十六届中央委员会第六次全体会议公报》，2006年10月。

日起生效。经过这一修正案，科学发展观正式写入中国共产党党章。正如胡锦涛同志所言：“坚持以人为本，全面、协调、可持续的发展观，是我们以邓小平理论和‘三个代表’重要思想为指导，从新世纪新阶段党和国家事业发展全局出发提出的重大战略思想。深入、全面、细致、系统地理解科学发展观，使其深入我国社会的各个实践领域，是各学科理论工作者光荣而艰巨的历史使命”。[①]因为，只有从理论上对高屋建瓴、博大精深的科学发展观进行充分的阐释和普及，才能使得这一伟大的理论成果更加有效地指导中国特色社会主义的伟大建设事业。准确把握科学发展观中的法治理念，显然应当作为一个独立的研究课题，本节仅就其中与“高校法制教育”这一命题密切联系之处进行一些探讨。

科学发展观的理论重心在于全面发展、协调发展和可持续发展。这是对片面追求经济利益、以经济发展作为衡量成功与否的唯一指标这一危险倾向的及时纠正。当代社会的发展是一个不可分割的整体和系统，根本在于全面发展，增强人们的幸福感，这是科学发展观的应有主旨。一方面，经济的发展固然是实现人的幸福的一个侧面；另一方面，经济的发展只有在社会和人全面发展的情况下才能实现可持续的长久发展。基于这样的现代、先进观念，人类历史上一切有利于促进人的幸福和全面发展的理念和成果都可以为我所用，都应该深入探索。“法治”就是人类在追求幸福与全面发展、追求社会公平正义的道路上发现、争取、落实、惠民的一项重大成果。

法治是以相对固定、明确可见、相对公平、依循路径、接受监督的方式解决社会人群之间的利益冲突，是解决社会人群之间利益冲突代价最小、成效最高的治理方式。无论对于政治、经济、社会还是人的全面协调可持续发展，都起着基础性保障作用。离开法治，经济活动的额外成本会加大，经济利益的分配很难实现公平，经济资料的配置很难实现优化；离开法治，社会生活会被无可捉摸又无处不在的潜

---

① 胡锦涛：《高举中国特色社会主义伟大旗帜 为夺取全面建设小康社会新胜利而奋斗》，中国共产党第十七次全国人民代表大会，2007 年 10 月 21 日。

规则所左右，社会组织难以健康地形成和发展，社会秩序难以实现公平正义；离开法治，人的品性会被压抑和扭曲，人的心灵与生活难以获得安宁自由，人的理想难以公平有序地实现。在现代社会，缺乏法治的精神、理念和制度是不健全的社会，缺乏法治的发展是不科学的发展。这是科学发展观始终贯穿社会主义法治理念的根本原因之所在。

从科学发展观的深刻内涵和基本要求来看，法治的实现是“以人为本”中“切实保障人民群众的经济、政治和文化权益，让发展的成果惠及全体人民”，“全面发展”中“全面推进经济、政治、文化建设，实现经济发展和社会全面进步”，“协调发展”中“统筹城乡发展、统筹区域发展”、“统筹人与自然和谐发展”、“推进生产力和生产关系、经济基础和上层建筑相协调，推进经济、政治、文化建设的各个环节、各个方面相协调”以及“可持续发展”中“促进人与自然的和谐，实现经济发展和人口、资源、环境相协调”①的制度保障。法治制度是社会主义政治文明的精髓，法治精神是社会主义精神文明的关键，而两者都隶属于科学发展观的基本要求。

二、用科学发展观引领高校法制教育

科学发展观深刻反映了党对发展这一重大命题的新认识，反映了当今世界和当代中国的发展变化对党和国家工作的新要求，是马克思主义关于发展的世界观和方法论的集中体现，是推进社会主义经济建设、政治建设、文化建设、社会建设全面发展必须长期坚持的重要指导方针。科学发展观更明显地体现出社会各个层面的发展对国家利益、个人利益、公共利益方面的维护和促进。法治社会必须重视科学发展观，科学发展观对法制建设的作用同样体现于法制教育的过程中吸取科学发展观的营养，使法制教育建设对我国政治、经济、文化、社会等领域起到科学、合理的协调作用，进而实现法的工具价值和目的价值相统一，达到社会治理的最佳状态。

法制教育是我国高校思想政治教育的重要组成部分，承载着培养

---

① 胡锦涛：《高举中国特色社会主义伟大旗帜 为夺取全面建设小康社会新胜利而奋斗》，中国共产党第十七次全国人民代表大会，2007年10月21日。

和提高大学生法律素质和自身修养的重大任务，因此有一个明确、科学、先进的指导思想是至关重要的。全面贯彻落实科学发展观，实现全面建成小康社会，对中国高等教育，特别是高校法制教育提出了新的要求。中央宣传部、司法部联合召开的第六次全国法制教育宣传工作会议强调，“要以邓小平理论和‘三个代表’重要思想为指导，全面落实科学发展观，深入开展法制教育，进一步提高全民法律素质”[①]。

大学生的综合素质关系到我国国民基本素质，是社会走向精神文明的重要力量，高校在培养全面发展的人才过程中绝不能仅仅重视大学生专业知识、才能发展、技术拓展等而轻视对大学生的法律素质培养。在新世纪新形势下，培养全面发展的高素质人才与国家依法治国的大政方针相契合。高校法制教育若要持续有效地开展，应当以科学发展观为指导，围绕“以人为本”的核心，按照“全面、协调、可持续发展”的基本要求，用“统筹兼顾”的基本方法，科学地剖析当前高校法制教育的新情况、新问题、新特点，及时纠正和调整在高校法制教育系统构建过程中出现的片面、孤立、单一的教育方式，从而进一步拓宽高校法制教育的新思路、新方法、新路径。

第三节　中国特色社会主义法律体系形成

所谓法律体系，是指“一个国家的全部法律规范，按照一定的原则和要求，根据不同法律规范的调整对象和调整方法的不同，划分为若干法律部门，并由这些法律部门及其所包括的法律规范形成相互有机联系的统一整体”[②]。1997 年召开的党的十五大提出“到 2010 年形成有中国特色社会主义法律体系”。这是中央第一次正式提出“中国特色社会主义法律体系”的目标要求。2002 年召开的党的十六大再次重申“到 2010 年形成有中国特色的社会主义法律体系”。2007 年召开的

① 罗干：《全面落实科学发展观 推动法制宣传教育工作深入开展》，第六次全国法制宣传教育工作会议，2006 年 5 月 15 日。

② 侯欣一：《走向民主与法治的国度——改革开放 30 年中国法治建设回顾》，天津人民出版社，2008 年版，第 91 页。

党的十七大，对形成中国特色社会主义法律体系的工程进行了评价，指出“中国特色社会主义法律体系基本形成”，并提出了进一步发展的要求，即“完善中国特色社会主义法律体系”。到 2012 年，党的十八大报告明确指出：“中国特色社会主义法律体系形成，社会主义法治国家建设成绩显著”。改革开放以来，适应了社会主义市场经济、政治文明、精神文明、生态文明建设的需要，顺应了社会主义法治国家建设的发展潮流，中国的立法工作取得了巨大成就，目前以宪法为核心的中国特色社会主义法律体系已经形成，“依法治国，建设社会主义法治国家”具有了基本前提和扎实基础。

一、中国特色社会主义法律体系的基本框架

中国特色社会主义法律体系是“适应我国社会主义初级阶段的基本国情，与社会主义的根本任务相一致，以宪法为统帅和根本依据，由部门齐全、结构严谨、内部协调、体例科学、调整有效的法律及其配套法规所构成，是保障我国沿着中国特色社会主义道路前进的各项法律制度的有机统一整体”[①]。这个体系由法律、行政法规、地方性法规三个层次，宪法及其相关法、民法商法、行政法、经济法、社会法、刑法、诉讼与非诉讼程序法七个法律部门组成。构成中国特色社会主义法律体系应当具有以下基本标志：涵盖各个方面的法律部门应当齐全；各个法律部门中基本的、主要的法律应当制定出来；以法律为主干，相应的行政法规、地方性法规、自治条例和单行条例，应当制定出来与之配套。如下表所示：

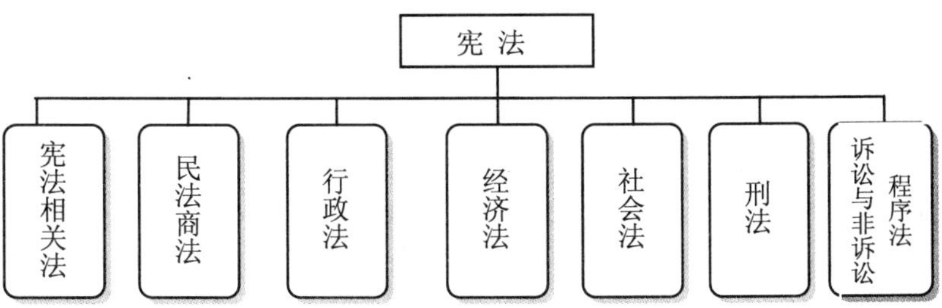

① 王维澄：《关于有中国特色社会主义法律体系的几个问题》，全国人大常委会法制讲座第八讲，http://www.people.com.cn/GB/14576/15097/2369562.html.

自党的十五大首次提出“到2010年形成有中国特色的社会主义法律体系”，实现这一目标的进程可分为三个阶段：从九届全国人大“初步形成”，到十届全国人大“基本形成”，再到2010年“形成”，不断丰富和发展，不断走向成熟和完善，反映了改革开放以来社会主义现代化和法治化的发展进程和发展成果。如今，国家的政治生活、经济生活、文化生活、社会生活的基本方面和主要方面都已经做到有法可依。2011年3月全国人大常委会委员长吴邦国在向第十一届全国人大第四次会议做全国人大常委会工作报告时宣布：“一个立足中国国情和实际、适应改革开放和社会主义现代化建设需要、集中体现党和人民意志的，以宪法为统帅，以宪法相关法、民法商法等多个法律部门为主干，由法律、行政法规、地方性法规等多个层次的法律规范构成的中国特色社会主义法律体系已经形成，国家经济建设、政治建设、文化建设、社会建设以及生态文明建设的各个方面实现有法可依，党的十五大提出到2010年形成中国特色社会主义法律体系的立法工作目标如期完成。”[①]2012年11月党的十八大隆重召开，十八大报告明确指出：“民主法制建设迈出新步伐。中国特色社会主义法律体系形成，社会主义法治国家建设成绩显著。行政体系改革深化，司法体制和工作机制改革取得新进展”。[②]

二、中国特色社会主义法律体系的特点

（一）以马列主义、毛泽东思想、邓小平理论和“三个代表”重要思想为指导

马列主义、毛泽东思想、邓小平理论和“三个代表”重要思想，为正确把握中国特色社会主义法律体系的性质、功能和价值提供了理论基础和指导原则。邓小平理论和“三个代表”重要思想关于社会主义民主法制建设的一系列论述，推动和加快了我国社会主义民主法制建设，为构建中国特色社会主义法律体系奠定了坚实基础，并为我国法律体现中国特色社会主义的要求和客观规律提供了理论指导。

---

① 吴邦国：《全国人民代表大会常务委员会工作报告——2011年3月10日在第十一届全国人民代表大会第四次会议上》，《人民日报》，2011年3月19日，第1版。

② 胡锦涛：《中国共产党第十八次全国代表大会上的报告》，2012年11月8日。

（二）体现党的主张和人民意志的统一

中国共产党是执政党，是我国社会主义现代化建设事业的领导核心。法律是党领导人民制定的，党的领导也是社会主义法律体系建立和完善的政治保障。我国的法律体系必须坚持党的领导。我国宪法明确规定："我国是工人阶级领导的、以工农联盟为基础的人民民主专政的社会主义国家。人民是国家和社会的主人，国家的一切权力属于人民"。我国的法律体系集中反映国家的整体利益和人民的根本利益，体现党的主张和人民意志的高度统一。

（三）以社会主义初级阶段的国情为基础

为了推进我国社会主义现代化建设事业，党确立了社会主义初级阶段的基本路线，确立了发展经济、政治、文化的基本纲领。中国特色社会主义法律体系根据党的基本路线、基本纲领形成和发展。从中国的实际情况出发，着眼于解决实际问题，注意借鉴国外的经验，但又不能照抄照搬，吸收其中有益的东西为我所用，为建设中国特色社会主义提供可靠、可信的制度保证。

（四）具有改革开放和现代化建设的时代特点

我国正处于全面建成小康社会的关键时期，这就决定了这一阶段形成的法律体系具有鲜明的时代特点。"它反映改革开放和现代化建设的实践经验，肯定改革开放和现代化建设的成果，规范、引导、保障和促进改革开放和现代化建设，具有稳定性和变动性、前瞻性和阶段性相统一的特点"。[①]

简言之，当代中国法律体系的形成经历了长期复杂的历史过程。新中国成立之初，党和国家领导人对社会主义法制的探索为中国法律体系的建设奠定了重要基础，但中国法律体系的形成主要得益于改革开放以来中国共产党领导全国人民所进行的艰苦探索和实践，是党领导全国各族人民历经艰难险阻之后做出的关键抉择和制度创构，是各方面长期共同努力的结果。当代中国社会主义法律体系的建设，是以科学发展观为指导的、以法治理念为灵魂的、以充分保障人民权利和

① 蒋传光：《新中国法治简史》，人民出版社，2011 年版，第 91 页。

利益为目标的完善的法律制度体系，是包括宪法及其相关法、民商法、行政法、刑法、经济法、社会法、诉讼与非诉讼程序法等基本法律部门在内的科学的规范体系，是在“一国两制”实现祖国统一方针指引下向着“一国、两制、三法、四域”格局发展的融合性体系，是面向未来、面向世界积极参与建设和维护世界政治经济新秩序并承担相应国际法律义务和责任的开放性体系。这样一个结构复杂、层次多样、内容完善、结构合理的制度体系在人类历史上一经产生，就注定了它必然要极大地改变人类追求治理事业的面貌并丰富其模式。

中国特色社会主义法律体系的形成，其根本意义在于“把国家各项事业发展纳入法制化轨道，从制度上、法律上解决了国家发展中带有根本性、全局性、稳定性和长期性的问题，为社会主义市场经济的不断完善、社会主义民主政治的深入发展、社会主义先进文化的日益繁荣、社会主义和谐社会的积极构建，确定了明确的价值取向、发展方向和根本路径，为建设富强民主文明和谐的社会主义现代化国家、实现中华民族伟大复兴奠定坚实的法制基础。”①就此而言，“中国特色社会主义法律体系”的形成，可谓“中国法治建设史上具有里程碑意义的大事”②。“21世纪以后，中国正处在新的历史起点上；中国特色社会主义法律体系形成后，中国的法治建设也将处在一个新的历史起点上。”③当然，“中国特色社会主义法律体系本身就不是静止的、封闭的、固定的，而是动态的、开放的、发展的。”④由此，中国特色社会主义法治体系也必然是一个动态的、开放的、发展的法律秩序形态，中国人民追求这一治理目标的过程也就必然是一个动态发展的、螺旋式上升的渐进的历史过程，需要党领导一代代人民做出薪火相续的卓绝努力才能不断达成。

---

① 吴邦国：《在形成中国特色社会主义法律体系座谈会上的讲话》，人《民日报》，2011年1月25日。

② 陈宝成、徐显明：《形成法治体系才是法治国家建成时》，《南方都市报》，2011 年 3 月 11 日。

③ 陈宝成、徐显明：《形成法治体系才是法治国家建成时》，《南方都市报》，2011年3月11日。

④ 吴邦国：《在形成中国特色社会主义法律体系座谈会上的讲话》，《人民日报》，2011 年 1 月 25 日。

第四节 高校法制教育日趋完善

站在新世纪的起点，高校法制教育经历了发展过程中的又一次改革和完善。随着“05 方案”的出台，法律基础课完成了从独立到并立再到与思想道德修养完全融合的转变和调整，真正实现了道德教育和法制教育的功能互补和相辅相成。高校法制教育途径不断丰富和拓展，除了以课堂为主、兼顾课外、积极探索实践教学之外，社会主义法治理念作为一个全新的概念走进课堂，实现了高校法制教育在理念层面的高度提升，成为其逐步完善的重大举措。而管理手段的日益拓宽和教育方式的推陈出新，共同推动着高校法制教育从独立到并立再走向融合，从知识走向观念，从课堂进军网络，从幼稚趋于成熟。

一、内容上，从一元到多元

高校法制教育内容是广泛而具体的，是随着时代和社会要求及具体对象的变化而变化的，所以，对大学生进行法制教育内容应该根据时代特点和教育对象的实际情况不断创新。高校法制教育在内容上从法律基础课并立向思想道德修养与法律基础课融合转变，更加强调实体法和程序法相结合，学科课程和活动课程合理交叉，同时渗入专业法律规范教育。

（一）从法律基础课到思想道德修养与法律基础课融合

“思想道德修养与法律基础”是由原来的“思想道德修养”和“法律基础”两门课合并而成，是道德教育和法制教育的结合，具有很强的互补性和综合性。道德与法律是维系社会向前发展的两种不同调整手段，是治理国家两个不同的治国方略。党中央“依法治国”和“以德治国”相结合的治国方略的提出，使人们越来越深刻地认识到道德与法律相辅相成、不可或缺的关系。“把它们合而为一，虽然有些技术性问题需要进一步处理，但从根本上讲是具有长远意义的”。[①]这门新

① 艾四林：《思想政治理论课新体系与教师队伍建设研究》，清华大学出版社，2008 年版，第 72 页。

的课程不仅对大学生进行马克思主义道德观和法制观教育，而且还要融合人生观、价值观、生命观、心理健康等方面的教育，符合大学生思想政治教育整体化、综合化、时代化发展的要求。

2003年，根据《教育部关于进一步深化“三个代表”重要思想“三进”工作的通知》中将“邓小平理论概论”课调整为“邓小平理论和‘三个代表’重要思想概论”课的精神，教育部又对“98方案”课程教学大纲进行了进一步修订、调整和完善，形成了较为完备的思想政治理论课程教学体系。其中法律基础课主要是“进行社会主义法制教育，帮助学生掌握马克思主义法学的基本观点，了解宪法和有关法的基本精神和规定，增强学生的社会主义法制观念和法律意识”[①]。2004年中共中央、国务院发布了《关于进一步加强和改进大学生思想政治教育的意见》（简称“中央16号文件”），中共中央宣传部、教育部以“中央16号文件”为依据，在2005年先后印发了《关于进一步加强和改进高等学校思想政治理论课的意见》及其相应的实施方案（简称“05方案”）。“05方案”进一步推进了思想道德修养课与法律基础课的融合，使之完全整合为一门课，但是课程的基本内容还是稳中有变。对大学生“进行社会主义道德教育和法制教育，帮助学生增强社会主义法制观念，提高思想道德素质，解决成长成才过程中遇到的实际问题”[②]。“05方案”更加注重法律基础是一种底线教育，在巩固法制教育的基础上重点提高思想道德素质；更加务实、避免空泛，注重将理论学习和解决大学生的现实问题紧密结合起来，成为大学生进入大学后的一门有关做人和做事、成长和成才的全方位理论指导科目，也是一部学习、生活、工作和情感等各个方面的“实用百科全书”。

从“05方案”实施至今，法律基础教育无论从教材、师资，还是课时安排、实践教学，都已经完全融入了思想政治教育的背景之中，成为思想政治教育的重要组成部分。经过综合，思想道德修养与法律

① 教育部社会科学司：《普通高校思想政治理论课文献选编（1949—2006）》，中国人民大学出版社，2007年版，第185页。

② 教育部社会科学司：《普通高校思想政治理论课文献选编（1949—2006）》，中国人民大学出版社，2007年版，第219页。

基础一门课，涵盖了道德教育和法制教育两个方面的内容，是着眼于对大学生思想道德规范、法律规范及其基础上的行为规范的综合教育。把道德教育和法制教育有机地结合起来，是综合性的又一体现，体现了马克思主义关于人的全面发展理论，贯彻了德治与法治相结合的治国方略思想。在法律基础与思想道德修养从并立到完全融合的过程中，法制教育与道德教育又形成了紧密的内在联系。思想道德修养与法律基础课通过联系改革开放、发展社会主义市场经济和社会主义现代化建设的实际，联系社会主义民主政治建设和社会主义精神文明建设特别是思想道德建设和民主法制建设的实际，“着力回答大学生普遍关心、经常思考和需要解决的思想道德和法律问题，帮助大学生释疑解惑，提高思想道德素质和法律素质以及实践能力水平，帮助大学生顺利完成大学学业，顺应了新时期大学生成长成才的全面发展规律”[①]，从而为他们进一步提升综合素质和全面健康发展打下坚实的思想道德与法律修养基础。

（二）实体法和程序法相结合

实体法是以规定和确认权利和义务以及职权和责任为主要内容的法律，如宪法、行政法、民法、商法、刑法等；程序法是以规定保证权利和职权得以实现或行使，义务和责任得以履行的有关程序为主要内容的法律，如民事诉讼法、刑事诉讼法和行政诉讼法。过去人们一直认为程序法是依附于实体法而存在的，但我们应该看到程序法本身具有独立于实体法的价值，而且程序法可以弥补实体法的不足。追求程序的独立，是由程序法本身的价值和功能所决定的。程序特别是现代程序，除具有相对于实体法的工具价值外，它自身还是一种具有独立价值的实体，具有独立的作为目的的内在价值，即程序本身，而不是结果。对程序法的重视和发展、确立程序的相对独立，可以使得社会公众因程序本身的正当性、合理性而切实感受到“看得见的正义”，从而形成对法律制度的普遍信仰和尊重。[②]

---

① 顾海良：《高校思想政治理论课程建设研究》，经济科学出版社，2009 年版，第 97 页。

② 蔡卫忠：《论加强大学生法制教育要着力把握好的几个问题》，思想理论教育导刊，2013 年第 6 期，第 45～46 页。

现阶段针对大学生法制教育，应当重视程序法在法律运行和体制中的不可或缺的作用，在教育内容的安排上将实体法和程序法相互结合，突出大学生法律运用能力的培养，使大学生在校学习期间不仅能够掌握丰富的实体法知识，而且熟练知晓相关法律操作程序，为他们在现实生活中遇到具体法律问题时可以灵活运用法律武器顺利解决问题打下基础。如大学生在校期间遇到类似“校园暴力”、“家教诈骗”、“兼职陷阱”、“虚假招聘”等事件时，可以理性地应付，基于自身了解的法律知识，准确地选择对应主管部门举报、投诉，甚至通过法院提起诉讼，合理地保护自身的正当权益不受侵害。此外，实体法和程序法有机结合突出法律运用能力的高校法律育人模式，还能够使大学生在毕业走上工作岗位后，面对纷繁复杂的法律现象或自身遇到法律纠纷时，沉着冷静，处变不惊，充分运用所学法律知识加以应对，充分展示自身良好的法律素质。

（三）学科课程和活动课程合理交叉

我国高校法制教育很长一段时间以来过分强调学科课程的重要性，偏重于系统知识和理论性知识，忽视大学生综合能力的培养；强调知识本身的逻辑生成顺序，忽视大学生认知发展的心理顺序；强调培养大学生逻辑思维能力，忽视大学生的个体感性认识。今天，在高校大学生法制教育中克服传统法制教育过程中重视学科课程轻视活动课程的不足，使学科课程和活动课程合理交叉，提高大学生学习的积极性，已经成为一种必然趋势。

高校法制教育的培养目标在于大学生法律素质和法律运用能力的培养和提高。大学生法律素质的养成、法律运用能力的生成不可能完全在学科课程的学习中自然产生，往往需要通过相关知识的积累，对应的经历、体验，由此再经过较长时间的融合、贯通和相互作用才能够得以完成。通过设置相关的活动课程，突破教室的空间限制，可以让大学生自己在相关的法律情境中培养法律情感，“从做中学”的方式更有益于学生对相关法律精神和理念的不断内化，克服死记硬背、机械学习的弊端，提高大学生法律素质教育的实效性。活动课程的开设将会激发学生的学习积极性，提高学生实际操作能力、解决问题的能力，培养学生的主动性、创造性，发展学生的兴趣爱好和个性特长。只有让大学生接触到相应的情景和场合，设身处地地分析案例和事件，积极自我体验和自我内化，才能增强法律意识，提高法律运用能力。在活动课程中，大学生的直接经验被提高到一个重要的地位，学习气氛活跃、多变，大学生是活动课的主角，接触的学习内容不再是课桌上的法律教科书，而是一系列具体的案例、法律情境、讨论辩论等。大学生的地位在活动课程中得到了充分的尊重，形成了“我要学习”的观念，学习积极性得到进一步提高。

学科课程和活动课程的合理交叉，能够促进大学生法律素质的主动发展，避免学科课程只注重脱离情境的知识传授和学生被动学习的弊端，还能避免活动课程只满足大学生当下的需要和兴趣而缺乏理论知识学习的不足。学科课程和活动课程的合理交叉，能够克服以往单一的师生教授关系、固定的教学场地、单一的教学方式等不足，取得更好的教学效果。在法律活动课程中，大学生需要掌握的法律知识已经在老师的精心设计和安排下，融入有关的互动活动中，大学生感受到活动形式的丰富多样，如：案情重演、法律观点辩论会、模拟法庭、旁听法院公开审判，等等。这样轻松活泼的活动形式，使大学生没有被迫学习的精神压力，主动参与到活动中，在潜移默化中学到了法律知识，形成了正确的法律情感，培育了良好的法律品质。

（四）专业法律规范教育的渗入

在高校法制教育过程中，尽管基本的法律常识是各个专业的学生都必须掌握的，然而，不同专业的学生接触到的社会层面各异，在各自的专业领域内接触的法律现象也各不相同，而传统的法制教育模式恰恰忽视教育对象学生的不同专业对于法律知识的不同需求。高校传统法制教育过程中，不同专业的学生接受的是同样的法制教育，执教老师也不会因为学生专业的特殊性而在备课过程中增加相关法律知识，因此课堂法律教学方式也是大同小异。在这样的法律“共性”教育模式下，学生能够从法制教育过程中学到的只能是基本的法律常识，在自己学习的专业领域，尽管拥有较多的知识积累和专业素养，却没有相应的法律认知和法律运用能力，较高的专业素养和极低的专业法律知识储备之间形成了强烈反差。

在以法律素质教育为导向的高校法制教育过程中，需要其他相关学科课程的整合和渗透，在集中的法制教育过程中合理渗入相关学科法律内容。对大学生的法制教育应该注意根据不同专业学生不同的法律学习需要，在内容安排上适当加入相应的选学内容，供不同专业学生以及有不同法律学习兴趣和意向的学生选择学习。教师在备课过程中，适当考虑大学生的专业情况，准备和选取与其专业相关的案例和材料，一方面有助于大学生对本专业相关法律的掌握和理解，另一方面也更能调动学生对法律学习的积极性。同时这种做法不仅可以强化大学生在法律课堂学习中初步形成的法律意识和法治理念，还可以使得该学科的内容更加丰富而生动、鲜活而全面。例如，针对哲学专业的学生，除了讲解一般法理知识之外，还可以介绍“苏格拉底”、“哥白尼”等哲学人物所处时代的律法和规定；对于行政管理专业的学生，除了进行基本的法律精神的熏陶，还可以适当增加相关行政法律法规的学习，尽量选取行政诉讼案例和行政执法法律事件讲解给学生；对于外语专业的学生则可以适当安排学生所学语种国家的法律法规的简单介绍，并补充有关国际私法、国际经济法的相关内容；对医学院的学生要适当增加医疗卫生管理方面的法律、行政法规以及诊疗规范的学习，培养医学院学生的法律意识以及法律思维模式，这将对他们未来从事医生职业和医学研究具有重要的作用，因为这方面的法律、行政法规、规章以及诊疗规范是医疗机构和医务人员的工作依据和“指南”，医疗机构和医务人员在自己的业务活动中应当掌握并遵循，以确保其行为的合法性。[①]

这样不仅拓宽了学生的知识面，拓宽了学生的视野，而且增强了他们日后的工作适应能力。当然，在实际操作中，法律知识和其他学科内容的相互渗透并不是简单的叠加，而是有机的、合理的融合，其他学科法律内容应当真正成为大学生法律知识教育的一部分。

---

① 奚晓明：《〈中华人民共和国侵权责任法〉条文理解与适用》，人民法院出版社，2010 年版，第 411 页。

二、途径上，课堂内外结合，推动社会主义法治理念“三进”

一直以来，“学校都是有计划、有目的、有组织、有意识地向学生传授社会规范、价值标准和知识技能的主阵地，也是人们系统进行教育认知活动的主要场所”[①]。高校法制教育已经从课堂外散兵游勇式的“点”教育，走向集中力量课堂教学的传统“线”教育，又逐步向课堂内外结合，实践教学助力，发挥立体层面优势的“面”教育推进，全面推动社会主义法治理念教育“进教材、进课堂、进头脑”。其内涵丰富、形式多样，既包括了课堂内思想政治理论课教师的思想引领、言传身教，专业课教师的点滴渗透、通力配合，还包括了课堂外多姿多彩、喜闻乐见的校园文化和实践教学的感同身受、潜移默化。此时的高校法制教育无论从第一课堂，还是第二课堂，其组织化程度之高、计划性之强、系统性之广，无不对广大青年大学生产生积极的影响和有效的作用。尤其是把社会主义法治理念融入高校教育教学全过程，是全面开展高校法制教育的有效途径，也是与时俱进、理论跟进实践的创新渠道。

2009 年 9 月，中共中央组织部、宣传部、中央政法委和教育部联合发文，明确指出：“要积极推动社会主义法治理念教育纳入各级各类高等学校的思想道德及法学教育的教材，明确不同层次的教学要求，培养大批既有深厚研究造诣，又有丰富教学经验的师资力量，真正使社会主义法治理念‘进教材、进课堂、进学生头脑’。”[②]高校是社会的风向标和晴雨表，是知识分子众多的聚集地，更是培养中国特色社会主义事业建设者和接班人的重要学校环境。在大学生正式进入社会之前，提升高校法律素质教育，推进社会主义法治理念“三进”，是具有承上启下的历史意义和直面焦点的现实意义的双重意义之重大突破。

首先，社会主义法治理念“三进”是要科学地“进”大学教材和大学课堂。对于当代大学生曾有过一些个性的称呼，如“80 后”、“90 后”等等，暂且不评价大学生群体的新特点和新要求，就社会主义法

① 邢国忠：《社会主义法治理念教育研究》，中国社会科学出版社，2011 年版，第 267 页。

② 中共中央政法委员会编：《社会主义法治理念读本》，中国长安出版社，2009 年版，第 3 页。

治理念如此宏观的观念意识要想进入大学生的微观学习和生活中去，尤其是要内化为大学生的思想意识和自觉行动，那么，按照大学生的思维方式和行为习惯来编纂社会主义法治理念教育教材和传授社会主义法治理念教育课程是必然之选。在“三进”过程中，需要选取中国社会发展的成熟经验和反面教训来阐述社会主义法治理念的基本内涵，多用改革开放以来的生动实践来证明社会主义法治理念的必要性和重要性。从2010年开始，“思想道德修养与法律基础”课就将社会主义法治理念的本质内涵和基本要求纳入教学体系之中。到目前为止，社会主义法治理念已经成为全国高等教育院校教师的讲授重点和大学生的必修知识。

其次，社会主义法治理念“三进”中的“进头脑”既是教育途径，更是教育的一个目标。进教材、进课堂，并不必然能进头脑，这不但是高校法制教育在途径上需要下大力解决的问题，也是长期以来困扰思想政治理论课程教学效果的顽疾。如何促进社会主义法治理念进头脑，除了需要加强教育者传播的广度、深度和技巧外，还应当提升法制教育的针对性和实效性、感染力和吸引力。把社会主义法治理念的科学内涵和大学生的教育教学实践活动紧密结合起来，通过多种教育形式和载体进行宣传、普及和推广，使枯燥的理论变成立体鲜活的社会写照，用浅显质朴的语言讲清楚深邃的大道理，用大学生喜欢的方式来让他们感受到法治理念对生活的重要指导意义，使教材和课堂的知识转化为大学生求知、就业、生存、拓展自我的必备要件。“进头脑”是一项具有挑战性和创造性的教育目标，只有与大学生成长成才的实际需要紧密联系，客观快捷地传递社会发展的新鲜脉搏，勇于回答社会建设过程中突现的思想问题，激发广大青年投身中国特色社会主义法治建设的事业中，才能使社会主义法治理念消化为大学生广为认同的强大思想武器，成为从大学生向社会人转变的“敲门砖”，也只有这样才能真正使社会主义法治理念深入到大学生的头脑中，继而内化为理想信念、价值追求和奋斗力量。

三、管理上，教学部门与其他部门形成合力

高校法制教育是一个系统工程，在教学部门发挥主导作用的同时，

离不开高校领导、政工干部、专业课教师、普通工作人员的广泛参与和大力支持，可以说高校法制教育已经纳入到高校全员育人、全程育人、全方位育人的思想政治教育大环境之中。自法律基础课设立以来，高校对于法制教育的管理从宣传部门向教学部门转变，从单一部门向多部门携手治理扩展。如今，高校正在形成以教学部门为主，宣传部门、学工部门、保卫部门、心理健康教育部门等通力合作、共同作用、发挥合力优势，构建起的高校法制教育网状式、辐射化管理模式。

（一）与宣传部门的合作

宣传部门是高校法制教育的传统老牌部门，法制教育刚刚起步时主要依靠宣传部门的普及、宣讲和传播才得以生根发芽。随着宣传部门自身的演变和发展，现在宣传部门的工作理念、工作手段、工作方法和工作机制也发生了巨大变化，这既是适应经济社会发展变化的需要，也是适应思想文化、道德法治领域变化的需要。

教学部门与宣传部门的合作和配合主要体现在四个方面。第一，从工作理念角度，从宣传走向传播。高校法制教育不能向学生一味灌输知识和理论，而应该俯下身来为学生讲解法律知识，评析社会热点案例，向学生传播社会主义法治理念，培养法律意识和学法用法能力。第二，从工作手段角度，随着新兴媒体的运用，传统媒体也在不断调整和更新教育手段。高校法制教育需要新兴媒体的快速、便捷、效率、时尚，在教学中更需要教育者对受教育者的循循善诱、谆谆教导，展现教师的言传身教和人格魅力。第三，从工作方法角度，从官方话语走向受众语言。高校法制教育教学也需要不断调整教育方式和方法，从照本宣科走向案例教学、诊所教学；从大量笔记走向提纲挈领、心领神会；从“一言堂”走向讨论交流、启发研讨；从一本正经走向旁征博引、幽默诙谐；从刻板教材走向社会热点、趣闻轶事。第四，从工作机制角度，从行政一计划式向指导一服务式转变。宣传部门不再是高高在上的行政管理部门，而是辅助于教学、服务于教学的一个部门，在一些重大节日，如3月15日、12月4日等重要普法节日，宣传部门还应配合教学部门做好营造氛围、普法宣传、志愿服务、媒体报道等工作。

（二）与学工部门的合作

学工部门与教学部门是鱼水关系，正如第一课堂离不开第二课堂，第二课堂也离不开第一课堂一样，教学部门和学工部门并肩作战、携手共进、互相配合，共同承担着对大学生进行思想政治教育的责任和使命。法制教育是大学生思想政治教育的应有之义，也是两部门联手合作的教育重点。第一课堂以教授知识为主，第二课堂以能力转化为主。如果只有第一课堂，那么法制教育缺乏实践实习的平台和机会；反之，如果只有第二课堂，而第一课堂弱化，势必会降低大学生学法用法的知识储备和基本功底，理论在指导实践时也会显得捉襟见肘、苍白无力。

现在学术界一种较为流行的观点认为，主阵地和主渠道应该发挥合力，思想政治理论课教师和大学生辅导员也应该互通有无、发挥合力。法律基础课教师在讲课时是一种直接的法制教育，辅导员工作时经常会遇到法制教育的问题，这是一种间接教育的形式。无论直接作用，还是间接辅助，作为大学生思想政治教育的两支重要队伍，虽然隶属于不同部门，但是其工作目的和工作任务是一致的，那就是通过第一课堂和第二课堂两种不同性质的教育，相互学习、相互补充、相互促进、相辅相成、不可替代。只有这样，才能将高校法制教育的主要资源把握好、利用好，发挥优势、形成合力。

（三）与保卫部门的合作

高校保卫部门的工作内容和性质与法制教学部门有着最为直接关系。保卫部门除了要处理安全稳定、户籍管理等常项工作外，一个重要职能是校园治安防范与治理。目前校园案件的种类也是多种多样，新型犯罪层出不穷，但主要以财产型犯罪为主，其中校园盗窃是保卫部门处理的大学生犯罪中案件数量最多、犯罪嫌疑人涉及面最广的一种犯罪类型，如宿舍、食堂、教室、浴室、出租房等都是保卫部门工作的重点场所。

在处理案情简单、犯罪性质轻微的案件时，保卫部门往往会寻求基层学生工作部门的帮助和配合。通常做法是接到报案或发现违法行为时判定行为性质，做出初步处理后，联系学生所在学院进行法制教育，由基层学生主管部门对案件进行主要处理，按照《学生手册》的相关规定对学生进行处理和惩罚。这时，保卫部门起到案件移交的作用，与基层学院、学工部门、教务部门都产生了不同程度的联系和交叉。在处理案情复杂、犯罪性质较为恶劣的案件时，保卫部门需要联系公安机关。它本身并没有搜查、逮捕、审问的权力。这类案件多属于恶性刑事案件，如杀人、抢劫、强奸、贩毒、伤害、绑架等等。这时，保卫部门主要起到案件移送的作用，还需要与教学部门、学工部门、教务部门、医务部门等发生职能联系和往来。当然，对于超出保卫部门职能范围的案件，应当及时移送相关司法部门进行处理。

（四）与心理健康教育部门的合作

心理健康教育部门在一些高校隶属于学工部门，在另一些高校为单独设立，但无论在行政管理上如何设置，都无法割断心理健康教育部门与高校法制教育的密切联系，从某种意义上说，心理教育是法制教育的前沿阵地。在已经发生过的大学生犯罪中，可以发现很多走上这条不归路的大学生都有一定程度的心理问题。由于前期没有发现或者没有得到及时治疗，又碰上了某些突发性状况或诱因，最终丧失理智、触犯刑律，酿成了无法挽回的恶果。清华大学刘海洋、云南大学马加爵、浙江大学周一超的案件，就是从心理问题发展为刑事犯罪的典型例证，不得不让人扼腕痛惜，同时也发人深省。

因此，如果能够建立起科学有效的大学生心理问题普测机制、排查机制、约谈机制、干预机制、治疗机制，那么有可能挽救更多的人于执迷不悟的初级阶段，降低恶性犯罪事件的发生几率。尤其是，近些年越来越多的高校大学生出现越来越多的心理问题，人们对于大学生心理健康教育也越来越重视。心理问题是大学生非理性行为的前期表征，是众多大学生犯罪的主要诱因，也是干预和降低大学生犯罪的最佳介入时机。可见，与心理健康教育部门形成合力，建立联动机制，共同研究、共商对策，是从管理层面有效预防和降低大学生犯罪的重要途径。

以上部门是与高校法制教育联系较为紧密和直接的部门，除此之外，还有很多部门都在不同的岗位上发挥着作用。高校就是一个微缩的社会，离开哪一个部门，学校都不可能正常运转。因此，只有发挥合力、优势互补、通力配合、全员育人，才能增强高校法制教育的实效性和针对性，也才能真正实现高校人才的培养目标，全力服务于社会主义法治国家的建设。

四、方法上，从平面单一走向立体多维

为了不断满足新时期高校大学生学习法律的需要，高校法制教育在教育方式方法上向问题教育、多样式互动教育、理论与实践相结合等方式转变，[①]同时也积极适应和应对新媒体时代对高校法制教育的冲击和考验。

（一）从单纯法律体系教育向法律问题教育方式转变

单纯体系式的法制教育是企图把国家的法律体系全部移植、填充到大学生的大脑中，使每个大学生都能够系统性、整体性、体系性地了解、认识我国的整个法律内容。当前大学生法制教育内容非常丰富，几乎涵盖了我国所有的法律条文，体系性很强，而且法律涉及的范围很广，基本能囊括所有的法律部门，这种单纯体系式教育方式虽然能使学生笼统地、大概地了解法律知识和信息，但是由于法律体系的掌握需要时间，需要专业兴趣，而大学生法制教育是非专业的教育，单纯体系式法制教育可能适合少部分学生的需要，但对大多数非专业学生来说，是比较宽泛的知识学习，实际教育效果并不是非常理想。

相对于体系式的教育方法，问题式教育就能够具体解决很多实际的问题，更加具有针对性和实效性。所谓问题式教育，就是法制教育不要从整体上传授法律体系知识，而是从大学生的实际问题引导法律思维，培育法律精神。问题式的法制教育方式，会增大教育的难度，这种教育的预设前提是必须对大学生实际的、真实的情况有切实的了解，而且必须在真实了解的基础上，发现需要解决的真实问题，根据真实的问题，设计有针对性的法制教育内容、教育方式、教育目标、教育方法。问题教育方式更能够适合大学生法制教育，因为大学生法

---

① 蔡卫忠：《论加强大学生法制教育要着力把握好的几个问题》，《思想理论教育导刊》，2013年第6期，第47～48页。

制教育不是法律职业教育，法律体系式的宣讲可能增大大学生学习法律的现实难度和抵触情绪，问题教育是一种真实的教育、渐进积累的教育，符合大学生的接受规律，更能够提高教育实效。

（二）从单向灌输向多样式教育互动方式转变

单向灌输式教育一般是指在课堂教学中教师与学生仅仅保持传授与接受的单向交往，双方缺乏互动和交流，甚至教师之间、学生之间也很少交叉联系。而多样式互动教育则是指保持师生之间的联系、互动、交流，强调学生在课堂教学中的重要地位，注重结合和运用教育过程中的相关影响因素，使得教学过程富有层次性、自主性、多样性、情趣性和因质性。[①]多样式互动教育理念中的“多样”，一是指组织教学的老师，二是指课堂学习的主体——学生，三是指影响课堂教学效果的多方面因素，如教学素材、课堂环境等。多样式互动教育理念对师生地位加以科学界定，学生成为教学活动的积极参与者和探索者，而不只是被动的接受者，教师只起教育引导的作用。多样互动强调的是教育活动过程中教师主导与学生主体的辩证统一性，激发学生学习的主观能动性、积极性，从而使师生间积极地相互作用，变成促进学生发展的合力。例如在学习知识产权法的内容时，采取多样互动式的教学形式，让学生列举日常生活中涉及著作权、专利权、商标权等权益的事件，如购买盗版软件、假冒名牌等贴近他们实际生活的案例，再通过教师的引导、师生的共同讨论，让学生形成直观强烈的法律情感体验。在讲解消费者权益保护法时，鲜活的案例和教训更是比比皆是，消费者如何维权、欺骗性交易是否适用双倍赔偿、不当有奖销售是否有效、知假买假行为是否合法、如何应对霸王条款、明星代言广告的责任问题等等举不胜举，都和大学生的现实生活实际紧密相连，容易引起学生的学法用法兴趣和共鸣，增强法制教育的趣味性和应用性。由此，大学生对于法制教育涉及的相关法律内容和规定就会有更为深刻的理解，更加主动的参与，更加务实的效果，那么，相应的法律素质教育也就可以走出实效性不佳的“怪圈”，取得良好的教育效果。

① 刘舒生：《教学法大全》，经济日报出版社，1990 年版，第 41 页。

（三）从单纯法律理论教育向引导学生理论与实践相结合方式转变

法律理论教育是指在高校法制教育的教学过程中，教育者向学生进行相关法律基础知识的传授和指导，促成学生拥有相当程度的法律知识储备，为学生法律意识的养成做好知识准备。法制教育中的学生实践，是指通过法制教育者的知识传授和相关的引导，学生开始接触具体的法律现象和事件，并且逐步能够运用已掌握的法律认知对此加以解释，并指导自己的生活实践。

在过去的法制教育过程中，一些高校教学活动偏重于单纯理论知识的灌输，缺乏或者轻视实践环节，"高分低能"的学生并不少见。面对法制教育单纯以理论讲授为主的单一模式，由于缺乏相关的法律学习背景，很多非法律专业的大学生会感到枯燥，并且产生倦怠心理，由此造成学生在课堂学习中，对所学知识不感兴趣，课堂效果不好；即使能够掌握一些法律理论知识，由于理论和实践脱节，当学生面对具体法律事件、法律现象时，仍然不知所措，无以应对。法律素质作为人的养成素质，它的形成需要人们通过系统的法律知识的学习，并在此基础上进行消化吸收，内化为自身的法律意识，进而外化为良好的法律运用能力。仅仅依靠法律理论知识的灌输尚不足以让学生自觉形成良好的法律素质，更难以养成正确运用法律的能力。

当前高校法制教育的方式越来越注重培养大学生的动手能力，强调理论灌输和学生实践的辩证统一和有机结合。法律理论教育和引导学生积极实践相结合，即学生把学到的法律理论知识及时地实施到相关法律实践中，促进学生对所学法律知识的直观理解和认同，有利于学生在潜移默化的实践中自然而然的产生正确的法律情感和法律意识。法律理论知识只有在不断的实践运用中才能不断为大学生所把握和体会，从而提高学生分析问题和解决问题的能力，活跃学生的思维，强化学生的学习意识，弥补课堂讲授中的不足，全面提高学生的法律素质和能力。理论的巨大力量只有通过人们的具体实践才能够发挥出来，法制教育的成果也应该表现在学生在学习过程中能否灵活地运用所学理论知识解决生活中的实际问题。所以在法制教育者进行教学活动时，一方面要强调法律基础理论知识的重要性，另一方面，给学生提供充分的实践机会，并且针对学生在实践过程中发现的问题进行及时的解决，同时引导学生正确实践。

（四）从平面的课堂教学到多维立体的法制教育方式转变

传统意义上高校法制教育被狭义地等同于课堂教育，因为一般的法律教学过程都发生在课堂上，久而久之，高校法制教育等同于课堂教育的观念便被固定了下来。随着时代的不断进步，高校法制教育层面也被进一步拓宽了，不再仅仅停留在过去平面的法律课堂教育上，而是逐渐向多维立体的法律体验教育过渡。社会法制教育和家庭法制教育结合到学校教育中，为学校的法制教育服务，拓展法制教育时空，构建“小课堂大社会”式的以课堂法制教育为主的立体网络式法制教育方式。

学校教育、家庭教育和社会教育共同作为教育系统的三大部分，各自在相关领域发挥作用。就当代大学生而言，接受教育的主要渠道就是学校教育；就法制教育而言，单纯平面的课堂教育成果如果没有相关家庭教育和社会教育的强化和巩固，极易导致学生法律知识学习和用法能力培养的不连续化，出现学习断层。在学校教育中体验到的法律情感在遭受社会舆论或者是家庭教育中的反面冲击时，难以及时内化为自身的法律意识，甚至走向法制教育目的的反面。例如，在课堂要求学生树立“依法治国”、“执法为民”、“公平正义”等社会主义法治理念，并以此去思考和评判社会争议问题，但与此同时，学生如果接触到家庭、社会现实生活中“有人因为诉讼费用高、诉讼程序的冗杂，而无法维护自己的合法权益”或者存在“民告官难”、“民告官遭报复”等事件时，往往容易产生思想困惑，甚至从内心推翻在课堂法制教育中形成的法律思维、法律观念，对社会主义法治理念产生怀疑态度。又比如，学校法制教育要求学生在校期间遵纪守法，严格按照学校的规章制度办事，但是假如一名学生期末考试不及格，但其父母通过人际关系网，又将该学生的期末成绩提高至及格线，无须重修该门课程，这种情况不仅会对该学生接受法制教育产生负面影响，而且还会造成该学生的周围同学对学校的相关法制教育和法治化程序产生怀疑甚至否定的态度，教育效果将大打折扣。因此，高校培养学生养成良好的法律素质修养，仅仅依靠平面的、单一的学校课堂教育显得势单力薄，而且成果也不容易得到及时的巩固。只有高校课堂教育、家庭正面教育、社会主流教育等多维立体的教育方式相互配套，共同发挥作用，才能使大学生在主要接受学校法制教育的基础上，能够同时得到家庭和社会教育的及时、正面的强化和巩固，促进学校法制教育取得良好、积极的成效，从而使学生的法律素质和法律行为能力真正得到完善和提高。

（五）从传统媒介“波澜不惊”向新媒体技术“异军突起”转变

随着现代信息技术的飞速发展，互联网成为继报纸、电台、电视之后承载信息量最大、信息更新速度最快、开放度最高的第四媒体。随着计算机的普及和网络用户的骤然膨胀，互联网和信息高速公路已成为人们关注的焦点。世界的网络化极大地加快了信息传播的速度，改变了人们的生活方式、思维方式和交往方式，对人们的生活、学习和工作产生了越来越重要的影响。

网络化对高校法制教育等诸多思想政治理论课教学也产生了深刻影响，并且随着信息技术和互联网的发展而日益增强。网络是一把双刃剑，既有积极的一面，也有消极的一面。

从积极的角度看待网络，它的作用主要有以下几点。第一，网络化为高校法制教育教学提供了丰富的信息资源、快速的传播速度、海量的信息数据，为高校法制教育提供了新鲜的一手资料，成为教学的网上助手。第二，网络化为高校法制教育提供了崭新的途径。随着计算机技术的应用，高校逐渐成为社会信息化程度最高的场所，网络成为大学生获取知识的最主要、最直接途径。高校法制教育须适应新形势的新要求，充分利用计算机网络，构建课堂教学与网络教学相结合的教学机制，实现高校法制教育的方法更新和变革。第三，网络化可以有效促进高校法制教育的实效性。当代大学生几乎人人是“网民”，天天畅游在网络世界，兴致盎然地使用和开发着不断更新换代的网络平台。高校法制教育已经并逐步加强通过网络运用现代多媒体技术，制作课件、视频、电子书、红色网站等生动活泼的教学载体，吸引广大学生学习法律知识、增强法律意识，提升大学生法律素质，从而大大提高大学生接受和认同社会主义法治理念教育的主动性和趣味性。第四，运用新媒体技术还可以将教学计划、教学案例、疑难问题、教学资料等教学相关信息在网上发布，并通过师生网上交流、网上答疑、网上研讨等方式，及时把握学生的真实想法和理念脉膊，从而有效提高教学和实践效果，形成网上网下、齐心协力的教育合力。可以说，新媒体技术的运用和将来与之更密切的联系必将成为高校法制教育发展的不可阻挡的新趋势。

与此同时，不容乐观的是网络也是个藏污纳垢的“垃圾场”，涣散人心的“集中营”，使人玩物丧志的“控制器”。对于生理和心理都尚处在成长期的大学生而言，稍不留心或控制不住，就容易掉进网络陷阱。尤其是一直以来西方敌对势力始终未停止过对我国青少年进行政治渗透和文化侵蚀，隐蔽性强、传播性广的网络正好成为它们推行恶行的双面工具，严重影响了青年马克思主义者的精神世界和政治信仰，动摇了大学生本就易动易变的心理防线，为高校法制教育等一系列大学生思想政治教育工作带来了难题和顽疾。综上所述，享用新媒体技术为高校法制教育带来的方便、快捷和高效的同时，更应当把控和驾驭住新媒体技术的主流走向，让社会主义法治的正能量和正方向引领校园，让社会主义的法治精神深入人心、百毒不侵。

第五节　新世纪高校法制教育的新特点

伴随着中国特色社会主义民主法制建设的稳步推进，高校法制教育在进入新世纪后，也不断调整教育目标、教育内容和教育方式方法，逐渐适应新时期、新环境赋予其应当转变和产生的新特点的历史使命。2004 年 8 月，中共中央国务院颁布《关于进一步加强和改进大学生思想政治教育的意见》（简称“16 号文件”）。2005 年 2 月，中共中央宣传部、教育部下发了《关于进一步加强和改进高等学校思想政治理论课的意见》（简称“05 方案”）。2006 年 4 月，中共中央明确提出“社会主义法治理念”的重大命题。2007 年党的十七大将“社会主义法治理念”这一创造性的概念载入历史性文件。2012 年 11 月，党的十八大强调指出“弘扬社会主义法治精神，树立社会主义法治理念，增强全社会学法尊法守法用法意识”。在短短数年间，重量级、权威性官方文件和会议接踵而来，高校法制教育在新的历史交叉点上承上启下、继往开来，在挑战与机遇中“求变、求新、求特、求优”，发生了一些根本性变化。

一、从法律意识教育向法律素质提升教育转变

素质教育是社会发展和时代要求的产物，也是我国教育事业发展的必然产物。三十多年来，素质教育的内涵经历了从贫乏到丰富，从零碎到系统，从模糊到清晰的发展过程。一般而言，“素质”一词被广泛地运用于我国教育领域，始于20世纪80年代。1982年，邓小平同志提出要使各民族人们都成为“有理想、有道德、有文化、有纪律”的“四有”新人，具体地把公民素质确定为教育目标。此时，与法制教育直接对应的“有纪律”的教育目标还主要是指守纪律，服从命令，不违法乱纪。“‘素质教育’一词最早出现在《教育研究》1982年第10期中的《德育过程的阶段说》一文。”[①]文中的“素质教育”虽然仅仅指的是对学生的道德素质教育，与我们现在所理解的“素质教育”有较大出入，但毕竟提出了“素质教育”这一重要名词。“1988年第11期《上海教育》（中学版）发表了《素质教育是初中教育的新目标》一文。这是最早在公开刊物上提出‘素质教育’概念并对其内涵做初步说明的文章。”[②]于是，“素质教育”作为一个表达理想教育观念的用词开始得到人们的青睐。到20世纪90年代，“素质教育”概念已经风靡全国，对素质教育的相关研究随之水涨船高，素质教育也逐步从基础教育向高等教育拓展和延伸。党的十四大提出了“科教兴国”的战略，教育被赋予提高国民素质、培养跨世纪人才的使命。这一阶段，改革开放和社会主义现代化建设进入新一轮发展时期，国家逐渐加强了对素质教育在政策上的引导。1995年3月，国家教委政策法规司在

---

① 张斌贤、楼世洲：《当代中国教育学术思想研究》，中国社会科学出版社，2011年版，第223页。

② 石中英、王卫东：《基础教育新概念——素质教育》，教育科学出版社，1999年版，第12～13页。

编写《教育法条文说明》中明确提出："'素质教育'的概念，认为'素质教育'包括'政治素质、思想素质、道德素质'、'科学文化素质教育'、'身体素质教育'和'心理素质教育'四个方面。"[①]1999 年 6 月《中共中央国务院关于深化教育改革全面实施素质教育的决定》中再次指出："实施素质教育，就是全面贯彻党的教育方针，以提高国民素质为根本宗旨，以培养学生的创新精神和实践能力为重点，造就'有理想、有道德、有文化、有纪律'的德智体美等全面发展的社会主义事业建设者和接班人。"[②]此时的素质教育已经在整个教育界和全社会全面展开，逐渐经历从模糊到清晰、从自发到自觉的过程。

进入新世纪，在科学发展观的指引下，素质教育的目标是使学生具有较高的文化素质、思想素质、法律素质、道德素质、心理素质和身体素质。其中，法律素质在建设社会主义法治国家的进程中尤为重要，这既是落实"依法治国"基本方略的内在需要和时代使命，也是素质教育在高校教育领域的具体体现和充分融合。法律素质是认识和运用法律的能力和素养，它已成为现代社会公民特别是青年大学生立足社会、谋生发展的基本要件和必备条件。"一个人的法律素质如何，是通过其掌握、运用法律知识的技能及其法律意识表现出来的。"[③]因此，高校法制教育需要跟上时代的发展脚步，不断更新和转变教育理念，作为文化创造和革新的前沿阵地，推动国家向着现代化、法治化、时代化的方向迈进。

高校法制教育发展和转变历程，不是一步到位、一蹴而就的，而是经历了渐进式改革和提升的过程，主要包括了三个发展阶段：第一个阶段为法律知识学习阶段，即学法懂法，就是要求学生既熟知一些基本的法律条文，同时又掌握一定普遍适用的法律原理。完备的法律知

---

① 国家教委政策法规处：《中华人民共和国教育法适用大全》，广东教育出版社，1995 年版，第 53～54 页。

②"素质教育的概念、内涵及相关理论"课题组：《素质教育的概念、内涵及相关理论》，《教育研究》，2006 年第 2 期，第 4 页。

③ 巫建忠：《构建和谐高校：加强法制教育　提高法律素养》，《法制与社会》，2007 年第 1 期，第 577 页。

识是法制教育的基础。第二个阶段为法律意识增强阶段。法律意识是拥有一定法律基础后对法的认识态度和运用程度。良好的法律意识能促进学生积极守法，能从对法律外在强制力量的被动服从转化为对法律权威和法律价值的主动认同和尊重，从而严格依照法律行使权利和履行义务，充分尊重他人的权利和自由，积极寻求法律途径解决纠纷和争议，自觉运用法律武器维护自己的合法权益，主动抵制破坏法律和秩序的行为。第三个阶段为法律素质提升阶段。通过大学期间法律课程的学习，大部分学生都能增强社会主义法律意识，意识到法律的重要性和依法治国的深远意义所在。但是能否灵活运用法律思维来处理和解决学习和生活中的问题，提升法律意识，形成法律信仰，就因人而异了。可以说，法律素质教育既是当前高校法制教育的重点目标，也是高校法制教育经过三十多年历史发展和沉淀后的一个必然走向，是建设社会主义法治国家、与国际接轨融入全球化进程的环境使然。综上所述，掌握基本的法律知识是高校法制教育的初级阶段，形成良好的法律意识是高校法制教育的中级阶段，而具备一定的法律素质则是高校法制教育的高级阶段，也是法制教育历久弥新、始终不渝追求的理想和境界，还是正在努力和将来继续努力实现的高校法制教育目标。

二、道德教育和法制教育功能共振

法律是带有价值判断和道德寓意的行为规范，它不仅强制性地直接规范人们的行为，而且还会对人们的思想观念产生深刻影响。通过遵守法律而形成良好的懂法、守法的行为习惯，逐步将外在的强制性规范内化为自律的行为准则、价值信念和道德良知，正是道德观念形成的重要机制。特别是在新世纪、新时期，社会处在转型时期，社会生活的急剧变迁，极大地冲击着传统道德观念，使得一向广为奉行并行之有效的道德观念陡然间不适应新的社会生活环境，社会迫切需要塑造与实际生活相适应的新的道德观念。在这种新形势、新环境下，“05 方案”将思想道德修养和法律基础两门课有机地融为一体，形成“思想道德修养和法律基础”课，成为一门以马克思主义理论一级学科下思想政治教育二级学科为依托的崭新课程。把思想道德修养课和法律基础课两门相对独立的思想品德课程整合为一门课，是促进人的全面发展的根本要求，也符合以德治国与依法治国相结合的治国方略的时代要求，并遵循了新时期大学生成长成才的现实需要。

思想道德修养与法律基础课把道德和法律两种治理手段结合起来，把道德教育和法制教育两种教育方式结合起来，把思想道德素质和法律素质两种素质教育的有效途径有机结合起来。这种融合不是孤立的、生硬的、平均的，而是通过全面接受有相互关系的两种教育，“使大学生首先掌握社会主义思想道德基本规范和法律基础知识，然后在此基础上深刻理解这些规范和知识对于个人发展和社会进步的功能、作用和意义，最终把理论知识内化为大学生自己的主导意识，外化为自觉践行社会主义思想道德和法律规范的行为，并根据时代进步和自身发展来不断完善自身的思想道德素质和法律素质，成为中国特色社会主义事业的合格建设者和可靠接班人”。[①]由此，两课程整合为一门课堪称是一种强强联合，把过去孤立存在的但实则有内在联系的大学生道德教育和法制教育串联结合起来，实现提高思想政治素质和培养良好法律素质的双效并举，不仅是必要的，也是合理的，突显了该课程改革的创新性。

因而，“法制教育不仅可以及时弥补传统道德失范所留下的社会规范空白，而且还将为新的道德观念的催生和生长提供现实的土壤和基础。法律规范对人们行为的调整，是通过其刚性约束机制实现的，这使得法制教育在道德观念日趋多元化以致人们感到无所适从的情况下，在调整人的行为方面具有思想道德教育难以比拟的实践优势和普遍有效性”。[②]可以说，在我国迈向法治文明的进程中，加强法制教育的刚性约束，发挥道德教育和法制教育双管齐下的功能互补与共振，是突破高校法制教育实效性瓶颈的有效手段，也是强化大学生社会主义法治观念，使其积极投身社会主义法治国家建设的鲜明特色和时代特征。

---

① 顾海良：《高校思想政治理论课程建设研究》，经济科学出版社，2009年版，第99页。

② 吴潜涛：《“思想道德修养与法律基础”研究述评》，中国人民大学出版社，2007年版，第380页。

三、凸现权利本位教育

众所周知，道德规范主要由义务规范构成，法律规范则不同，它是权利义务的组合体，既有权利规范，又有义务规范。在法律实践和法律教育中，是更多地强调国家权力还是公民权利，或者仅就公民而言，更加关注法律权利还是法律义务，决定了法律权利本位还是义务本位的分野，也体现了政治的民主化或专制化的不同倾向。在我国古代的法律思想中，国家权力思想亦即君权思想极为丰富，以至于淹没了臣民的一切权利。义务本位的思想在封建法律中得到了淋漓尽致的体现。从法律部门的分布来看，中国古代最为发达的是刑法，次之为行政法，这是因为刑法、行政法都是主要规定臣民义务及其法律责任的法律规范。而作为规范臣民权利的基本法律的民商法却很不发达，并淹没在刑事法律之中，整个法律体系可以用“诸法合一，以刑为主”来概括，而整个法律文化都是以臣民的义务本位为主要特点。

与封建法律的义务本位截然相反，社会主义法律是权利本位的，宪法作为根本大法，成为我国社会主义法律体系的核心。列宁曾说过：“宪法就是一张写着人民权利的纸”，将这张“人民权利的纸”作为法律体系的核心，就为权利本位的法律观念奠定了基调。在我国宪法的结构顺序上，将“公民的基本权利和义务”作为仅次于总纲的第二章排列；在“权利义务”的排列顺序上，先为“权利”后为“义务”；在条文设立的多寡上，宪法以 18 个条文规定公民在经济、政治、文化、家庭、社会生活中的广泛的基本权利和自由，而只以 5 个条文规定公民的基本义务。此外，还规定了国家对公民权利自由的法律保障和物质保障。“与根本大法的规定相应，我国的基本法律，如民法、刑法、诉讼法等也本着权利本位的原则，对公民权利做了广泛而又具体的规定和保障。可见，社会主义法治之法的权利本位原则与儒家、法家治国主张中的义务本位思想及其指导下所制定的义务本位的法律有着本质的区别。”[①]即使在民法这样的私法领域，尽管讲究的是权利义务的

---

① 萧伯符：《儒法两家的治国主张与现代法治方略比较研究》，《中国法学》，1998 年第 3 期，第 122 页。

对等性，但我们仍然习惯于用人身权、物权、债权这样的权利概念来指代相应的权利义务法律关系，这就是权利本位的体现。

高校法制教育凸现权利本位，对于全面推进依法治国，建设社会主义法治国家具有重大意义。法治国家通过法律的权利义务关系来分配利益时是以权利为本位的，权利是目的，而义务是服务于权利的手段，“有时甚至当义务不存在的时候，权利依然存在”[①]。权利是现代法律秩序的基石。权利作为现代法律的核心概念，其内容涵盖了个人在生命、财产、人身自由、享受医疗保健、接受教育、就业、表达意愿等方方面面的利益要求，构成了法律人格的基本内容。现代法律正是通过权利以及相应的义务、责任概念而将个人、群体以及政府的行为选择及其利益关系纳入到抽象的法律文本和规则体系之中。“权利、义务、责任构成了现代法律的主观领域，权利是这一领域的核心，义务和责任均以权利为依归，以权利为导向，在逻辑和价值上以权利为其法理的前提或根据”[②]。法律权利体现了一个国家对人之所以成为人的基本利益需求的尊重和基本人格独立的高度重视，体现了对人性深层次的理解和关怀，它是个人与集体、国家和社会之间一个平衡点。建立以权利为主导的社会结构，就成为中国走向法治、实现法治现代化的必然要求。当代中国的法治化进程必然是一个权利在法律上充分展示的过程。只有权利的思想、权利的观念、权利的价值才能使法律基于对主体权利赋予的公平性和普遍性在一切社会规范中居于至高无上的地位。

由此可见，“高校法制教育重在权利本位教育，提升到公民的权利‘主义’，注重对公民权利意识的启迪，将专业而复杂的法律关系还原成世俗而平实的权利观念”。[③]虽然法律关系中也有对应的义务，但义务本身是为了满足权利而存在的，义务本身不具有单独的意义。这也是法制教育与道德教育及其作为上位概念的思想品德教育在定位倾向

---

① 〔美〕本迪特：《作为规则和原则的法律》，斯坦福大学出版社，1978 年版，第 168 页。

② 张文显：《法哲学范畴研究》，中国政法大学出版社，2001 年版，第 334～336 页。

③ 祖嘉合、宇文利：《思想道德修养与法律基础前沿问题研究》，安徽人民出版社，2012 年版，第 162 页。

上的不同，在思想政治教育的框架内引入法制教育，恰好可以弥补传统思想政治教育重义务轻权利的结构性失衡。更为重要的是，个体权力意识的觉醒，是公民主体意识确立的前提，而公民主体意识的确立，又是政治民主化的一个前提，因此在思想政治教育中加入以权利为导向的法制教育，既需要也必要，是传统思想政治教育向现代化转型的重要跨越。

第六节　小结和评论

新世纪给人们送来了新希望、新愿景，同时也带了新环境、新挑战。全社会都处在一个变革图强、推陈出新的历史文明关键时期，信息网络化从根本上改变了人类的存在和交往方式。经济全球化使中国不断加大和加快法治化建设的力度和步伐，文化多元化为社会主义核心价值观在百“念”交集的纷繁年代独领风骚增加了现实难度。在从传统向现代、从保守到开放、从落后到先进的改革发展洪流中，法治是中国无法绕过的课题。在以作为国家未来和民族希望的大学生为目标群体的高校法制教育中，同样是矛盾激增、困难重重，机遇和挑战并存。实践证明，一方面大学生法律意识普遍提高了；另一方面，大学生犯罪又呈上升趋势，这本身就是一对矛盾。而网络社会有时会使现实中种种冲突和矛盾的负效应始料未及地成倍扩大和传播。在中国民主法制建设稳步发展进程中，这是高校法制教育发展到一定历史阶段后需要直面的问题和挑战。

一、大学生法律意识普遍提高

大学生是有知识、有才华、有希望的一代，同时也处于公民意识的萌生年龄。在面对新形势、新机遇的历史条件下，从法律基础课堂教学到校园法制宣传，从全民普法教育到法制进校园，从学生实际到身边事例，从法律兴趣到自我需要，从求职就业到自主创业，从用工要求到社会约束，都活跃着大学生的身影，闪动着大学生的火花，他们思维缜密、敏捷，他们有能力甄别和比较、去伪和存真，把政治观、道德观和法制观有机地融为一体。

（一）民主意识提高

在中国的改革和发展事业推进到新世纪、新阶段的今天，民主、自由、平等、公正的思想业已被广大学生所接受，大学生虽然对社会主义民主实质的认识有时有些偏颇，对资本主义民主的理解有时不够理性，一些大学生对民主法制的认识仍然比较模糊，对民主的目的和内容了解不深刻，但是，这林林总总的不足之处无法遮盖一个不争的事实，那就是大学生的民主观念越来越增强。通过高校法制教育，大学生知道应当做什么，可以做什么，不可以做什么。“用法律深刻的思想内容和道义精神为他们树立起判断是非曲直的标准，用以评价和预测他人及自己行为合法或非法的尺度，尊重公平竞争的法律秩序，理解他人的合法权益并正当获得自己的合法利益，按照法律原则和道德观念，公道正直地为人处世，主动维护社会的公平正义”。[①]

大学生的民主意识提高主要体现在两个方面。一是大学生的平等意识增强。平等是民主的灵魂，没有平等就没有民主。在社会主义社会，无论贫穷或富贵，城市或乡村，官员或平民，公民的权利在法律上都是平等的。大学生在发展个性自由、实现自我价值的同时，也在尊重他人的价值和权益。二是大学生中的先进分子、学生党员、学生干部积极参与民主决策、民主监督、民主管理，体现民意、保障民权的观念极大地增强了学生依法办事、遵纪守法、清正廉洁、崇尚公正的朴素观念和基本素质，为我们党造就具有民主作风、法治观念和清廉之风的新一代后备力量集聚资源、夯实基础。

（二）维权意识提高

一般认为，“一个国家公民的权利意识在一定程度上代表了这个国家法治建设的水平。也就是说，民事主体的权利意识高，则这一国家的法治水平建设状况就相对较好；反之，则较低”[②]。大学生不仅享有宪法、法律规定的公民权利，同时还享有大学生的特殊权益。概括起来，大学生权利有：对学校教学计划提出异议或合理化建议；依法

① 林樟杰：《高等学校思想政治工作新认知》，上海教育出版社，2009年版，第339页。
② 高超：《大学生素质教育十八讲》，人民出版社，2010年版，第83页。

享有选举和被选举权；依法结婚生育；维护自己的基本权利、人身自由、个人财产及隐私；在教职员工不作为的情况下，有权向更高级领导反映情况；对处分处罚决定提出申辩、申诉；参加各项体育锻炼、各类竞赛活动；男女学生享有公平平等待遇的权利；享受学校规定的医疗卫生补贴；分享学校、院系或班级的集体荣誉或奖励成果；向学校或学工处申请成立学生社团组织；利用课余时间进行社会实践和勤工助学活动；自由选择工作单位；依法享受双休、节假日及寒暑假；知情权。

保障公民的基本权利是我国宪法和法律的基本价值取向，在现代社会，每一个社会成员都有自己独立的人格和不得任意侵犯的法定权利，通过高校法制教育，大学生对自己的权利更加明晰，对于侵犯自身权利的行为所做出的反应也多能选择按照法律程序维护权益，而不是自认倒霉或寻求私立救济。对于屡见不鲜的大学生维权案例不断见诸报端，这在充分体现大学生的维权意识增强和提高的同时，也对高等学校的法治化教育管理提出了新的课题和更高的要求。大学生的法律意识提升了，作为教育者和教育管理者的法律意识应当先行提高和改善，只有这样才能让大学生在制度化、规范化、法治化程度不断提升的高等学府中切实感受到依法办事、依规办事、依法管理的法律权威和神圣，用铁一般的表率自证了一个不言而喻的事实，即高校法制教育无时不在，无事不在。

（三）用法意识提高

法律实践表现在两个方面，一是守法，二是用法，两者有无是法律素质有无的具体体现，而两者能否有机结合才是法律素质高低的衡量标准之一。守法仅仅表现在对法律义务的履行和遵守，是一种内在表现形式。用法既表现为对法律义务的履行和遵守，同时又包括对权利的保护和信仰，与各种不同的不法侵害行为做斗争，采取种种形式和合法手段，通过法定程序来实现自己的权利，是一种两者结合的外在表现形式。因此，通过对大学生进行法制教育，重点是为了提高他们的用法意识。用法意识的内容十分广泛，包括对法的本质和功能的认识，对现行法律制度和体系的要求和态度，对法律规定的理解，依法行使自己的权利，用法律维护自己的合法利益，忠实履行对国家、社会和他人的义务，养成依法办事的习惯，正确处理好国家利益、集体利益和个人利益的关系。大学生只有牢固树立用法意识，才能做一个知法、尊法、守法的合格公民。

“天下之事，不难于立法，而难于法之必行”，践行法律意识要做到学法、守法和用法统一起来，不能忽略任何一个方面，忽略任何一个方面都是法律意识的一种缺失，也难以真正做到用法和护法。法律就在我们身边，弘扬法治精神，才能形成全民学法、尊法、守法、用法的良好社会氛围。建设法治国家，需要全社会、全体公民积极参与。大学生作为未来社会的精英阶层，自觉主动弘扬法律精神，传播法治理念，维护良好的社会秩序和道德风尚，是高校法制教育不断凸显其法治化育人效果的有力展示和有为彰显，也是高校法制教育在中国民主法制伟大进程中继续拓展和深化的不竭动力。

二、大学生犯罪呈上升趋势

大学阶段，青年学生的法律意识尚处于未定型状态，一些大学生在自己的合法权益受到侵害时，不能积极、有效地用法律武器来维护自己的正当权益，而是以消极的态度来应付，有时甚至采用过激或者两败俱伤的手段来报复或讨回“公道”。近些年来，备受社会关注的马加爵杀人案、清华大学学生刘海洋硫酸伤熊事件、复旦大学黄洋被投毒案以及个别大学生因为日常口角或是难以承受情感问题而导致的犯罪等，成为大学生法制意识淡漠而造成恶果的典型案例。在高校校园内抄袭论文的现象时有曝光，一些大学生在互联网直接下载或者从别处抄袭论文，侵犯了原作者的知识产权，属于违法行为。在各种全国性、地方性统考中，枪手代考、作弊的现象也是屡禁不止，这些学生丧失了诚信，严重违反了校规校纪。在大学生应聘求职过程中，与用人单位签订供需合同后又单方撕毁协议的现象更是屡见不鲜。类似这样的案例和现象实在是不胜枚举，不仅断送了大学生自己的前途和人生，而且触及了法律的底线，造成了恶劣的社会影响和无法挽回的结果。

（一）大学生犯罪的现状

以北京地区为例，“1986 年大学生违法犯罪人数占在校大学生总数的0.36‰，1989年上升为0.5‰，1998年已达到0.6‰”[①]。从北京市公安局海淀区分局的统计数据中，我们不难看出：从2000年到2005年，大学生犯罪人数逐年增加，2005年被海淀区分局刑事拘留的大学生是2000年的3.8倍，大学生犯罪人数共上升282%。无独有偶，上海市检察机关统计，“在2000年至2002年三年中由公安机关提请，经上海市检察院第一、第二分院审查批准逮捕的大学生共有48人，另有3人自首。而1997年到1999年的时候，被批准逮捕的大学生不过14人”[②]；另据统计，“从2003年到2006年，浙江省瓯海区被移送起诉的犯罪嫌疑人学历为专科以上、年龄分布在19岁至25岁之间的案件总共有14件，呈逐年上升趋势”[③]，大学生犯罪问题已愈发严重。尽管这种大学生“负成长”现象并不是普遍现象，但是触目惊人的数据的确应当引发人们的深入思考和社会各方的广泛关注。

自1999年高校扩招以来，全国各地区大学生犯罪呈持续上升势头，“大学生刑事犯罪立案数和罪犯数都在大幅度增长，其上升幅度已经超过了高校扩招和在校大学生增长幅度”[④]。据不完全统计，“2000年大学生犯罪数比1999年增长了54.5%，2001年又比2000年增长了97.5%，大学生犯罪人数也在同比例增长；从2003年到2005年三年间，全国高校在校大学生的犯罪率平均每年上升120%”[⑤]。面对这冰冷的数据，我们不得不冷静思考：高校扩招使更多的青年人能够接受高等教育，但是在追求数量的同时，为什么教育质量反而有所下降？高校法制教育能否及时调整以跟上形势的新变化？高校法制教育的效果是否尽如人意？

下面表中列举了近十年来每年大学生恶性犯罪的典型性案例，虽

① 康树华：《中国犯罪学研究会调查》，《北京晨报》，2001年11月6日。

② 何文庆：《“校园犯罪”亟须引起重视，申城大学生犯罪率上升》，《上海劳动报》，2003年6月9日。

③ 瓯海区检察院：《年轻大学生犯罪率上升应引起关注》，2006年5月30日，http://www.ouhai.gov.cn/site/zfw/article.jsp?articleId=8596。

④ 周振杰：《当代大学生犯罪的现状、原因与对策》，《中国大学生就业》，2012年第8期，第59页。

⑤ 洪冬：《浅析大学生犯罪原因及预防》，《中国科教创新导刊》，2007第16期，第163页。

然不可能穷尽全国所有的案例，难免挂一漏万，但是至少能够以点带面、管窥一斑，对大学生刑事犯罪的动机、目的、手段、情节和主观恶性做一基本了解和认识。

时间	学校	姓名	简要案情	罪名	刑罚
2001	中国科学院上海有机化学研究所	黄小庭（博士生）	多次参与制造毒品	制造毒品罪	有期徒刑 8 年
2002	清华大学	刘海洋	用硫酸泼熊	故意毁坏财物罪	免予刑事处罚
2003	浙江大学	周一超	持刀加害公务员招考工作人员，造成一人死亡、一人重伤的后果	故意杀人罪	死刑，剥夺政治权利终身
2004	云南大学	马加爵	因琐事与同学结怨，产生报复杀人恶念，先后将 4 名同学残忍杀害	故意杀人罪	死刑，剥夺政治权利终身
2004	北京外国语大学	罗卡娜（女）	与同学发生争执，持刀猛刺致其死亡	故意伤害罪	死刑，剥夺政治权利终身
2005	长沙某知名高校	罗吉军卓科	为获取创业的“第一桶金”，跨省抢劫杀人	故意杀人罪、抢劫罪	死刑，剥夺政治权利终身
2006	长沙医学院	李爱娟（女）	偷用舍友电话怕暴露，用菜刀砍倒致其重伤	故意伤害罪	无期徒刑，剥夺政治权利终身
2007	黑龙江某大学	郭浩	利用黑客病毒盗窃网上银行	盗窃罪	有期徒刑 12 年
2008	中国政法大学	付成励	用菜刀砍伤授课教师致其死亡	故意杀人罪	死缓，剥夺政治权利终身
2009	吉林农业大学	郭力维	用尖刀扎同寝同学数刀致其身亡	故意杀人罪	死缓，剥夺政治权利终身
2010	西安音乐学院	药家鑫	驾车撞人后将伤者刺死后逃逸，再次撞伤行人后再次逃逸	故意杀人罪	死刑，剥夺政治权利终身
2013	复旦大学	林森浩	在宿舍饮水机中投毒，致舍友黄洋身亡	故意杀人罪	死刑，剥夺政治权利终身

从以上大学生恶性犯罪的案情特点和案情背后，我们可以得到两点启示：第一，大学生犯罪呈上升趋势的事实已经刻不容缓，应当积极采取有效措施予以干预和预防，其中开展针对性强、实效性好的高校法制教育应是教育工作的重点和难点。第二，虽然个别大学生的犯罪行为极其残暴，但这毕竟是个案，并不代表全国大学生的整体风貌和法治取向，更不能以偏赅全、妖魔化大学生犯罪的现实情况。大学

生犯罪是高校法制教育中一个不得不提的话题，高校法制教育的好坏与大学生犯罪是否有直接关系应当是一个值得深思的问题。是否可以简单地说“高校法制教育好，大学生犯罪就少；反之，则多”？答案应当是否定的。不能武断而粗陋地将高校法制教育的有效性与大学生犯罪简单、直观、正向地对等起来。大学生犯罪的原因是多方面的，但至少需要澄清一个观点：在当今社会，随着大学生与外界、与社会、与网络交流增多，大学生犯罪已经成为亟须全社会直面的问题。然而，一旦出现了大学生犯罪，就单方面苛责高校法制教育失败的观点是不可取的。毋庸置疑，作为高校思想政治教育视域下的一个重要分支，高校法制教育承载着普及法律知识，增强法治观念和法律意识，提高守法、用法、护法能力的教育使命，是高等教育人才培养全面发展的一个重要环节。但是，若把大学生犯罪单方面归咎于高校法制教育，是违背客观事实和规律的错误观点，也是不应强加于高校法制教育的刚性职责，应当予以矫正和阐明。

（二）当代大学生犯罪的特点及趋势

从司法机关受理的大学生违法犯罪案件来看，大学生犯罪不仅人数不断增多，涉及的犯罪领域不断扩大，而且犯罪手段也越来越恶劣，学历层次越来越高，不断呈现出新的特点。

第一，大学生犯罪主体宽泛化。在当前的大学生犯罪案件中，大学生犯罪主体范围在不断扩大，涵盖了各类大学生，主体开始呈现低龄化，因心理问题而引发的犯罪日趋增多。从学历层次上看，包括了高职生、专科生、本科生、硕士生、博士生各种学历层次的大学生；从性别上看，男性大学生在犯罪主体中占多数，但女大学生犯罪呈现出不断增加的态势。从专业上看，犯罪主体也已经涉及了目前我国高校几乎所有专业的学生，甚至包括法律专业的学生。

第二，大学生犯罪类型日趋多样化。目前，大学生犯罪表现出类型多样化的特点，大学生犯罪覆盖了我国刑法规定的大部分类罪和种罪。从犯罪种类来看，大学生犯罪多以财产型和伤害型为主，其中财产型违法犯罪居于首位，占全部违法犯罪案件的60%以上。近年来，大学生逐渐开始参与一些新的犯罪种类，且呈增长的趋势，如贩毒、走私、组织介绍卖淫、网络诈骗等。

第三，大学生犯罪呈现团伙化的趋势。近年来，行为主体的团伙性，是当前大学生犯罪的一个明显趋势，大学生犯罪已开始从校园扩展到了社会，首先表现为大学生与校外不法人员相互勾结、里应外合作案，作案团伙化，团伙犯罪在诈骗罪、抢劫罪与走私罪中表现尤为突出；其次还表现为校外人员将高校校园作为实施犯罪行为的地点，利用大学生防范意识、自我保护意识较弱的劣势开展团伙性犯罪，并在实施犯罪的过程中同化大学生中的个别分子为同伙，通过小恩小惠或是利益诱惑腐蚀其思想意识，攻破其心理防线，使其沦为不法分子。

第四，大学生犯罪日益多元化和智能化。多元化和智能化犯罪的犯罪手段表现出比一般犯罪更甚的高智能、高技术以及高危害性。随着计算机网络技术的发展，网络犯罪成为大学生犯罪的新趋势。有些大学生开始将自己掌握的专业知识运用到犯罪牟利之中，如计算机违法犯罪、信用卡违法犯罪、商业欺诈违法犯罪等。

（三）当代大学生犯罪的原因分析

犯罪原因是一个复杂体，根据一份对 12 所大学在校大学生关于大学生犯罪原因的问卷调查表明：认为大学生犯罪是个人修养与个性因素导致的占 73.4%；认为是由于心理因素造成的占 54%；认为大学生犯罪受家庭因素影响的占 43.2%；认为是由于法律素质低下的占 46.2%；认为是受环境因素影响、交友不当的占 21.6%。由数据统计可见，当代大学生犯罪原因既有来自犯罪主体自身方面的因素，也有来自犯罪主体以外的因素，是各种因素相互作用、相互影响的结果。①

1．自身因素与大学生犯罪

大学生违法犯罪，与自身的价值理念、心理素质、思想观念、道德修养、行为习惯和思维方式是分不开的。

首先，心理障碍因素是导致大学生犯罪的重要原因。心理疾病是大学生自身发展的一大障碍，存在心理障碍的大学生内心常常充满自

---

① 曲长海、汪志君：《当代大学生犯罪的原因及其防控对策分析》，《东北农业大学学报》，2012 年第 1 期，第 35～36 页。

卑与自信、理想与现实、感情与理智的矛盾，以及由自身与现时状态的反差体验带来的严重失落感和挫折感，常会导致产生犯罪动机和变态心理的犯罪。而且，一般而言，大学生犯罪嫌疑人在案发之前都会有较为长期和严重的心理问题甚至心理疾病，由于没有及时得到干预、调适和治疗，最终导致了走向犯罪的恶果。教育部的一项调查结果显示：在接受调查的 126 万名大学生中有 20.23％有不同程度的心理障碍。另据一项对全国 22 个省市的调查显示，大学生有心理障碍者占 16～25.4％，其中有焦虑不安、恐惧、神经衰弱和抑郁情绪等心理问题的大学生占学生总数的 16%以上。

其次，道德责任意识缺失。绝大多数违法犯罪的大学生，都不同程度地存在着道德责任意识的缺陷。《中国青年报》一篇题为《大中学生与中国十大杰出青年面对面——我们离“杰出”还有多远》的文章中提到：共青团陕西省委的一次大型大学生思想状况调查中，被调查者在被问到“如果在街上有人需要救助时，你会怎样”时，22%的人选择了“与自己无关”和“心里同情但自己不要去做”。由此可见，传统道德观对犯罪的抑制作用已逐渐弱化。

此外，价值观错位引发道德行为失衡。价值观念是影响甚至支配人们行为和思想的重要精神因素。近年来，西方思潮大量涌入，资产阶级的世界观、人生观、价值观，对大学生自我意识的形成和发展产生了相当大的影响。据有关调查，我国盗窃犯罪位居大学生犯罪的首位，这种犯罪行为的发生大多与这些大学生追求享乐的心理需要有关，女大学生的犯罪中，享乐型犯罪占到了 80%以上，主要表现为卖淫和盗窃。

2．家庭因素与大学生犯罪

大量的有关青少年犯罪研究资料表明，家庭与青少年犯罪有着最直接的关系。家庭与大学生犯罪的关系主要涉及家庭的教育方式以及大学生所处的家庭结构的完整程度。

首先，家庭教育方式的影响。家庭教育的失当是青少年犯罪滋生的土壤。一个人的社会化过程始于家庭，其早期生活经验深刻地影响其一生的发展。美国犯罪学家戈夫指出：“家庭在青少年犯罪中扮演关键角色是在对越轨行为研究中最受瞩目和最经常重复的发现”。[①]换句话说，不良的家庭教育环境则会导致人格缺陷和行为偏差，往往是造成违法犯罪的重要因素。目前，我国家庭教育失当现象相当严重，家庭教育重智轻德，家庭给予孩子更多的是经济上的支持，很少关注孩子行为、心理、道德修养的培养，其结果必然是培养出一定数量的缺陷人格者。

其次，家庭结构的影响。正所谓“近朱者赤，近墨者黑”。大量的大学生犯罪的事实表明：处于离异、破碎家庭，钱势、权势家庭，家庭成员有违法犯罪行为的家庭等“问题家庭”的大学生较之处于正常家庭的大学生更容易犯罪。根据一份对 100 名离异家庭子女的调查，其中 48%的孩子有自卑心理，40%的孩子性格孤僻、感情脆弱，25%的孩子感情起伏不定。全国人大内务司法委员会组织的对八个省近两千名违法犯罪青少年的调查则表明，约有 50%的青少年的家庭成员或近亲属中有违法犯罪的记录。

3．学校教育因素与大学生犯罪

高校是大学生继家庭之外的第二个主要社会化场所，高等教育状况的好坏，直接影响着大学生犯罪的产生与否。爱因斯坦曾尖锐地指出：“学校的目的始终应该是：青年人在离开学校时，是作为一个和谐的人，而不是作为一个专家。”目前，我国高校教育理念和教育内容不完善已成为大学生犯罪增多的一个重要原因。

首先，高校思想政治教育实效性不高。学校思想政治教育的实效性不高和大学生责任意识的淡化之间有着密切联系。我国是以应试教育为主的国家，在应试教育中常忽视对学生宽容、诚信、责任等良好道德观念的培养。而我国高等教育重智育轻德育的现象同样普遍存在，致使高校思想政治教育被不同程度地淡化，忽视对大学生的综合素质的培养和提升，未能真正引导学生形成正确的人生观、价值观、道德观和法制观。

① Gove, W.R.：The Family and Juvenile Delinquency. *The Socioiogical* Quarterly, 1982(23): 301~319。

其次，高校法制教育滞后。法制教育是培养大学生法律意识的基本途径。而大学生法律意识淡薄、法制观念欠缺、用法能力较弱是当前高校中普遍存在的现象。我国高校对大学生的法制教育存在的弊端表现在：一是对法制教育的重视程度不够，往往是流于形式，陷入“说着重要、干着次要、忙着不要”的现实怪圈；二是对法律基础课程的定位存在偏差，仅将法律基础课作为一门政治课进行传授，未能给法律基础课以准确的定位。作为高校主课堂唯一一门公共必修课，本就“少得可怜”的法律基础课程的课时还在不断进行精简、压缩。学生对法律的认知很大程度上成为一系列知识点的罗列、堆积，或是应付考试、取得学分的快餐式记忆，没有真正构建起学以致用、理论联系实际的实践平台和转化机制。

此外，高校心理健康教育缺失。2003 年教育部下发《普通高等学校大学生心理健康教育工作实施纲要》，要求各高校加强大学生心理健康教育，而目前我国许多高校心理健康教育或未开展，或刚刚起步，尚处于探索建设阶段。就我国的现状来看，从基础教育到高等教育都存在心理和人格教育长期缺失的尴尬。有关数据表明，国外高校学生与心理医生的比例是 400∶1，我国教育部要求的是 5000∶1，我国的现状仅为 10000∶1，其结果必然是多数学生的不良心理无法得到及时矫治。

4．社会环境因素与大学生犯罪

在犯罪形成过程中，行为人的个体主观因素起直接作用，而社会因素则起着根本性的决定作用。“蓬生麻中，不扶而直；白沙在涅，与之俱黑”，充分说明了环境对人的影响。近几年，随着市场经济的发展，高校与社会的联系也越来越紧密，大学生参与社会活动的机会大大增加，这在某种程度上成为大学生违法犯罪的一大诱因。此外，社会上各种不良思想和文化也随之涌进校园，这使得大学生们面临着更多的诱惑和冲击。

首先，市场经济环境的影响。市场经济体制更多地强调个体利益，以自己的利益作为自身行为的成败标准，多数个体很少关心或者不顾他人利益和社会整体利益，不愿意承担社会责任。就大学生犯罪而言，在市场经济的冲击下，市场经济的许多观念如效率观念、自由观念、注重物质利益观念等在大学生的道德形成过程中逐步确立，实用主义、拜金主义、享乐主义、消费主义等思想盛行，消费和享乐成为一些大学生的优势需要，当经济满足不了需求时，便会产生犯罪动机。

其次，文化环境的影响。目前我国正处于一个新旧文化交替、东西方文化相互渗透、自由化与多元化的时代，新文化同传统文化、外国文化同本民族文化的冲突，使传统道德对犯罪的抑制作用大大削弱。多元的文化环境为大学生犯罪动机合理化提供了便利。对大学生而言，他们正处在文化需求高峰期，模仿性强、可塑性大，一些非主流文化及不同背景的西方文化对他们产生着不可低估的影响。多元文化的影响特别是来源于网络、电视、广播、书刊等大众传媒的亚文化的影响正日益成为大学生犯罪的催化剂。德国社会学家施奈德也指出："我们头脑中关于犯罪的图像大多是由大众传媒所反映的。"①大学生中许多暴力与色情犯罪都源于媒体的影响，如提供犯罪行为的方式、减弱人对犯罪行为的敏感度、诱导大学生的偏执道德观的形成等。

（四）当代大学生犯罪的对策与预防

犯罪预防是减少犯罪的最有力的办法，大学生犯罪预防的重点在于以教育、保护为主，同时大学生犯罪的事后矫治也不可缺少，其主要措施通常是通过刑罚的威慑作用从而达到其减少犯罪的目的。总体而言，大学生犯罪预防主要来自于家庭预防、学校预防和社会预防三大防线。

1．家庭教育预防

在家庭防线、学校防线和社会防线这三道防线中，家庭防线是最基础的防线。学校对大学生的引导是整体的、普遍性的引导，而家庭教育是对大学生有针对性、个别性的引导，其中家庭关系和家庭教育是预防大学生犯罪的关键因素。家庭教育对于一个人的性格、品质和情操的培养起着重要作用。家庭教育方式不当、家庭结构不健全是影响大学生犯罪的主要家庭因素。对此，家长一要维护家庭结构的完整，

---

① 徐久生：《德国犯罪学研究探要》，中国人民公安大学出版社，1995 年版。

给孩子一个良好的家庭文化氛围，发挥其良好的教育功能；二要选择良好的教育方式和手段，注意孩子的个性发展，在配合学校教育的前提下，有针对性地加以引导，对孩子的违法违纪现象，要多加教育、约束和引导。此外，家长的言传身教、身体力行更是家庭教育预防的关键。

2．学校教育预防

大学阶段是大学生形成人生观、道德观、价值观和法制观的关键阶段，大学生能否顺利地完成从学校到社会的过渡，高校起着至关重要的作用。因此，高校要在以下几个方面做出努力。一要加强思想道德教育和法制教育，使大学生形成良好的个体素质。学校一方面要在大学生中广泛开展社会公共道德和家庭美德教育，积极开展道德实践活动，引导大学生形成基本的道德观念；要加强法制教育，使大学生知法、懂法、守法，帮助大学生形成依法办事的思想意识。二要加强对大学生的心理引导，培养健康的心理素质。这主要是针对大学生心理发展不够成熟的特点，有意识地开设心理健康教育课程、心理健康知识讲座、心理咨询服务等等，帮助大学生形成健康向上的心理。三要建立各项规章制度，加强对大学生的管理。随着高等学校教育体制改革的不断深入，学校应根据新形势、新情况、新问题，切实加强学生的管理。一方面，健全各项规章制度，规范学生的各种行为，从而形成良好的班风、校风。另一方面，管理人员要注意深入实际，重视调查研究，及时发现并妥善处理各种矛盾。思想政治工作要耐心细政、入情入理，对有犯罪苗头学生的违纪行为要严肃处理，更要解决其思想症结，防范其走向犯罪。

3．社会预防

社会预防是犯罪预防的一个重要种类，即对社会上存在的产生犯罪的社会因素依靠社会力量而进行的预防。一是完善立法，司法、行政依法办事，全面推进社会主义法治国家建设，这是预防大学生犯罪的关键所在。随着大学生群体日益增大，保护大学生的合法权益也应引起各方重视。二是加强精神文明建设，净化大学生犯罪的文化背景。创设大学生健康成长的社会环境首先要加强精神文明建设，培育先进的校园文化，形成良好的育人环境；同时，要阻断不良文化的传播，政府部门要加大对文化娱乐场所的监管力度，加强对文化市场的整顿，净化大学生周边的不良文化环境。三是进行惩戒性预防，对于违法犯罪的大学生个体，依据法律、法规分别给予行政处罚、刑事处罚。惩戒性预防是预防大学生犯罪的最简单、最直接的途径，一方面，通过罚款或者监禁等处罚减少和避免犯罪大学生再次犯罪；另一方面惩戒性预防可以帮助社会群体辨别社会所阻止的行为，进而对其他大学生起一定的警示和预防犯罪的作用。

总之，大学生犯罪问题是我国高等教育发展过程中遇到的新情况、新问题，充分发挥社会、家庭、学校及个人的合力，可以从一定程度上抑制大学生犯罪率。

三、高校网络法制教育亟待跟进

导致大学生网络违法犯罪行为发生的原因是复杂的，各种因素往往相互交织、相互影响，因此网络法制教育也堪称是高校法制教育领域的一块“硬骨头”。有些原因的存在有着复杂的背景，如网络自身特点产生的负面效应、网络立法的缺陷、网络违法的破案难度大等。其中大学生对网络法律的无知和网络法律意识的弱化，也是导致大学生网络法制教育效果不佳的重要原因。在网络法制教育中，不单是普及法律知识，更要注重培养法律意识、增强法制观念、规范法治行为，这是提高大学生法律素质、预防网络违法行为的关键。

第一，引导大学生学习网络法律知识。当代大学生热衷于上网，几乎每一名大学生都是“网民”，但大多数学生对于计算机网络方面的法律法规知之甚少，甚至有人认为“网络无边、规则无限”。在一项有关大学生上网的调查中，“53. 7%的大学生对我国网络管理方面的法规不了解，另有 37. 6%的大学生听说过但不清楚细节”[①]。1994 年我国颁布了《计算机信息安全保护条例》，之后又制定和出台了一系列的法律法规，1996 年《计算机信息网络国际联网暂行规定》，2000 年《维

① 胡礼祥、费英勤等：《关于网络对高校学生影响的调查与思考》，《学校党建与思想教育》，2001 年第 2 期，第 77 页。

护互联网安全的决定》，对于规范人们的网络行为起到了积极作用，制约和震慑了网络违法和犯罪行为。除此之外，《刑法》、《著作权法》等法律文本中也有相应的规定，公安部、工信部等部委也分别就信息技术的有关事项制定了相应的条文。要让大学生通过对法条的学习和了解认识到，虽然我国目前关于网络立法存在含糊、滞后等问题，但并非无法可依。通过网络法律知识的普及和讲解，使大学生明确网络行为违法与否的界限，明确网络违法行为所要承担的法律责任，起到调整、控制、矫正大学生网上行为的作用。1997 年公安部发布的《计算机信息网络国际联网安全保护管理办法》第五条规定："任何单位和个人不得利用国际互联网制作、复制、查阅和传播下列信息：宣扬封建迷信、淫秽、色情、赌博、暴力、凶杀、恐怖，教唆犯罪的。"[①]这样的规定可以帮助大学生明确分辨网络社会中由于主体的匿名匿形而导致合法与非法模糊的问题，从而使学生掌握和遵守网络法律规范。

第二，强化大学生网络法治意识。由于网络的虚拟性和隐蔽性，大学生交往的对象往往只是象征性的符号，他们面对的不是活生生的有思想的个体。在这种环境下，实施网络违法行为后，实施者一般不会面对受害者痛苦的呻吟和血腥的场面，在主观上负罪感和愧疚感无形中被弱化，容易使实施者在心理上得到自我安慰和自我宽恕，甚至有人还会产生一种"唯我独尊"的成就感。因此，一方面要加强大学生"网络责任"意识的教育，使其对个体行为负责。只有认识到有责任、有义务，才能自觉规范自己的网络行为，减少网络违法和犯罪，在法律限定的范围内享受信息社会带来的方便和快捷。另一方面，要帮助学生培养网络法律思维方式，学会用法律的视角看待网络，而不是主观臆断或是为所欲为，网络环境下的法治意识同样重要。在高校法制教育主课堂课时有限的不利条件下，如何调动大学生的积极性和主动性，能够从法律角度规范上网行为，形成法律思维，遵守网络规

① 公安部：《计算机信息网络国际联网安全保护管理办法》（公安部令第 33 号），1997 年 12 月 30 日。

则，是一个新形势下遇到的新问题，也是一项复杂而系统的工程，需要发挥思想政治教育全员育人、全程育人、全方位育人的功效，多措并举、通力配合，应对网络化给新世纪中国高等教育带来的全面冲击和严峻挑战。

第三，建立独立长效的网络法制教育运行机制，其主要措施有以下几个。一是建立监管机制。高校应当建立一个专门的法制教育管理部门，专司大学生网络法制教育监管职责。这个部门可以由现有学校职能机构担任，也可以单独设立，通过宏观把控、科学考核，全方位领导和管理网络法制教育的具体研究和实施。二是要加强保障机制。争取财务和后勤部门的支持，加大资金投入，支持教材设备和宣传材料的征订，支持教育基地建设，支持教育实践活动的开展，支持任课教师的培训和学习等，确保网络法制教育发展后劲足。三是落实责任机制。必须强化领导责任、教学责任和管理责任，把网络法制教育纳入学院目标管理。学校与分管领导、任课教师、辅导员签订责任状，作为考核年度工作的重要内容之一。考评做到三结合，即单项考评与全面考评相结合，自查与抽查相结合，阶段评估与终结性评估相结合，建立法制教育和依法治网的长效机制。四是坚持学习机制。知法是守法和护法的重要前提，要使网络法制教育的效果长期保持下去，必须将学习贯穿于高校的各项活动中，保证学习时间、内容、人员、效果的“四落实”。要坚持和完善学法制度，规范学法内容，落实学法计划，丰富学法形式，注重学法实效。

第四，拓展网络法制教育的新内容和新方式。目前我国尚无专门的网络立法，国家和政府应当尽快完成这项工作。独立的法制教育体系应当包含独立的法制教育课程，课程内容应当包含与网络相关的法律、法规等，例如：《中国互联网络域名管理办法》《互联网上网服务营业场所管理办法》《互联网站从事登载新闻业务管理暂行规定》《互联网电子公告服务管理规定》《互联网信息服务管理办法》《计算机信息网络国际联网安全保护管理办法》《中华人民共和国计算机信息网络国际联网管理暂行规定实施办法》《中华人民共和国计算机信息网络国际联网管理暂行规定》《中华人民共和国计算机信息系统安全保护条例》等。实际教学中，还应保证足够课时，这样才能使网络法制教育内容的完善性逐渐得以改进。

教育方式上，传统的课堂说教不能完全适应新时期网络法制教育的要求。要遵循寓教于乐、形式多样的原则，创新方法，采用灵活多样的教育方式，同时要注重以下几个“结合”。一是形象教育与理论教育相结合，突出法制教育的实践性，引导和鼓励大学生参与法制教育实践，如列举身边的网络法制教育案例，组织大家积极讨论，自觉运用法律这一有力的武器来解决具体问题；参观网络法制内容的图片展览，观看网络法制内容的影视剧、小说、报告文学等。二是分散渗透与集中教育相结合，提高法制教育的渗透性。根据内容的相关性质，高校可把网络法制教育有针对性地渗透到思想政治教育和计算机技术教育中。也可充分发挥学生社团组织的作用，利用网络、广播、橱窗、展板等各种宣传阵地，把网络法制教育渗透到大学生学习和生活的方方面面。三是参与教育与灌输教育相结合，强调网络法制教育的能动性。大学生既是教育对象，又是教育主体。可动员他们参与和网络教育有关的管理，如各项规章制度的制定完善、贯彻执行和监督落实等；可经常举办一些网络法律知识竞赛、演讲赛、模拟法庭等活动；也可利用法律宣传日、消费者权益保护日进行普法宣传等，使他们在参与过程中受到教育和启发，最终帮助他们实现自我教育之目的。四是社会教育与学校教育相结合，注意法制教育的社会性。充分发挥社会实践作用，提高大学生法律实践能力，在实践中感受为什么要遵守及如何遵守法律规范。聘请法院等部门人员担任兼职教师，讲授网络法制教育的时新内容；可建立家长教育委员会，并定期沟通和培训，争取家庭教育这股辅助力量；也可建立网络法制教育基地，争取公安、司法、工商、文化等部门的外援。多措并举，整合家庭和社会资源，才能最大限度形成教育合力。①

第五，健全网络法制教育的师资力量。影响教育实效性的各种因

① 黄新建等：《学生网络法制教育研究》，《学校党建与思想教育》，2010 年第 11 期，第 70 页。

素中，最关键的是教师因素，高质量的教师队伍是培养和提高大学生网络法律素养的根本前提和保证。高校领导应从培养合格时代人才的高度，对网络法制教育及其管理和任课教师予以足够重视。在高校教育政策上，应大力倡导和宣传良好的网络法律素质是对现代合格大学生的时代要求，从正确价值观高度强调网络法制教育的意义。在具体措施的实施上，要鼓励管理和任课教师积极投身于网络法制教育工作，充分调动其研究和实践的积极性。由于网络法制教育是传统法制教育的延伸，与高速发展的网络技术和网络文化息息相关，这就要求网络法制教师不仅要懂法律，也要懂电脑、懂网络。因此，健全网络法制教师队伍，就是努力造就一支具有较高思想政治理论水平，掌握高校教育规律和大学生成长规律，熟悉法律知识和网络技术特征，专兼结合的高素质人才队伍。他们可以是高校专职法律教师，也可以是从司法部门聘请的有经验的兼职教师。这支以专职教师为主体、以兼职司法教师为补充的优质法制教育师资队伍，自身综合素质高，在教法、守法、用法过程中，能以身作则，能通过自己的实际行动感染身边的学生，为实现大学生网络法制教育的实效性提供最根本的人才保障。

第七章　新中国成立以来高校法制教育的辩证反思与未来展望

新中国成立至今已经走过了六十多年，中国的法制建设和法制教育发生了沧海桑田的变化。“这个变化如此之大，反差如此鲜明，过程如此复杂，内容如此丰富，足以为我们提供一个观察现代中国发展的独特视角”。[①]本书回顾了中国高校法制教育六十多年的发展历程，以改革开放为时间界线，将新中国成立后的高校法制教育分为两个主要时期，其中每个时期还能再细分为若干个小的历史阶段，注重历史与现实衔接、事实与问题兼顾，以期能够以史实为依据再现新中国成立后高校法制教育随着中国民主法制建设走过的艰难历程，不断反思高校法制教育的经验教训和利弊得失，为今后高校法制教育的发展做出一定的理论贡献。

回顾中国高校法制教育 65 年的发展历史，可以看出，从新中国成立初期到改革开放前的三十年，高校法制教育主要经历了探索起步阶段（1949～1956 年）、挫折失误阶段（1957～1977 年）两个阶段。1977 年高考制度恢复，特别是 1978 年以来，以在校大学生为主要教育对象的高校法制教育大致经历了三个阶段，即恢复发展阶段（1978～1985 年）、深入发展阶段（1986～2003 年）和创新发展阶段（2004 年至今）。在全民普法教育的历史浪潮中，在高等教育教学的革新前进中，高校法制教育实现了两次飞跃：从以单一普及法律条文的法律常识教育向全方位推进社会主义法律意识的飞跃，再到以培养高素质人才为目标的法律素质提升教育的飞跃，高校法制教育已经由弱变强、由虚变实，

① 李林：《新中国法治建设与法学发展 60 年》，社会科学文献出版社，2010 年版，第 20 页。

向制度化、规范化、法治化方向稳步前进，中国高校法制教育体系已经形成。

在充分肯定六十多年来已经取得的历史功绩的同时，也应当清醒地认识到高校法制教育面临的诸多挑战。中国未来三十年是实现社会主义市场经济又好又快发展的关键时期，是建设社会主义民主政治的关键时期，也是全面建成小康社会的转承时期。社会主义和谐社会是民主法治的社会，社会主义市场经济是法治经济，社会主义民主政治是法治政治，只有全面推进“依法治国”基本方略，加快建设社会主义法治国家，运用法治和其他制度规范贯彻落实科学发展观，才能保障中国“五位一体”战略部署的实现。这些都表明，中国正在迎来一个法治时代。法治时代呼唤中国高校法制教育的大发展和大繁荣，要求高校法制教育研究深化提高，推动高校法制教育教学改革创新，引领大学生成长成才，搭建高素质人才优胜劣汰的对接平台。法治时代是改革、发展和创新的时代，是不进则退、充满竞争的时代。从某种意义上说，中国高校的法制教育，不仅要对现实负责，还要对未来负责；不仅要对中国负责，还要对世界负责。未来中国高校法制教育应当以科学发展、和谐发展的理论为指导，把法制教育融入全面推进“依法治国”基本方略的大战略中，为“依法执政、民主立法、依法行政、建设司法、强化护法、倡导守法的依法治国新局面”①建功立业，探索出中国高校法制教育扩散化、均衡化、权威化“三化”发展和提升的教育新格局。

第一节　新中国成立以来高校法制教育的基本经验

高校法制教育既是高校人才培养的重要一环，又是建设社会主义法治国家的基础保障；既要为大学生成长成才、提高法律素质服务，又要为全社会培养法律意识和法治观念提供智力支持和社会服务。高

① 李林：《改革开放30年与中国法治建设》，《社会科学与管理评论》，2008年第4期，第43页。

校法制教育制度既是我国高等教育制度的重要组成部分，同时又与我国普法教育运动的相伴相生、相辅相成。从一定意义上说，高校法制教育的成败将直接影响到我国“依法治国”基本方略的实现进程和社会主义法治国家建设的质量和速度。新中国成立以来高校法制教育克服了重重困难，突破了道道防线，跨越了多次重大历史转折点，目前已经基本形成了较为成熟的高校法制教育格局。期间的种种探索、实践、改革和完善都将凝结成宝贵的经验和教育的资源，在新的制高点上、新的环境中继续推进高校法制教育从胜利走向新的胜利。

一、改革开放前高校法制教育的基本经验

就 1949 至 1977 年间的我国高校法制教育而言，大致可以分为初创阶段（1949～1956 年）和挫折阶段（1957～1977 年）两个阶段。由于种种错综复杂的原因，如果说初创时期的法制教育总体还算正常的话，那么挫折时期的法制教育更多的只能说是教训或者是遗憾。考察这一段特殊的历史时期，可以简单概括为：经验少、教训多，成绩少、失误多。这也让我们更能深刻地体会到：“一个国家的法学教育发展实有赖于该国政治、法律制度的相对完善和该国社会经济生活等的稳定乃至繁荣。反过来，一个国家法学教育的兴衰，可以折射出该国政治、经济、文化等的发展水平”。[①]其实，法制教育以及由此对大学生进行的法律意识和法治观念培养不仅折射出国家的发展水平和国民的综合素质，也对社会主义法治国家建设起到了积极的促进作用，甚至从长远看，这种专门对大学生开展的法制教育还是建设社会主义法治国家的基础工程。

（一）自始保留高校法制教育具有历史进步性

中国是一个拥有人治和专制传统的国家，“在这种人治理念和专制政体的不断交互下，法律仅被视为一种单纯的维护封建专制主义的治理工具，形成了以‘君本位、官本位、义务本位’为内容的封建文化。”[②]党领导人们所建立的新中国是从半殖民地半封建的旧社会发展

---

① 何勤华：《六十年法治建设与法学》，上海人民出版社，2009 年版，第 309 页。

② 张波：《马克思主义法律思想中国化路径研究》，人民出版社，2011 年版，第 178 页。

而来的，几千年的封建人治文化对人们产生了根深蒂固的影响，人治理念一直与社会主义相伴相生。正是在这样的历史沉淀背景下，高校法制教育突破人治，自始保留、崇尚民主、自由与法制，在中国高等教育体系中占有一席之地，不得不说是一件值得庆幸的事情。

早在新中国诞生以前的1949年2月，中共中央就发布了《关于废除国民党六法全书与确定解放区司法原则的指示》，宣布彻底废除国民党“六法全书”，以人民的新法律作为依据。随着新中国废除国民党“六法全书”和一切反动法律，新的以马克思主义法学理论为指导的法学教育取代了旧的法学教育，我国开始全面引进苏联的法学教育模式。全面移植苏联的法学和法学教育体系，客观上固然造成了长期以来挥之不去的负面影响，并奠定了我国法学教育的发展基调（即泛政治化和非职业化，按照政治标准和政治人的要求来构建法学教育的体系，法学教育的法律职业性被政治性所淡化直至吸收），然而无论如何，废除旧法统、创建新制度，及时填补了新中国成立之初高校法制教育上“青黄不接”的尴尬。从这个意义上理解，采用“拿来主义”的方法，自始保留高校法制教育至少缩短了中国人自己摸索发展道路的时间。况且，万幸的是：倘若暂且搁置封建人治思想的遗毒影响不论，新中国成立以后，始终致力于民主与法制的发展，并没有自觉不自觉地重新回到“人治”的老路上去，而且在治国理政的制度建构层面，确实也是以法制模式作为出发点和立足点。若在百废待兴之余，无暇顾及或全然不顾法制教育，留到日后再议——比起这些假设的历史结局，新中国成立之初的高校法制教育还是迈出了卓有成效的一步，具有历史进步意义。

（二）开启了中国高校实体法教育和宣传的先河

在新中国成立初期，国家百废待举，还要肃清帝国主义、封建主义、官僚资本主义残余势力。在立法方面，则紧紧围绕当时的中心任务和人民亟待解决的问题进行，逐步由简到繁，由通则到细则，由单行法规到形成整套的部门法，主要体现为四个主要方面。第一，宪法部门法律。从1949年的《共同纲领》和《中央人民政府组织法》，到1951年颁布的《人民法院暂行组织条例》、《最高人民检察署暂行组织条例》，再到 1954 年全国人大一届会议颁布的《中国人民共和国宪法》及其相关法，宪法部门的法律已经基本可以满足我国当时社会发展和人民生活的实际需要。第二，重要的社会法。为了巩固政权，维护社会秩序进行了剿匪和镇压反革命，制定了《惩治反革命条例》、《城市治安条例》等；为打击革命队伍内部的腐化行为，恢复发展国民经济，稳定经济秩序，制定了《惩治贪污条例》、《全国税政实施要则》等。第三，土地法。为了巩固新政权，还进行了土地改革立法。新中国成立之初，为了在全国范围内及时废除封建土地制度，保证新解放区土地改革顺利进行，1950 年 6 月中央人民政府颁布了《中华人民共和国土地改革法》。第四，婚姻家庭法。为了使社会出现新的面貌，以确立新型的新民主主义婚姻家庭关系，1950 年 5 月颁布了《中华人民共和国婚姻法》。这是新中国成立以来颁布的第一部实体法律。这部法律是对几千年封建婚姻制度的彻底废除，也是新中国妇女解放、男女平等的标志之一。1953 年政务院为了落实婚姻法，展开了一次全国规模的声势浩大的法律实施运动，其中各大高校就是法律宣传和教育的重点。

客观地说，改革开放前高校已经开展了具有实体法意义的法制教育，对于具有两千多年封建历史的中国而言，能够在新中国成立伊始，注意并注重在青年高知群体中进行法制教育，可以说是一种历史的进步。尤其是 1950 年通过的《中华人民共和国婚姻法》，作为新中国成立后颁布的第一部基本法律，使得广大中国妇女特别是接受过高等教育的高知女性冲破了封建思想的长期束缚，焕发出了新的精神面貌，在新中国的政治与经济建设中发挥了“半边天”的作用。全国高校掀起了宣传学习《婚姻法》的热潮，充分说明了肃清封建残余和建立新的社会生活秩序得到了党和国家的高度重视，其折射出的思想光辉将不可限量、永载史册。

二、改革开放后高校法制教育的基本经验

改革开放以来的三十多年，是中国社会发生翻天覆地变化的三十多年，也是中国高等教育跨越式发展的三十多年。伴随着中国社会的不断进步，置身于中国教育体制之内的高校法制教育取得了令人称道的成就，为中国民主法制建设的恢复、稳定与发展，为中国社会的经

济、政治、文化生活等诸多方面做出了不可磨灭的贡献，较好地完成了国家和社会赋予的历史使命。

（一）建设社会主义法治国家是主题

新中国成立六十多年，特别是改革开放后三十多年来，我国民主法制建设进程不断迅猛提速。1982 年宪法的颁布，标志着中国的法制建设进入新的发展时期。1997 年 10 月，党的十五大报告明确提出："依法治国是党领导人民治理国家的基本方略。"1999 年 3 月，九届全国人大二次会议通过的中华人民共和国宪法修正案强调指出："中华人民共和国实行依法治国，建设社会主义法治国家。""依法治国"的治国基本方略和"社会主义法治国家"的治国目标在当代中国确立下来。党的十七大将"社会主义法治理念"这一创造性的概念载入历史文件。党的十八大更是将"全面推进依法治国"作为今后一段时期的努力方向。在这样的社会历史背景下，中国的法治一直围绕和蕴含着三个重大命题，即"中国法治从何处来"、"当下中国法治如何"以及"中国法治往何处去"。事实上，改革开放以来中国社会的法治进程正是不断书写和探索这三大命题的过程。

大学生是民族的希望、祖国的未来，肩负着中华民族伟大复兴的历史重任，其法律素质、思想道德如何，将直接关系、影响着建设社会主义法治国家，影响着实现全面建成小康社会、加快推进社会主义现代化建设的宏伟目标。十八大报告在继续强调"深入开展法制宣传教育，树立社会主义法治理念"的同时，又创新性地提出"弘扬社会主义法治精神，增强全社会学法尊法守法用法意识"。这一提法既是对高校法制教育的总体要求，也为高校法制教育指明了发展方向。在建设社会主义法治国家的道路上，高校是群英荟萃的地方，是专门培养全面发展的高素质人才的地方，是向社会输送德才兼备的知识精英和专业能手的地方，理应成为推进学法、尊法、守法、用法意识提高的先行者和领头羊。

从更长远的历史范围来看，当前的高校法制教育显然仍处于探索发展阶段，还有许多方面需要更新和完善。如何让高校法制教育更好地推动我国的法治建设？高校法制教育实现的路径又如何？这些问题告诉我们，高校法制教育不能没有章法，无的放矢，而是需要进行充分的思想理论储备并及时总结和概括教育实践过程中产生的新鲜经验。简言之，无论高校法制教育过去、现在、将来怎样发展，始终要牢牢把握住“建设社会主义法治国家”的主题不松懈，这是多年来法制教育攻坚克难、取得进步的重要法宝之一，有助于高校法制教育实践减少盲目性和随意性，增强主动性、自觉性和实效性，更好更快地推动中国特色社会主义法治国家持续、健康、快速发展。

（二）形成社会主义法律意识是核心

1995 年 12 月国家教委、中央综治办、司法部关于印发《关于加强学校法制教育的意见》的通知中规定：“高等学校法制教育要以培养大学生社会主义法律意识为核心。内容应包括法学基础理论、基本法律知识和法制观念教育”。[①]大学生法律意识是“大学生群体对法、法律或其现象的反应形式，即心理、知识、观念和思想，包括对法律的情感、认知、评价和信仰等的内心体验”[②]。法律信仰是法律意识的最高体现。美国法学家伯尔曼有一句名言：“法律必须被信仰，否则形同虚设。”[③]对法律的信仰，是一种内在的思想信念和归属，是深层情感对法律的信服、敬畏、依从和崇敬，只有理念上真正信奉法律的人，才能自觉自愿地接受法律的约束和监督。大学生在日常的学习、生活、实践中应当严格、自觉地遵守国家法律、法规和有关政策，形成遵纪守法的思想观念和行为习惯，养成遵守学校各项规章制度的思维习惯，逐步形成依法办事的法治观念。

改革开放以来，高校法制教育从无到有，从被动到主动，从自发到自觉，从“85 方案”到“05 方案”，经历了从知识教育到观念教育再到素质教育的一路提升过程，始终紧紧围绕着一条主线，就是如何提高大学生的社会主义法律意识。课堂上，介绍法律产生和发展的基本线索，揭示法律的本质，讲解法律的概念，分析法律的特征，介绍

① 国家教委、中央综治办、司法部关于印发《关于加强学校法制教育的意见》的通知，1995 年 12 月 28 日。

② 本书编写组：《思想道德修养与法律基础》，高等教育出版社，2009 年修订版，第 175 页。

③ 〔美〕伯尔曼：《法律与宗教》，梁治平译，三联书店，1991 年版，第 15 页。

宪法及部门法，增进学生对民主制度的了解，促进其树立正确的权利义务观念，构新中国成立家主人翁意识。实践中，模拟法庭、明法社团、普法宣传、维权追踪、法律进社区、案例进校园、安全讲座、消防演习、法律热线、法律知识竞赛无不帮助广大学生学习马克思主义法学的基本观点，了解社会主义法制的基本要求，掌握法律规范和其他社会规范的区别和联系，理解法治化是一个渐进的过程，社会主义民主法制建设是一项长期任务，提高学生对加强国家法制建设重要性的觉悟，最终使学生在思想上树立起法律权威，培养学生知法、守法、护法、用法的自觉意识。同时，可以利用网络进行不同法律部门的介绍，及时更新的热点案件，上传大学生犯罪的预防、大学生安全教育的远程视频，提供职业生涯导航的法律窍门。凡此种种形式多样、学生喜闻乐见的教育形式无疑增强了高校法制教育的吸引力和说服力，通过朴实至真的理论感化学生，凭借生动鲜活的案例感染学生，形成网上网下教育的合力，争取更多的大学生成为社会主义法律意识的信仰者和践行者。

三十多年来，高校法制教育在社会主义法治国家建设的道路越走越宽、越走越广，紧跟中国民主法制建设的现代化脚步。在社会主义法律意识的核心使命驱动下，构建和创新高校法制教育教学体系，形成第一课堂、第二课堂和第三课堂相互配合、交相辉映的教育合力，不断推动大学生法律意识的进一步提高，为培养高素质、复合型人才迈出了卓有成效的一步。

（三）思想政治理论课是主渠道

1995 年 12 月国家教委、中央综治办、司法部关于印发《关于加强学校法制教育的意见》的通知中规定：“对学生进行法制教育，要遵循学校教育的规律，充分利用校园这一特定的文化传递空间，发挥各有关课程在进行法制教育方面的作用和功能，使学生在学习文化知识的过程中受到比较系统的法制教育。要以课程教学为主要渠道，形成课内课外、校内校外紧密结合的学校法制教育的网络和体系。”[①]高

① 国家教委、中央综治办、司法部关于印发《关于加强学校法制教育的意见》的通知，1995

等学校要利用课堂对学生进行比较系统的法制教育，要按照《关于马克思主义理论课和思想品德课教学改革的若干意见》以及《全国普通高等学校德育大纲》的要求，认真开设法律基础课，并保证必要的学时、师资和投入。“马克思主义理论课，特别是有中国特色社会主义建设课要结合社会主义民主法制建设的目标、任务和要求对学生进行社会主义民主与法制教育。此外，还要结合学生所学专业开设有关的专门法选修课和专题讲座。”[①]

法律基础课作为我国高校普遍开设的思想政治理论课之一，是系统地对大学生实施社会主义民主法制教育的基础课程，在增强大学生的法治观念和法律意识、引导大学生健康成长和全面成才、推进社会主义法治国家建设方面起到了积极作用。以法律基础课为主的思想政治理论课是高校法制教育的有效载体和重要途径。它对于向大学生普及法律知识，培养法律意识，提升法律素养，帮助学生树立正确的世界观、人生观、价值观和法制观，具有不可替代的主渠道特殊地位和作用。通过研究从法律基础课的独立、并立到融合的实践发展过程，不难发现，只有不断改革才能切实提高思想政治理论课的针对性和实效性。从教学内容到教学形式，从教学方法到教学手段，从教学理念到教学实践，从教学人员到教辅人员，都需要适应新形势和新要求，从而不断推进改革和创新。同时，还要注意协调好各方面的关系，动员和组织学校和社会各方面的力量，互相配合、齐抓共管、优化环境，共同促进高校法制教育的发展和深入。

（四）德治与法治相结合是手段

2001 年 1 月，在全国宣传部长会议的讲话中，江泽民同志提出了把依法治国和以德治国相结合的观点。这一观点的提出是“依法治国，建设社会主义法治国家”的治国方略中对民族文化思想资源诉求的一个结果。其具体内容体现在两个方面。第一，依法治国与以德治国是相辅相成，相互促进的。第二，依法治国是治国的基本方略，而以德

年 12 月 28 日。

① 国家教委、中央综治办、司法部关于印发《关于加强学校法制教育的意见》的通知，1995 年 12 月 28 日。

治国不是。2005 年 5 月，江泽民同志《在四川考察工作时的讲话》中再次谈到依法治国和以德治国相结合问题时，提出："在我国社会主义现代化进程中，依法治国和以德治国都有自己的重要作用，我们要坚定不移地实施依法治国的基本方略，同时要充分发挥以德治国的重要作用。"①

依法治国和以德治国分别是治理国家的两种模式，将其结合起来共同作用的观点源自两种思想根基。一个是马克思主义关于法律和道德的理论，另一个是传统思想文化。根据马克思主义的基本原理，法律和道德都属于上层建筑，是上层建筑的重要组成部分。法律给人们提供一套明确的权利义务相一致、行为与法律责任相对应的行为模式，借助于国家强制力作为他律手段，从而起到维护社会秩序的目的。道德则给人们提供一套义务模式，通过自律和社会舆论的监督而规约人们的行为。尽管两者在调控手段上有明显的差别，但是两者在治理国家、控制社会秩序的作用上一直是相互促进的。

依法治校和以德治校相结合，是发挥两种治理手段优势互补的正向效应，也是建设中国特色社会主义国家和高校和谐校园文化建设的内在要求。法治属于政治建设和政治文明，德治属于思想道德建设和精神文明，只有把两者结合起来，既发挥法律对学生思想和行为的强制性规范和约束作用，又发挥道德对大学生思想和行为的教育引导和自我启发功能，才能使大学生不至于失去正确的方向，树立正确的行为规范。高等教育的快速发展和大学生的全面成长成才，既需要道德建设，也需要法律保障。在社会主义初级阶段，道德是多层次的，多元的，不可能用同一标准来要求所有的大学生。为了保护大学生长远利益和根本利益，必须对违反基本道德行为产生足以威慑的法律强制力。虽然不能完全靠冷冰冰的法律强制力来维持，但如果没有刚性强制力的必要保障，任何时候任何一个学校都很难保持稳定，更何谈搞建设，促发展，上水平？因此，以法治和德治相融合、相促进，共同

① 江泽民：《江泽民论中国特色社会主义》（专题摘编），中央文献出版社，2002 年版，第 337 页。

为高校法制教育保驾护航，既是高校做好一切工作的前提和基础，也是今后高校改革发展、深度发展和持续发展的一个维度和视角。

第二节　新中国成立以来高校法制教育的总体教训

回顾六十多年的中国高校法制教育历史，以1978年改革开放为标志，中国高校法制教育经历了两个不同的发展阶段：改革开放前三十年，高校法制教育从无到有，从学习借鉴苏联模式到形成“政治挂帅”模式，直至遭受挫折乃至基本瘫痪和全面破坏；改革开放后三十多年来，高校法制教育从恢复重建到开始正视和探索科学的法制教育模式。一方面，中国高校法制教育记载了六十多年新中国曲折发展的足迹，确认并体现了六十多年来中国经济、政治、文化、社会进步的伟大成果；另一方面，伴随着改革开放的成功推进，中国高校法制教育又处在一个新的十字路口上，重视不够、脱离实际、实效性差、方法陈旧、路径单一等等词汇可以从一个侧面反映出当前高校法制教育的现实困境。因此，深刻反思新中国成立以来高校法制教育的成败得失、诸多问题、深层矛盾，“注重历史与现实衔接，事实与问题兼顾，回顾与反思结合”，[①]是努力开创高校法制教育新局面的一条康庄大道。

一、改革开放前高校法制教育的总体教训

从1949年新中国成立到1978年中共十一届三中全会召开的三十年时间里，如同我国社会主义革命和建设所走过的道路一样，我国高校的社会主义法制教育也经历了曲折发展甚至遭到严重破坏的历程。这既有新中国成立初期社会主义法制的创建和稳步发展的良好开局，也有“20世纪50年代后期开始，由于法律虚无主义的逐渐盛行，高校的法制教育进入艰难曲折阶段；还有造成全国性动乱，法制建设遭到严重破坏的十年‘文化大革命’时期”[②]。新中国前三十年高校法制教育的坎坷历程，虽然与其他高等教育一样为整个时代付出了沉痛

① 冀祥德：《法学教育的中国模式》，中国社会科学出版社，2010年版，第10页。
② 蒋传光：《中国法治简史》，人民出版社，2011年版，第20页。

的代价，但这些代价仍然是在探索中国特色社会主义法制教育道路的过程中付出的。前三十年的法制教育，为我们提供了一些宝贵经验，但更多的是苦涩的教训。正是高校法制教育成长道路上的这些教训，使我们深深地认识到，在以经济建设为中心，坚持改革开放的同时，建设富强、民主、文明、和谐的社会主义国家，实现国家的长治久安，必须不断健全和完善社会主义法治，依法治国，建设社会主义法治国家，而在民主法制建设中既首当其冲又事关重大的是法制教育的成败与好坏。正是有了这三十年的教训，才开启了中共十一届三中全会后我国社会主义法制建设的新时代，高校法制教育也才能顺势而上，蓬勃发展，不断走向辉煌。

（一）人治传统是高校法制教育的现实阻滞

中国是一个拥有人治和专制传统的国家，在漫长的两千多年的封建社会，在人治理念和专制政体的不断交互下，有皇帝也有法律，而主要权力集中于皇帝，法律仅被视为一种单纯的维护封建专制主义的治理工具，形成了以“君本位、官本位、义务本位”为内容的封建文化。许多王朝法律相当完备，但帝王却凌驾于法律之上，可以以言代法、以言废法。不少王朝初建至前期尚能吸取前代失败的教训，重视法律制定，认真实施法律，官制比较清明。但到中后期，一些帝王则沉迷奢华，落入昏庸，官僚腐败，权威丧失，统治由衰落走向崩溃，逃不出后人总结的“周期率”。

新中国成立前，国家长期处于战乱之中，党的最大任务是带领人民夺取政权，赢得革命战争的胜利，在运作形式上有思想政治教育的灌输方式，但主要靠命令，正如“军纪如铁”。新中国成立后，完成了从新民主主义向社会主义的过渡，百废待兴之时努力探索社会主义的建设道路，但是囿于计划经济体制的制约，计划制定后依然靠行政命令、行政指令作为基本的社会运行方式，仍然是跳不出“人治”模式。无论是战争年代的“命令”执行“命令”，还是新中国成立初期的“指令”执行“指令”，都有一个共同的特点，就是权力高度集中，人为干预严重，缺少民主氛围，重效果而轻程序。“不少地方和单位，都有家长式的人物，他们的权力不受限制，别人都要唯命是从，甚至形成对他们的人身依附关系。”[①]社会中的裙带关系泛滥，官场腐败现象滋生，权钱交易时有发生，缺乏公平正义、自由平等，常常将制定完备的法律和制度束之高阁，使之不能起到应有的作用，几千年的封建人治文化一直与社会主义相伴随，人治思想十分流行。

由此可见，无论是几千年的古代史，还是近百余年近现代史，给我们的当今社会、现代社会流传下来的法治传统缺失不得不说是一个巨大的遗憾和不足，无疑将成为制约当代高校法制教育发展、前进、变革的一股强劲阻力。虽然新中国成立初期，党的领导人开始逐渐重视民主法制建设，但是“文化大革命”十年浩劫再次使处于萌芽状态、渐有起色的法治觉醒陷入冰点。就连当时的国家主席刘少奇同志也未幸免，徒有宪法在手，仍然不能保障自己的人身权利。“冰冻三尺，非一日之寒。”若想改变这种状况，恐怕需要经过几代人、十几代人甚至几十代人前仆后继的努力才有可能实现。无疑，这种天然劣势和现实障碍的阻挠和牵绊不但是改革开放前制约中国法制及其教育发展的一大教训，也是在中国全面推进依法治国，建设社会主义法治国家进程中始终不能松懈、必须解决的文化根源。

（二）泛政治化教育使得高校法制教育欲速不达

新中国成立以来，高校常常成为全国各项政治运动的重要场所，对高校法制教育形成巨大冲击，如“反右倾”、“大跃进”阶级斗争扩大化、社会主义教育运动等，对高校产生重大消极影响。有些运动的重点甚至就在高校，如“反右”扩大化、社会主义教育运动等，使得高校法制教育呈现出曲折发展态势。政治运动式的法制教育方式、强制性的思想改造、“大跃进”式的教育改革，严重违背了教育发展规律和学生思想发展规律，给高校法制教育造成了不良影响，为以后“文化大革命”首先在高校发动提供了先导。这是一个深刻的教训，必须认真反思和深刻检讨长期以来我国高校法制教育的缺失和不足。

由于20世纪50年代后期以来，高校法制教育过分强调泛政治化教育，行政化色彩浓厚，对大学生民主法制意识重视不够，“导致大学

① 《邓小平文选》（第2卷），人民出版社，1994年版，第331页。

生对政治过于敏感和热衷，政治思维偏激，非理性思想膨胀，法律观念模糊”[①]。“文化大革命”初期的“红卫兵”运动就是这种政治化教育的必然产物。“文化大革命”后期，在“上山下乡”、“走与工农相结合的道路”过程中，有相当一部分大学生的这种政治狂热的思想开始冷却，并进而开始反思，但是“文化大革命”的烙印和伤痕却深深地影响着整整一代人，不得不说是一个历史的悲剧。

高校是全国政治运动的中心，也是中国政治的晴雨表，更是人才培养的摇篮。它应当具有相对独立性，不应成为国家政治斗争的主战场。新中国成立后，高校似乎一直充当着中国政治漩涡的中心、动乱的重灾区等这样的“角色”，其实这是很不正常的现象，为国家的民主法制建设和高校人才培养造成了不可弥补的损失。这种强大的泛政治化教育冲击波牵绊着高校法制教育的发展和前进，造成了无法挽回的人才“断层”。

（三）效法苏联模式束缚高校法制教育的独立视野

新中国成立初期的法律移植呈现向苏联“一边倒”的状况，割裂了法律的发展历史，人为阻断了法律文化的继承，也拒绝了对其他法律文明的引进。法制教育实际上是在一个狭隘的环境中进行的。1951年教育部召开高等学校课程改革讨论会，在《法学院法律系课程草案的课程表修正稿》中规定：“讲授课程有法令者根据法令，无法令者根据政策。如无具体材料可资参照，则以马列主义、毛泽东思想为原则，并以苏联法学教材及著述为讲授的主要参考资料。”[②]在1954年教育部主持召开的全国政法教育会议上，明文规定：“中国人民大学应将所编译的苏联法学教材进行校阅，推荐各校使用。”[③]从1952年到1956年，中国翻译出版了165种法学教材和法学译著，其中有80多种是高等学校和中等专科学校的教材。当时，各个法律院系教学内容大都以

---

① 姜正国：《全球化背景下高校思想政治教育创新研究》，湖南人民出版社，2011年版，第25页。

② 曹义孙、胡晓进：《三十年中国法学教育大事记（1949—1978）》，中国政法大学出版社，2010年版，第57页。

③ 曹义孙、胡晓进：《三十年中国法学教育大事记（1949—1978）》，中国政法大学出版社，2010年版，第112页。

苏联法学为基础，强调其优越性。尽管20世纪50年代后期，随着中苏关系的恶化，出现了对苏联某些法学理论和制度的批判，但是苏联法学对中国法学教育的深刻影响已经非常明显，至今犹存。

从历史的积极作用来看，新中国成立初期，“学苏批资”的法制教育观和全面引进苏联法制教育的实践为社会主义大学法制教育的创立和发展找到了范本和捷径，避免了废除“旧法统”后可能长期处于法制教育荒芜状况的危险，培养和造就了一批牢固掌握马克思主义法律观的信仰者和践行者，在新中国成立初期完成新民主主义遗留任务中发挥了重要作用。然而，从历史的消极作用来看——而且这种消极作用现在看来应当是主要的——照搬苏联法学理论，全面移植苏联法学教育模式，“不仅导致了教条主义法学的盛行，划定了诸多不可逾越的禁区，而且给中国法学教育本土化造成了较大的障碍”[①]。同时，苏联法学教育的自身缺陷也给全盘效法其模式的新中国高校法制教育带来了一定的负面影响：倚重政策、政法合一、忽视法律的虚无主义法制观、迷信苏联教育的教条主义倾向不断蔓延，这些都严重地束缚了新中国高校法制教育的独立视野和本土转化。

（四）在摧毁－建设－再摧毁－再建设中螺旋式发展

新中国成立后到改革开放前，短短三十年的时间，在人类历史发展的长河中只是一瞬，但是对于中国社会、对于社会主义国家的法制建设以及对于中国高校法制教育，都是一段特殊的历史，曲折而又离奇，挫折而又反复，前后经历了两次从无到有、从摧毁到建设的坎坷历程，堪称中国法制发展史上一个奇特现象。

第一次从摧毁到建设源于中华人民共和国成立，结束了中国古代几千年来的封建帝制，在废除国民党“六法全书”的基础上，建立了新制度、新体系，这种从无到有应当说是一种自然的除旧布新、改弦更张。任何一个政权更替之际，新政权对旧政权遗留下来的制度，包括政治、法律、经济、文化、社会制度等进行删、改、废、减、免，都是一个十分正常的改朝换代和社会发展过程。因此，新中国成立初

① 贺卫方：《中国法律教育之路》，中国政法大学出版社，1997年版，第12页。

期的百废待兴、破除旧制度、建立新制度是毋庸置疑、顺理成章的。尽管新中国成立初期的高校法制教育存在许多缺陷和不足，照搬和效仿了苏联模式，横生了“水土不服”的众多枝节，制约了其后高校法制教育的提速起步；但是这些都无法掩盖一个不争的事实，那就是进步性是主要的。在全新的社会主义社会制度上，遵循马克思主义的法制观创建中国特色的社会主义高校法制教育，从这个意义上讲，无论如何这种从摧毁到建设的过程都是利大于弊、优多于劣的过程，是从国体和政体的根本制度上改变国家和人民命运的重大转变，是那么的令人欢欣鼓舞、热血沸腾、憧憬幸福。

第二次从摧毁到建设就是另外一番天地了，源于新中国成立后频繁的政治运动和十年“文化大革命”。如果说第一次从摧毁到建设是一种自然而然的历史发展过程，那么第二次从摧毁到建设便是一个人为破坏的过程。1957 年到 1977 年是中华人民共和国历史由曲折走向挫折的二十年。在这二十年的民主法制建设中，党和国家由开始轻视法制到彻底抛弃法制。新中国在彻底摧毁旧法基础上刚刚建立起来的新法制，又被自己再度摧毁。高校法制教育在这一历史时段中遭受的挫折和严重削弱为世人共睹。1957 年到“文化大革命”前，政治运动此起彼伏、纷至沓来，法制教育在强大的政治运动冲击波下，一再萎缩、几乎停滞。1966 年到 1976 年，十年的“文化大革命”犹如致命一击，再一次使本已风雨飘摇的中国高校法制教育彻底陷入全面瘫痪。新中国成立初期的法制建设成果付之东流，高校法制教育土崩瓦解，最终酿成了无法挽回的历史悲剧，为后世留下了沉痛的历史教训。

直到十一届三中全会召开、关于实践真理标准的大讨论开始、“解放思想、实事求是”的发展路线确立，全国人民迎来了思想大解放，盼来了改革开放的春风。此时的高校法制教育，借助全国高等学校入学考试的逐渐恢复和全国各大高校陆续复学的“东风”，也慢慢回暖，转而复苏，从此走上了与中国民主法制建设同步协调，与中国高等教育同步改革的中国特色社会主义高校法制教育的开创之路。

二、改革开放后高校法制教育的总体教训

改革开放后，中国民主法制建设逐渐恢复发展，高校法制教育也走上正轨，朝着更加规范化、制度化和科学化方向迈进。从改革开放至今，中国社会的各个方面都经历了全方位的重大变革，从经济体制改革到政治体制改革，再到文化体制创新，无一例外地触动着古老中国大地的“神经”。整个世界局势的风云变幻，促使发展中的中国只有明确方向、认准目标，大力发展经济，才能在国际舞台上享有一个大国应有的地位。随着中国加入世界贸易组织，国际化的规则和惯例成为我国法制建设奋起直追的目标，也促使中国高等教育的培养目标和培养任务也要向着国际化、素质型方向而努力。在从传统向现代、从保守到开放、从落后到先进、从文明到新文明、从胜利到新胜利的中国改革和发展的历史进程中，法治是中国绕不过去的一项课题。在政治多极化、经济全球化、文化多元化、信息网络化的21世纪，中国的高等教育遇到了史无前例的机遇和挑战，高校法制教育不断面临着理论上的突破和现实中的瓶颈双重难题。这既是高校法制教育发展到新世纪需要自身大发展大繁荣的创新之处，更是中国特色社会主义国家法治化进程中应当予以解决的历史难题和时代选择。

（一）未处理好法律和政治的关系

1. 法律？政治？究竟谁大？

法律的本质是国家意志的体现，也具有精神力量，但其直接作用于人的也是行为规范。法律的行为规范不同于道德，主要表现在：第一，法律的行为规范由法律文本规定，更加具体和明确；第二，法律的行为规范具有强制性，以惩罚、制裁达到规范人们行为的目的。

经历“文化大革命”浩劫的中国人民深刻体会到“无法无天”的灾难，认识到搞社会主义没有法治是不行的。1982年，党的十二大首次将“党必须在宪法和法律范围内活动”的原则写入党章。2002年12月，《在首都各界纪念中华人民共和国宪法公布施行二十周年大会上的讲话》中，胡锦涛同志明确指出：“宪法以法律形式确认了我国各民族人民奋斗的成果，规定了国家的根本制度、根本任务和国家生活中最重要的原则，具有最大的权威和最高的法律效力……要在全社会进一

步树立宪法意识和宪法权威，切实保证宪法的贯彻和实施”。[①]2007 年他进一步强调：“宪法和法律至上。”所谓至上，即至高无上。宪法有最大的权威、最高的效力与宪法法律至上，是以不同的词语表达相同的意思，都是党中央重视宪法和法律，决心推进社会主义宪政的宣示。在现代国家、在中国特色社会主义制度下，必须树立宪法法律的权威，依据宪法和法律完善相关制度。任何人都不能置身于外或凌驾其上，党必须在宪法和法律的范围内活动。

时隔三十年，党站在新的历史高度，十八大报告中再次明确提出：“全面推进依法治国。法治是治国理政的基本方式。党领导人民制定宪法和法律，党必须在宪法和法律范围内活动。任何组织或者个人都不得有超越宪法和法律的特权，绝不允许以言代法、以权压法、徇私枉法”。[②]可以清晰地看到，“宪法和法律是执政党领导人民制定的，根据法律的普遍性和平等性，执政党的各级党组织和党员个人应当模范地遵守宪法和法律。社会主义法治的基本原则是法治的权威性，获得全社会成员的普遍遵守”[③]。

然而，确确实实值得深思的是，实践中究竟是法大，还是某个县官大，抑或是某个县委大？某县长能否对法院的审判“指指点点”、“暗送秋波”？人们习惯于“打官司就是打关系”的无奈，这是中国法治建设遇到的具体生动而又无比尖锐的问题。这种法治理论和实践似乎隐含了一个较大缺陷，那就是对法律制度创设过分关注而忽视对公众情感、态度的培育，从而使法律制度最终只是一堆好看的材料，构筑不成社会主义法治的宏伟大厦。“美国学者奥斯汀·萨拉特的研究表明：拥有法律知识的程度和对法律制度的支持程度，并非是一致的关系。”[④]党法关系、法权关系需要长期的实践摸索，更需要创新性的转变探究。实际上，最终都是一个“法律与政治的关系”问题，是法律

---

① 胡锦涛：《在首都各界纪念中华人民共和国宪法公布施行二十周年大会上的讲话》，2002 年 12 月 4 日。

② 胡锦涛：《中国共产党第十八次全国代表大会上的报告》，2012 年 11 月 8 日。

③ 李林：《新中国法治建设与法学发展 60 年》，社会科学文献出版社，2010 年版，第 183 页。

④ 〔英〕罗杰·科特威尔：《法律社会学导论》，潘大松等译，华夏出版社，1989 年版，第 199 页。

大于政治，还是政治大于法律？答案毋庸置疑，当然法律大于政治。党必须坚持在宪法和法律范围内活动，这是一条铁律，是经历六十多年执政经验的宝贵总结。新的历史时期，党只有通过民主执政、科学执政、依法执政，实现执政转型，不断巩固执政基础，推动民主的制度化、规范化、程序化，才能始终坚持在宪法和法律范围内活动，防止党的部分组织或个人超越宪法和法律，破坏社会主义法治。

2．为什么现实与理论不符？

我国宪法庄严宣布："中华人民共和国的一切权力属于人民。"党中央一再强调宪法和法律的神圣权威，既是针对当今社会存在的现实问题，也是为了国家今后的长治久安。一个国家为了保稳定和促发展，总要有一种权威最终树立起来。那么，在理论层面已经是非曲直十分明晰的问题，为什么在实践层面却存在着背道而驰的现象呢？其原因应当是多方面的，在此就两个主要原因做出尽量充分的分析和中肯的阐发。

第一，法律权威不彰的主要原因之一是封建主义思想的遗毒。我国历史上是乡土社会，聚族而居，重视亲情，封建专制色彩浓烈。"其典型特征是权力支配一切，表现形式是家长制、终身制、人治主义等。按照这种思想，人比法律更可靠、更有效，权比法大；法律只是贯彻和实施统治者意志的工具，而不是规范国家权力的依据"。[①]新中国成立后，"作为制度形式，封建专制主义赖以存在的温床已经土崩瓦解了；但是，作为观念形态，封建专制主义对人们根深蒂固的影响还未肃清。权力高于一切、法律虚无主义在一部分人心目中还占有很大比重"[②]。在总结"文化大革命"的经验教训时，叶剑英同志曾一针见血地指出："林彪、'四人帮'以封建主义冒充社会主义，说是用社会主义反对资本主义，实际是用封建主义来反对社会主义。"[③]在新世纪、新时期，仍需继续彻底清除封建专制主义思想的残余，坚决反对人治主义、法律虚无主义，牢固树立民主法治意识、自由平等意识、公平正义意识、

① 张庆福、黎中：《新中国宪法的发展历程及启示》，http://www.doc88.com/p-787674005078.html。

② 李林：《新中国法治建设与法学发展 60 年》，社会科学文献出版社，2010 年版，第 290 页。

③《叶剑英选集》，人民出版社，1996 年版，第 501 页。

权利义务意识等社会主义法治理念，坚定捍卫法律尊严和法律权威。

第二，法律权威乏力的另一个主要原因是目前维护法律权威的力量还不够强大。法律权威不仅仅来自人们的评论和宪法的规定，更主要来自社会各种政治力量、政治组织和人民团体的自觉遵从，来自宪法保障机制的有效运行，也来自全体人民的衷心拥戴。

首先，在当代中国，党的领导是维护宪法和法律权威的最重要力量。党的领导地位是历史形成的，是经受住了革命、建设、改革各个时期实践检验的，是得到全国人民热烈拥护的。更重要的是，必须有一个坚强的领导核心，带领十多亿中国人民，快速发展经济，加快建设中国特色社会主义国家的步伐。历史反复证明，只有中国共产党才能承担起如此历史重任。与此同时，我们也必须清醒地认识到法律权威对实现党的领导地位的重要作用。宪法确认党的领导地位，并把党的重要主张上升为宪法原则和宪法规定。维护宪法和法律权威，实质上就是维护党的领导，实现党的重要主张。总而言之，党领导人民制定法律，也带领人民遵守法律。只有这样，法律权威才能得到切实维护。

其次，国家机关依法办事，是维护法律权威的至关重要一环。要继续完善立法法的有关程序和规定，保证国家机关违反宪法和法律的行为能够及时得到纠正，确保社会主义法治的统一性和权威性，努力形成维护法律权威的制度保障。

再次，建立健全各项宪法保障机制，是维护法律权威的必备制度后盾。要科学制宪立法，明确哪些应当由宪法规定，哪些不能由宪法规定，哪些应当做详细规定，哪些应当做原则性规定，最大限度地拓展宪法文本对于社会现实的适应性。要慎重修宪，避免频繁修宪，注意维护宪法的稳定性和连续性，不因宪法的经常变化而动摇宪法的确定性。除建立违宪审查制度外，还要建立宪法解释制度，保证在不修改宪法的条件下保持宪法同社会现实紧密联系的一致性。要加强立法，全面落实宪法的制度和规定，最大限度地发挥宪法的各种功用。

最后，全体人民尊重法律、学习法律、遵守法律、信仰法律，是维护法律权威的根本力量。“没有信仰的法律将退化成僵死的教条”，

“而没有法律的信仰，将蜕变成狂信。”[①]美国法学家伯尔曼的这些话，如今已经成为法治建设的箴言。当法律失去崇高的权威，人们弃之如敝履时，法治社会必然不能生成。党的十八大报告也明确提到“深入开展法制宣传教育，弘扬社会主义法治精神，树立社会主义法治理念，增强全社会学法尊法守法用法意识”[②]。要建立有效机制，保证公民的合法权益受到侵害时能够得到及时、有效的权利救济，使之成为维系和强化法律和公民关系的桥梁和纽带，形成亿万人民捍卫法律尊严和法律权威的无穷动力。

（二）未处理好根本目标和近期目标的关系

任何教育活动总是围绕着一定的教育目标而展开。教育目标是所有教育活动的核心所在，教育目标不清、教育目标混乱不但会影响到正常教育活动的开展，而且也将决定着最终的教育效果。教学只是一项在特定时空条件下进行的具有智慧性的活动，是教育过程中的一个环节。教师实施教学活动不仅自身要具备相关学科的学养才识，而且需要采用有效的方法和手段来开展教育活动，但是无论如何教学过程中所有环节都必须围绕教学目标进行，服务于教学目的的实现。最后教学目标也是衡量教学效果的尺度。在教育教学评价体系中，往往教学工作的好坏、质量的高低、效果的强弱，以教育目标为依据，通过考核教育目标实现与否、实现程度如何来予以衡量。

高校法制教育是一种面向全体大学生的教育活动，当然应当遵循一定的教育规律，确立科学、合理的教育目标。然而，现实状况是长期以来高校法制教育一直存在目标不清、任务不明的困境：要么没有明确定位，完成差事即可；要么目标定位较低，守住底线即可。之所以存在这种消极现象，原因很多，其中最主要的是：这种长期困扰现实教育教学效果真正实现的症结恰恰在于没有从根本上处理好法制教育目标定位的问题，混淆了近期目标和根本目标的关系，错过了法制教育发展的黄金时期，造成了久治不愈的实效性欠缺的致命问题，无

① 〔美〕伯尔曼：《法律与宗教》，梁治平译，三联书店，1991年版，第64页。

② 胡锦涛：《中国共产党第十八次全国代表大会上的报告》，2012年11月8日。

法顺利实现“建设社会主义法治国家”这一国家治理层面的宏伟目标赋予中国高等教育应有的历史使命和时代重托。因此，厘清高校法制教育的目标和要求，破解法制教育教学实践中的难题，无论从理论意义还是现实意义都至关重要。

改革开放前的高校法制教育的目标多定位在为政治服务、阶级斗争的工具上，一方面因为当时的高校法制教育尚处于建立起步阶段，自身的教育格局还未形成，自然没有非常鲜明的教育目标；另一方面是因为受到了国内国际形势的影响，新中国成立后中国探索民主法制的道路才刚刚开始就经历了众多运动和“文化大革命”的摧残与破坏，高校法制教育一直处于不稳定状态，风雨飘摇、沉浮不定，好像刚刚出壳的小鸟般不堪一击。此时就想让高校法制教育有一个比较确定的教育目标，似乎有些强人所难，不太现实。事实上，高校法制教育能够在艰难崎岖的道路上起起伏伏、跌跌撞撞、踉跄前行已经是中国法制发展史上的一个奇迹了。

改革开放后的高校法制教育，无论从教育力度、教育环境、教育投入，还是教育目标上看，较之过去都有了翻天覆地的变化。这种变化既是高校法制教育作为高等教育一个不可或缺部分的内在发展需要，与其他学科一样伴随着改革开放和高等教育改革稳步前进、日新月异；又是我国民主法制建设不断制度化、现代化阔步前行的鲜明写照。当然，高校法制教育始终与全民普法教育相伴相随、相互促进。从 1985 年以来的近三十年，我国进行了六次普法教育，宣传了党的民主法制建设方针和思想、依法治国的基本方略，初步实现了三次历史性转变：一是从对一切有能力接受教育公民的启蒙教育到以提高领导干部依法决策、依法管理能力为重点的全民法律意识的转变；二是由单一普及法律条文向全方位推进依法治理的转变；三是普法依法治理工作由虚变实、由弱变强，向制度化、规范化、法治化转变。就六次普法教育目标而言，下面以图表的形式予以直观展示，便于总结和对比，借此对准确认识和深度定位当前高校法制教育目标是大有裨益和参考价值的。

普法时间	普法名称	普法教育目标
1985～1990 年	一五普法	向全体公民基本普及法律常识
1991～1995 年	二五普法	法制宣传教育的关键是培养社会主义的民主与法制观念
1996～2000 年	三五普法	进一步增强公民的法律意识和法制观念，不断提高各级干部依法办事、依法管理的水平和能力，促进依法治国，努力建设社会主义法制国家
2001～2005 年	四五普法	实现由提高全民法律意识向提高全民法律素质的转变，全面提高全体公民特别是青少年学生法律素质
2006～2010 年	五五普法	进一步提高全民法律意识和法律素质，推进“法律进学校”主题活动，推进青少年学生法律素质教育
2011～2015 年	六五普法	进一步加强法制宣传教育，深入学习宣传以宪法为统帅的中国特色社会主义法律体系，努力培养青少年遵纪守法的行为习惯

从这六次普法教育目标的发展历程中，可以发现，全民普法教育逐渐从知识型教育转变为观念型教育。具体来说，“一五”普法时以法律常识普及作为目标，“二五”、“三五”普法时就以法律意识增强作为目标，到了“四五”普法以后又将法律素质提升作为目标。这不但体现了全民普法教育目标自身的发展变化，而且也反映出高校法制教育目标在转型过程中同步地与之协调和统一。

作为高校思想政治教育的重要组成部分，高校法制教育的目标既要融汇在思想政治教育学科的大背景下，又需依托思想道德修养与法律基础课主渠道的聚集效应，还应根据中共中央宣传部、教育部、司法部对于青年大学生树立社会主义法治观念的实际要求。所以，教育目标应当是宏观性与微观性相结合、现实性与发展性相结合、主导性与多样性相结合、学理性与实践性相结合的多维视角综合作用的高度融合。与此同时，高校法制教育的目标确立还应当充分考虑三个因素：一是高等教育人才培养的目标；二是建设社会主义法治国家对人才质量的需求；三是高校学生的接受程度和接受能力。

从高校教育目标角度来考察，新中国成立初期的高校培养目标是“具有高度文化水平，掌握现代科学技术，全心全意为人民服务的高级建设人才”；在社会主义建设时期，毛泽东同志在1957年提出“德智体几方面都得到发展，成为有社会主义觉悟的有文化的劳动者”；20世纪80年代明确了要培养“有理想、有道德、有文化、有纪律，热爱社会主义祖国和社会主义事业，勇于创造和具有科学精神的人”；到新世纪把“爱国主义教育作为重点，以思想道德建设为基础，以全面发展为目标，解放思想，以人为本，培养德智体美全面发展的合格建设者和可靠接班人”[①]为目标。

从高校根本任务视角来考察，可以看到这样的发展脉络：从新中国成立初期的“发扬为人民服务的思想”到党的过渡时期总路线时的“把社会主义教育和反对资产阶级思想腐朽统一起来”再到20世纪60年代初“高教六十条”中提出的“为无产阶级服务，培养社会主义建设所需要的各种专门人才”；从党的十一届三中全会时的“实现党的总任务而培养社会主义的专门人才”到十五大、十六大提出的“培养成中国特色的社会主义事业的建设者和接班人”，再到十七大、十八大提出的“培养德智体美全面发展的社会主义建设者和接班人”。对于各个历史时期的根本任务的不同提法，反映了不同历史时期的指导思想和重点倾向，也可以看出其与时代特点相匹配、相吻合的发展历史轨迹。

诚然，现行的“思想道德修养与法律基础”课程对于教学目标的规定如下：“针对大学生成长过程中面临的理想信念、价值取向、诚信意识、社会责任感、艰苦奋斗、团结协作和心理健康等问题，通过开展马克思主义的人生观、价值观、道德观和社会主义荣辱观教育，引导大学生树立崇高的理想信念，自觉遵守社会主义道德，努力提高个人自身道德素质；通过开展社会主义法治教育，引导学生充分认识和了解马克思主义法学的基本理论，把握社会主义法治的基本精神和法律规定，树立法治观念，提高法律意识，教育大学生知法、懂法、学法、用法，维护自身的合法权益和法律的权威；引导大学生树立正确的世界观、人生观、价值观、道德观和法治观，提高自身修养，将自

① 刘沧山：《中外高校思想教育研究》，人民出版社，2008年版，第212页。

己培养成为有理想、有道德、有文化、有纪律的全面发展的社会主义新人，自觉成长为德智体全面发展的中国特色社会主义事业的合格建设者和可靠接班人”。[①]

综上所述，高校法制教育目标是有层次的、递进的，但是根本目标应当是唯一的。目前，高校法制教育的近期目标是一种守法教育，这是法制教育的最低要求；而根本目标应当由守法的单一教育上升为“学法尊法守法用法”的综合教育。只有达到了将守法精神上升为法律信仰、将守法内化为道义上神圣的责任和义务、使被动守法转化为主动守法、使强制守法转化为自愿守法、使他律转化为自律这个境界，法制教育才称得上真正成功。由此，高校法制教育的根本目标是培养高素质人才，造就中国特色社会主义法治的忠实信仰者和坚定践行者。实现了近期目标，不一定能达到根本目标；做到守法不违法并不意味着达到高校法制教育的根本目的和理想境界。只有不断调整和缩小高校法制教育近期目标和根本目标之间的差距，才能使高校法制教育的步伐越来越坚实、越来越稳健，增强高校法制教育实效性，提升人才培养质量，培养出知行合一的“法治人”，源源不断地为中国特色社会主义法治国家建设输送合格人才。

（三）未处理好宪法教育和其他部门法教育的关系

“国以宪立，政因宪兴”。新中国成立以来，“我国的社会主义宪政建设经历了坎坎坷坷、跌宕起伏的风雨历程。既有宪法旗帜高扬、法制事业蒸蒸日上的宪政建设高歌猛进时期，也有人治主义泛滥、法律虚无主义盛行的宪政建设低潮时期”[②]。其间的经验教训是历史留给我们的宝贵财富，值得认真总结和反思。在法治社会，“法治”意味着法律是一切行为和行动的准则，法律权威高于个人权威，在众多法律部门中宪法具有最高权威。作为一国法律体系和法律制度的基础，宪法本应享有最高权威和至高无上的地位。

新中国成立后我国社会主义宪政建设经历了两段历史性变革。

---

① 余玉花：《思想道德修养与法律基础教学论》，复旦大学出版社，2009年版，第4页。

② 李林：《新中国法治建设与法学发展60年》，社会科学文献出版社，2010年版，第285页。

第一段变革，从1949年到1982年。1949年9月中国人民政治协商会议通过了《中国人民政治协商会议共同纲领》。1954年9月全国人大通过了第一部《中华人民共和国宪法》(简称“54宪法”)。从1954年到1956年，我国进入了较大规模的法律创制阶段，先后又制定了“75宪法”、“78宪法”、直到“82宪法”，历经曲折、频繁制宪。“文化大革命”后，以1978年12月党的十一届三中全会为标志，中国法治进入了一个重建与高速发展时期。1978年12月，邓小平同志在总结国际和国内社会主义运动的普遍经验教训基础上，率先提出加强民主和法制的思想，“为了保障人民民主，必须加强法制，必须使民主制度化、法律化，使这种制度和法律不因领导人的改变而改变，不因领导人的看法和注意力的改变而改变”[①]。在邓小平同志这一基本思想的指引下，中国共产党领导中国人民开始探索真正意义上的社会主义宪政建设的道路。

第二段变革是在1982年宪法实施以后，根据政治、经济体制改革和社会发展的需要，于1988年、1993年、1999年和2004年分别进行了四次修订，体现了我国对于宪政理论与实践的探索已渐趋理性和成熟，也充分展示了与时俱进和不断创新的精神。1982年9月中共十二大确定了全面开创社会主义现代化建设新局面的战略决策，这为宪政理论的深化提供了有利的政治条件和正确的指导思想。1982年12月，新中国宪政史上的第四部宪法正式获得通过，成为新中国成立以来最完善的一部宪法。1997年，江泽民同志在党的十五大报告中首次提出“依法治国，建设社会主义法治国家”，确定依法治国是党领导人民治理国家的基本方略。1999年我国宪法修正案，将“依法治国，建设社会主义法治国家”载入宪法，充实和完善了根本大法的内容，为国家政治生活和社会生活摒弃人治、厉行法治提供了根本法依据。2012年，党的十八大报告明确规定：“党领导人民制定宪法和法律，党必须在宪法和法律范围内活动。任何组织或者个人都不得有超越宪法和法律的

① 《邓小平文选》(第2卷)，人民出版社，1994年版，第146页。

特权，绝不允许以言代法、以权压法、徇私枉法”。[①]

通过宪法发展的历程可以看出，宪法的制定并不等于宪法的实施。在新中国成立之初，虽然明文制定了宪法，但对宪政认识非常粗浅，可以说，有宪法、无宪政。对法治和宪政的漠视，致使法律虚无主义逐步盛行，最终导致十年“文化大革命”对法治造成严重破坏的灾难。从 20 世纪 70 年代后期起，中国人民不断从实践中认真总结和反思了经验教训，并经过艰苦卓绝的努力，终于使中国走上独立自主的正确发展道路，形成了以 1982 年宪法为主体的现代中国宪法体系。

高校法制教育在教育内容上主要涉及三个层面：第一，社会主义法治精神和法治观念教育；第二，我国社会主义法律制度教育。内容包括我国宪政制度、基本实体法律制度、基本程序法律制度的常识教育；第三，与大学生学习生活密切相关的法律规范教育。前两个层面主要是认知和信念层面，最后一个层面是实际运用层面。三个层面各有侧重、各有特点，共同构筑了高校法制教育的立体知识结构体系，是大学生在校期间以及走向社会后仍然需要牢牢掌握的法律知识，需要终生树立的法治意识和需要不断内化的法律素质。尤其是对于宪法和部门法的学习，将最终落实在对法律规范的遵守和对法律权威的崇尚上。诚然，部门法教育距离大学生的日常生活行为较近一些，容易引起学生的学法用法兴趣，以其见效快、易于学用结合的优势更容易和大学生产生实践中的共鸣。例如，民法、合同法可以指导学生在生活中如何平等协商、订立协议、趋利避害、进行权利救济；刑法可以使学生了解现实的犯罪种类和犯罪后果，产生一定的内心敬畏感，防微杜渐；程序法就像一本法律生活指南，指引学生在提起诉讼的过程中如何去实施，通过什么样的途径来实现自己的诉求等等。但是需要正视的是，在培养当代大学生具备合格法律素质的过程中，应当以宪法教育作为整个法制教育的基础，而不是偏重部门法教育。因为，对一个普通公民来说，如果不从宪法的高度去认识和理解，即使掌握了

① 胡锦涛：《中国共产党第十八次全国代表大会上的报告》，2012 年 11 月 8 日。

某一个部门法，把法条倒背如流，也很难从原则和理念层面来准确认识这个法的基本制度及其制度根源。如果有了比较正确的宪法观念，那么，可以从宪法的角度来理解、感受各个部门法律存在的基本价值和社会意义。让中国传统的泛道德主义与西方的技术主义可以在历史的机遇中重合，以对宪法的理解充分张扬法律的基本精神，这样的理路也正好深刻印证了我国法治建设的宏伟目标“依法治国，建设社会主义法治国家”的重大意义。

否则，仅仅满足于对各个部门法的学习和了解，就无法实现法制教育的根本目标和任务。的确，与实用性强的部门法相比，宪法教育显得高高在上、空洞枯燥。实际上，宪法教育一直以来受到“冷落”，直到近些年随着法治意识教育的不断加强和深化，才越来越受到重视。从根本上说，宪法是治国安邦的总章程，是国家的根本大法，具有最高法律效力，一切立法必须以宪法为根本法律依据，不得同宪法精神、宪法原则以及宪法条文相抵触。在立法过程中，要坚持依宪立法，严格按照宪法的原则和精神，保障公民的各项权利，正确处理人民群众依法行使权利和国家机关依法管理的关系。这既是依法治国的内在要求，也是保证法治统一和法律权威的重要前提。只有以根本大法宪法为依据，才能使制定的各个法律符合我国社会发展的基本规律，符合改革和建设的基本需要。因此，在法制教育过程中，要协调好宪法教育和其他部门法教育的关系，突出宪法的根本大法地位，帮助大学生树立对宪法的崇敬感和荣耀感。此外，还应当注重宪法中的民主法制教育，让大学生在中国民主法制建设不断完善的历史进程中深切感受到宪法至高无上的崇高地位和重要作用。

第三节 中国高校法制教育的未来展望

在新中国民主法制建设的历史进程中，经历了“基本完成社会主义改造的”7年、“开始全面建设社会主义的”10年、“‘文化大革命’的”10年、“在徘徊中前行的”两年和“改革开放以来的”36年。在新中国曲折坎坷、阔步向前的现代化、法治化建设道路上，高校法制教育作为新中国民主法制建设和中国高等教育发展的一个有机组成部分，承载了几代人的梦想，付出了无数人的智慧和心血，凝结了中国特色社会主义法律体系教育的历史演变和现代创新。面对经济全球化、世界多极化、文化多样化的新世纪、新阶段、新起点，高校法制教育承担着比过去更加艰巨和复杂的挑战性任务，加强和提升高校法制教育是其深入发展、持续发展和创新发展的必由之路，是全面推进依法治国基本方略、加快社会主义法治国家建设的应有之义。

一、党的十八大对法制教育目标要求的新发展

党的十八大报告对法制教育分别提出了两个层次的目标要求。一是对全社会或全体公民的要求，即要求通过法制教育，弘扬社会主义法治精神，树立社会主义法治理念，增强全社会学法尊法守法用法意识；二是对领导干部的要求，即通过法制教育，弘扬社会主义法治精神，树立社会主义法治理念，提高领导干部运用法治思维和法治方式深化改革、推动发展、化解矛盾、维护稳定能力。这是党的十八大对法制教育目标要求的新发展。深入学习和研究党的十八大对法制教育目标要求的新发展，对于在实践中加强和改进全社会的法制教育具有重要的指导意义，对于观察和把握当代中国法制教育和法治建设进程具有重要的理论价值。

（一）改革开放以来中国共产党对法制教育的探索与要求

法治，是现代文明社会的一个重要标志。新中国成立后尤其是改革开放以来，中国共产党领导全国人民在探索建设中国特色社会主义法治国家的道路上不断前行，取得了举世瞩目的成就。1997 年 9 月，党的十五大报告明确提出“实行依法治国，建设社会主义法治国家”，从此将“依法治国”确立为党领导人民治理国家的基本方略。1999 年 3 月，第九届全国人大二次会议将“依法治国” 写入宪法，把“依法治国”正式从党的意志上升为国家意志。2002 年，党的十六大将“依法治国基本方略得到全面落实”确定为全面建设小康社会的重要目标。2007 年，党的十七大对“加快建设社会主义法治国家”做出了新的部署。2012 年 10 月，党的十八大又再次强调法治是治国理政的基本方式，到 2020 年全面建成小康社会时，实现“依法治国基本方略全面落

实，法治政府基本建成，司法公信力不断提高，人权得到切实尊重和保障”的法治新目标。

法制教育是法治建设的基础性工程，在中国这个人口众多、政治、经济、文化和社会发展不平衡又缺乏法制传统的国家，要想最终实现依法治国、建设社会主义法治国家的伟大目标，必须高度重视法制教育。法制教育是一定社会、一定阶级为使人们遵循其法律制度和法律条文，按法律行事和生活，并使法律转化为人们的内心信念而进行的一种有目的、有计划的系统性法律教育活动。[①]郑成良教授指出：“法治固然取决于一系列复杂的条件，然而就其最直接的条件而言，必须存在一种与之相适应的社会思想方式，即只有当人们能够自觉地而不是被动地、经常地而不是偶然地按照法治的理念来思考问题时，才会有与法治理念相一致的普遍行为方式。”[②]中国法治的推进以及法律的运行需要用法制宣传教育的方法，来增强全体公民的法律意识和法制观念。1985 年 11 月 5 日，中共中央转发了中宣部、司法部《关于向全体公民基本普及法律常识的五年规划》，同月，全国人大常委会发布《关于在公民中基本普及法律常识的决议》，“普及法律常识”简称“普法”，由此拉开了五年一轮的法制宣传教育活动的序幕。中国是一个法制基础比较薄弱的国家，这场面向全民普及法律知识、培养法治意识的活动已经走过了近三十年，在潜移默化之中逐步改变着人们的思维方式和行为方式，不啻为一场法律思想启蒙运动，推动着中国社会从“人治”向“法治”不断迈进。

基于法制教育在社会主义法治国家建设中的重要地位，中国共产党对法制教育的要求也不断提升，这在近些年党的全国代表大会报告中得到充分体现。党的十五大报告提出：“深入持久地开展以为人民服务为核心、集体主义为原则的社会主义道德教育，加强民主法制教育和纪律教育，引导人们树立正确的世界观、人生观、价值观。”这里把民主教育、法制教育和纪律教育放在一起，虽然没有突出法制教育的

---

① 欧阳庆芳、赵伟忠：《新中国成立以来中国共产党法制教育的基本经验》，《学校党建与思想教育》，2012 年第 5 期，第 48 页。

② 郑成良：《论法治理念与法律思维》，《吉林大学社会科学学报》，2000 年第 4 期，第 6 页。

专门性，但其作为德育的一个重要组成部分，旨在引导人们树立正确的“三观”。党的十六大报告要求：“加强法制宣传教育，提高全民法律素质，尤其要增强公职人员的法制观念和依法办事能力。党员和干部特别是领导干部要成为遵守宪法和法律的模范。”这次党代会，将法制宣传教育单独列出，是党的法制教育思想上的一个跨越，同时明确法制教育的目标在于提高全民法律素质，并将公职人员、党员干部作为法制教育的重点对象，这对于公民法律意识的培养起到了重要的指导和推进作用。在此基础上，党的十七大报告明确提出：“深入开展法制宣传教育，弘扬法治精神，形成自觉学法守法用法的社会氛围。”从“加强法制宣传教育”到“深入开展法制宣传教育”，乃至要求全社会形成学法守法用法的法治氛围，进一步体现了党对开展法制教育的重要性和持续性的强调。如今，党的十八大报告又再次强调要“深入开展法制宣传教育，弘扬社会主义法治精神，树立社会主义法治理念，增强全社会学法尊法守法用法意识。提高领导干部运用法治思维和法治方式深化改革、推动发展、化解矛盾、维护稳定能力。”

十八大报告在十六大报告“提高全民法律素质”目标的基础上，进一步要求通过法制教育，“弘扬社会主义法治精神，树立社会主义法治理念，增强全社会学法尊法守法用法意识”，将法治作为一种精神来弘扬，并要求在全社会树立社会主义法治理念，既深化了法制教育的目标任务，又拓展了法制教育的内容。报告中尤其提到要“提高领导干部运用法治思维和法治方式深化改革、推动发展、化解矛盾、维护稳定能力”，对比十六大报告中要求的“增强公职人员的法制观念和依法办事能力”显然更进一步。“法治思维”和“法治方式”在执政党报告中的首次出现也引起了社会各界的高度关注和广泛讨论。有学者认为：“法治思维和法治方式”这一提法从价值观和方法论上，对新时期各级领导干部如何治国理政提出了新标准、新要求，具有很强的现实性、针对性和指导性。[①]法治实质上是一种思维方式，这也揭示在中

① 本报评论员：《善用法治思维和法治方式治国理政》，《法制日报》2012 年 12 月 4 日，第 1 版。

国特色社会主义法律体系已经形成的今天，法制教育中不可忽视的就是要通过各种教育培训，把领导干部已习惯的人治思维、行政思维、管理思维逐步转变为法治思维，使运用法治思维和法治方式成为各级领导干部“依法执政”和管理社会的基本功，进而带动、提升全体公民的法律思维水平。法治思维的培养，比普及法律知识、提高法律素质层次更高，它深入到法制教育的核心在于观念和思想的转变。党的十八大报告中的这一新要求，既是对过去法制教育经验的总结，也是当前化解社会矛盾、保持国家长治久安的需要，更是全面建成小康社会进程中对人们法治理想的期待，对于推进依法治国，构筑中国特色社会主义法治体系具有重大的现实意义。

（二）法治思维的要义

关于“法治思维”，学者们观点不一。有的学者认为，“法治思维是指执政者在法治理念的基础上，运用法律规范、法律原则、法律精神和法律逻辑对所遇到或所要处理的问题进行分析、综合、判断、推理和形成结论、决定人的思想认识活动与过程”。[①]也有学者认为“法治思维是按照法治的逻辑来观察、分析和解决社会问题的思维方式，它是将法律规定、法律知识、法治理念付诸实施的认识过程，直接关系到依法行政、依法办事的效果”。[②]还有学者揭示“法治思维是以合法性为判断起点而以公平正义为判断重点的一种逻辑推理方式。其包含四方面内容并要相统一：‘合法性思维’、‘程序思维’、‘权利义务思维’、‘公平正义思维’”。[③]无论是哪一种定义，都不难从中看到，法治思维是建立在对法治或者法治理念正确理解的基础上的，它是运用法律知识、法律原则、法律精神进行判断推理的思维过程，是法律意识与法治理念在人们大脑中的运动过程。法治思维的要义在于强调“法律主治”、“法律至上”、“制约权力”、“保障权利”的价值、原则和精

---

① 姜明安：《再论法治、法治思维与法律手段》，《湖南社会科学》，2012年第4期，第27页。

② 罗志坚、万高隆：《领导干部要以身作则带头具备和运用法治思维》，《求实》，2012年第8期，第21页。

③ 徐显明：《十八大报告关于法治建设的十大亮点》，《光明日报》，2012年12月3日，第2版。

神，这也是社会主义核心价值观的重要内容。

“法律至上”意味着法律是社会规范体系的价值标准，是评判人们行为的最高准则，强调的是要树立法律权威。法律权威是国家稳定的坚实基础，对于建设社会主义法治国家、实现国家长治久安具有重要意义。承认法律至高无上的权威，是对凌驾于法律之上的特权或个人意志的否定，有着内在的合理性和科学性。当国家的最高权威是领导者，随着领导者的更迭，国家政局的稳定和兴衰就将寄托于领导者个人身上，就有可能大起大落，政策与法律也会频繁变动。而当国家的最高权威是法律时，由于法律是一种超越于个人之上的普遍性规则，具有稳定性和连续性，尽管领导者会不断流动和更换，但政治统治与社会秩序仍将会保持相当的稳定性和连续性。真正的法治社会中，法律是人民意志的集中体现，主张法律至上即是主张人民意志至上。党的十八大报告强调：“党领导人民制定宪法和法律，党必须在宪法和法律范围内活动。”党必须在宪法和法律的范围内活动，充分体现了党的领导与法律至上的统一，这也是我们党的一贯主张。当然，法律至上并不排斥其他行为规范和社会准则，它只是体现对法律的尊重和敬畏，我们不能孤立地看待法律权威问题。

“法律主治”，简单讲就是社会应当主要由法律来治理，它与“人治”相对。现代社会之所以必须主要经由法律治理，是因为法律规范与其他社会规范或治理途径比较，有一系列社会稳定和发展所必需的优势。法律是由国家制定并依靠国家强制力保障实施的行为规范，作为明确、肯定、普遍的规范，要求全社会一体遵行不得违反，这就为社会秩序的建立和维护提供了保障。相对于其他的治理手段，它不仅能够调整个人行为，而且具有调整阶级关系，使统治秩序合法化、固定化的作用，并且能够负担巨大的政治、经济、文化的组织任务，这是其他任何社会调控方式所不能比拟的。法律主治要求领导干部在治理社会过程中，处处要以法律为判断标准，要维护公平正义，讲权利义务，要从程序出发，讲法律证据。法治思维还要求正确认识权力和权利的关系。就法治的最初意义而言，制约和监督国家机关及其工作人员的权力是法治的精髓。制约权力，才能保障权利。这意味着领导干部想问题、做决策、办事情，必须时刻牢记权力来源于人民授权和职权法定的原则，做到目的合法、职权法定、行使权力的内容和手段合法、严格遵循法律规则和法定程序，才能切实保护人民权利和尊重保障人权，实现自由、平等、公正、法治的价值追求。

（三）在法制教育中养成法治思维

法治思维并非与生俱来，其包含的法治观念和法律意识可以通过后天的培养逐渐养成。江泽民曾经说过："一种观念的树立，一种意识的培养，需要一个相当长的过程，要充分认识法制宣传教育的长期性、艰巨性，并逐步使之制度化、规范化。"[①]通过科学的系统化的法制教育，可以首先使领导干部从法律的角度考虑分析和解决问题，形成依法办事的思维习惯和思维方式，继而扩展到全体公民，为社会主义法治国家的建成打下坚实的思想基础。根据前述党的十八大报告中的新要求，当前法制教育的着力点可以定为各级领导干部，通过在思想认识上不断强化法治思维的重要性，知识储备上深刻领会社会主义法治理念以及实践中加强运用法治方式等几方面来逐步养成法治思维。

第一，通过法制教育，在思想上不断增强领导干部养成法治思维的自觉性和主动性。法治思维蕴含着法律原则、法律价值和方法，因而对人们的世界观、人生观和价值观也会产生影响。法治思维是一种观念，观念的改变必然是一场思想的革命。养成合理的"法治思维"，首先就要从思想上认识到依法治国、依法行政对于中国的重要性。通过各种宣传教育手段，从正面强调法治思维在新形势下的迫切性和重要性，使各级领导干部增强建设法治政府、法治社会的责任感和使命感。通过各种法制宣传教育手段，也从反面揭示过去一些领导干部头脑中长期存在的重权力轻权利、重治民轻治官、重管理轻服务等传统思维误区，改变一些领导干部头脑中根深蒂固的超越宪法和法律的特权思想，铲除以言代法、以权压法、徇私枉法等悖离法治精神的现象滋生的土壤。通过在全社会倡导法治思维，就是要使每一个领导干部

① 中华人民共和国司法部、全国普法办公室：《中共中央法制讲座汇编》，法律出版社，1998年版，第108页。

在思想上自觉摒弃人治传统与特权观念，进而在处理各种社会问题时有一种法律规则意识，能够自觉坚持法律至上，坚持公平、公正、公开等法治精神和原则。领导干部带头学法、遵法、守法、用法，切实保障人民享有更广泛的权利和自由，同时自觉在宪法和法律范围内活动，自觉地维护国家法制的统一、尊严、权威，自觉地接受人民群众的监督，也必将对社会其他公民的法制教育起到良好的示范作用。

第二，通过法制教育，引导领导干部丰富法律知识，掌握法律方法，树立法治理念。要提高国家公职人员，特别是领导干部运用法治思维和法律手段治国理政的能力，首先就要加强对他们的法治教育、培训，不断增强他们的社会主义法治理念。法治理念是形成法治思维的根基，一个对法治内涵和要素不甚了解的执政者，不可能有什么法治思维，不可能主动、自觉和善于运用法律手段。关于社会主义法治理念内涵的依法治国、执法为民、公平正义、服务大局、党的领导五个方面相辅相成，体现了党的领导、人民当家做主和依法治国的有机统一。深厚的法律知识素养，是法治思维形成的基础。法律精神、法律原理和法律规范知识作为材料和工具，是培养法治思维的前提。一个对法律知识一无所知的人，不可能形成法治思维方式。法律知识通常包括法律、法规方面的知识和法律原理方面的知识，这两部分法律知识对于培养法律思维方式都很重要。只有既了解法律、法规在某个问题上的具体规定，又了解法律的原理、原则，才能更好地领会法律精神，形成法律思维，并运用法律思维思考和处理各种法律问题。在此基础上，还应该掌握一些基本的法律方法。法律方法是人们从法律角度思考、分析和解决法律问题的方法。法律方法构成法律思维的基本要素，法律思维的过程就是运用法律方法思考、分析和解决法律问题的过程。我们要培养法律思维方式，必须掌握法律方法。法律工作者使用的法律方法有法律解释的方法、法律推理的方法、填补法律漏洞的方法、认定事实的方法等。每一种基本方法又包括一系列的具体方法，有必要了解和掌握一些基本的法律方法。

第三，将法制教育与法治实践结合，在社会管理和工作生活实践中训练法治思维。教育不能脱离社会现实，法律思维方式的培养必须根植于社会实践。法治思维是一种在法律实践中训练、培养和应用的思维方式，脱离具体的法律生活和法律实践，不可能养成法律思维方式。随着社会主义法治国家建设进程的不断推进，法律对社会生活的调整范围越来越广泛，人们面临的法律事务必然会越来越多。这既对培养法律思维方式提出了迫切要求，也为培养法律思维方式提供了良好条件。一次良好的法治实践本身就是一次有效的法制宣传教育，其实际效果大大优于内容空洞的说教。新形势下，国家公务人员主动、自觉和善于运用法治思维和法律手段处理和解决社会、经济问题和社会矛盾，是党在新时期对各级领导干部基本素质提出的新要求，理应成为各级领导干部思想建设、能力建设的重要组成部分。①

另外，法治思维的养成是一项系统工程，单单依靠法制教育不可能实现，还需改善法治环境，通过外部制度环境影响和促进公权力行使者的法治思维。法治环境与法治思维以及法律手段的运用是辩证互动的关系。法治思维增强，必然促进法律手段的运用；法律手段运用有效，自然会改善法治环境，而法治环境的改善，反过来又会影响和促进公权力执掌者的法治思维。法治的良性循环，还有两个方面的关键点。一是改革领导干部选拔、任用制度。在公务员的晋升过程中，将其法治意识、运用法治方式解决问题的能力考查作为选拔任用的重要标准。只有将“法治状况”引入领导干部绩效考核和选拔任用标准之中，并且分量够大，才能让法治思维成为领导干部主动自觉的惯性思维方式。二是加强舆论环境的引导。通过舆论宣传，推广正反典型经验，不断引导和激励领导干部主动、自觉和善于运用法治思维和法治方式治国理政。

习近平总书记在2012年12月4日首都各界纪念现行宪法公布施行30周年大会上的讲话中再一次明确提出：“各级领导干部要提高运用法治思维和法治方式深化改革、推动发展、化解矛盾、维护稳定能力，努力推动形成办事依法、遇事找法、解决问题用法、化解矛盾靠

① 欧阳庆芳：《党的十八大对法制教育目标要求的新发展》，《湖北民族学院学报》，2013年第4期，第85～87页。

法的良好法治环境，在法治轨道上推动各项工作”。[①]当然，法治思维的养成，除了依靠法律知识的教育与灌输，依靠法治文化的积淀与培育，依靠法治手段的监督与制约外，关键在于法治原则、法律规范、法制体制和法治程序等法治方式的落地生根与自觉运用，这是一项任重道远，需要全社会一起努力的事业。

就高校大学生而言，他们是社会宝贵的人才资源，民族的希望，祖国的未来。在“依法治国，建设社会主义法治国家”治国方略的指引下，“提高大学生的社会主义法治意识和法律素质，把他们培养成中国特色社会主义事业的建设者和接班人，对于全面实施科教兴国和人才强国战略，确保我国在激烈的国际竞争中始终立于不败之地，确保实现全面建成小康社会、加快推进社会主义现代化、法治化的宏伟目标，确保中国特色社会主义事业兴旺发达、后继有人，具有重大而深远的战略意义”[②]。让我们回首过去、立足当代、翘首明天，在实现“法治中国”的“中国梦”道路上，展望未来高校法制教育的美好前景。

二、高校法制教育扩散化

随着2010年我国宣布正式形成中国特色社会主义法律体系，我国民主法制建设进入了新的历史发展机遇期，这意味着新中国民主法制建设正式进入了法制建设的完善阶段。“在进入完善期的法制建设阶段，制度性建设和立法建设更加成熟，趋向于修改和增补，而不会进行重大的立法调整。党和国家更加重视法制建设的动力向社会演进方向转变。”[③]让更多的人民群众开始更加主动、自觉和积极地参与法制建设，加快树立正确的社会主义公民意识和法律精神。马克思主义经典作家曾指出：“历史什么事情也没有做。……创造这一切、拥有这一切并为这一切而斗争的，不是‘历史’，而正是人，现实的、活生生的人。‘历史’并不是把人当作达到自己目的的工具来利用的某种特殊的

---

① 习近平：《在首都各界纪念现行宪法公布施行30周年大会上的讲话》，《人民日报》，2012年12月4日，第1版。

② 刘沧山：《中外高校思想教育研究》，人民出版社，2008年版，第223页。

③ 元光：《新中国法治建设历程》，世界知识出版社，2011年版，第269页。

人格。历史不过是追求者自己目的的认识活动而已。”[1]随着依法治国，建设社会主义法治国家的不断深入，我国民主法制建设更倾向于法治文化养成和理念塑造，这绝非政府强制机制和严格的时间表所能实现的，需要更广泛和最普通的人民群众参与进来，理解现代法治和我国法制建设的基本状况。必须承认，在人作为主体推动政治生活乃至人类历史不断发展和进步的过程中，人民群众将发挥决定性作用，“人民群众是社会中的最大群体，所以他们的力量是巨大的。人民群众作为一个整体，其总是希望过上更加美好生活的根本利益追求，始终是同社会发展的基本趋势相一致的，所以他们在历史上总是起着积极的进步作用”[2]。

与此同理，在国家的民主法制建设中，需要发挥人民群众的历史推动力，将法治文化和法治理念扩散到每一个公民的灵魂深处，由外化力量转化为内化理念和自觉行动。这才是中国特色社会主义法治国家建设的执政之基和力量之源。从这种意义上讲，高校法制教育也需要一个扩散化的过程。将法治知识转化为维护和伸张正义的力量，将法律意识上升为最高的法律信仰，将法律素质移植入言行举止的思维习惯，并最终在校园内外形成一种良性循环的法治文化，用社会主义法治文化引领高校校园文化，让置身其中的学生感同身受、坚定信念、自觉践行。大学生是社会中一个文化素质相对较高、对未来社会发展进程产生较大影响的特殊群体。大学生在法治文化自觉和文化自信的熏陶中，形成良好的法治意识，确立科学、先进、正确的民主法治观念，将使广大学生成为中国特色社会主义法治的学习者、传播者和主人翁。

进入 21 世纪的中国，走法治化道路已经成为不可逆转的大势所趋。高校法制教育肩负着为发展社会主义市场经济、推进社会主义民主法治和依法治国、建设社会主义法治国家提供高素质人才培养和储备的艰巨历史使命。如果中国特色社会主义建设事业没有高等教育的

① 《马克思恩格斯全集》（第 2 卷），人民出版社，1995 年版，第 118～119 页。

② 王孝哲：《关于社会发展动力之新见》，《东南大学学报》（哲学社会科学版），2008 年第 5 期，第 10 页。转引自《复印报刊资料·中国特色社会主义理论》，2009 年第 1 期，第 60 页。

改革发展与之相适应，没有形成高素质、高层次人才培养的动态长效机制，那么，全面建设社会主义法治国家恐怕只能是“事倍功半”了。客观地说，中国是一个在历史上缺乏民主传统的国家，开展民主法制教育因此变得尤为重要。邓小平同志曾多次强调“没有民主就没有社会主义，就没有社会主义现代化”①。可见民主对于现代化中国的重要性和必要性。即便是同一国家、不同地域，对民主和法治的具体形式、基本制度、主要内容和根本要求都会千差万别、各不相同，更遑论不同国家、不同领域，但有一点却是共同的，这就是渗透其中的民主和法治的精神。相信高校法制教育在逐步逐层实现扩散化的过程中，将涌现出更多更好的现代法治观念的传播使者，持久而有力地推动国家法治化建设突破历史、走向新的辉煌，这是高校法制教育未来发展大局一个不可阻挡的总体趋势。

三、高校法制教育均衡化

众所周知，“均衡”是博弈论的核心概念，是指博弈达到的一种稳定状态，没有一方愿意单独改变战略。在经济学中，“均衡”是指经济体系中变动着的各种力量处于平衡，因而变动的净趋向为零的状态。可见，均衡应当具有稳定、有秩序和渐变的特点。均衡并不意味着搞“平均主义”，而是在制衡中实现各个部分能量的最大化，在动态中实现各自部分效果的最优化。在思想政治教育的学科视角下，包括高校法制教育在内的五大门类是否能够均衡发展、普遍发展、动态制衡，以及法制教育自身能否在正增长中均衡发展，都将影响高校法制教育的未来走向。

从外部均衡的角度考察，在思想政治教育的视域内，思想教育、政治教育、道德教育是传统教育的“老三样”，一直以来人们对思想、政治、道德教育都十分重视，也是研究的重点领域，法制教育和心理健康教育似乎受到了冷落。但是2002年清华大学刘海洋硫酸泼熊案的发生，被称为开启了中国高校心理健康教育的第一案，从此以后人们越来越重视心理健康教育。如今这个案件已经过去了十几年，很多高

① 《邓小平文选》（第2卷），人民出版社，1994年版，第154页。

校都设置了专门的心理健康指导和咨询制度、机构，配备了专业的人员和设备，几乎占据了思想政治教育的“半边天”。然而时至今日，法制教育依然没有受到应有的重视和待遇，它既没有思想、政治、道德教育三足鼎立般的地位，又不能与心理健康教育这异军突起的“新宠”相提并论，相比之下依然还是一个缺乏关注的“角落”。高校重视心理健康教育本无可厚非，但是决不能抱有“实用主义”的想法，或是带有“头痛医头、脚痛医脚”的侥幸，心理问题学生多，由心理问题造成的极端事件、突发性事件多，有时甚至危及人的生命，固然应当引起人们的重视，并采取相应的策略来应对这些接踵而来的“麻烦”。然而，在重视一方面的情况下，并不代表着就可以放任或是忽略其他方面的存在和发展。如果按照这种逻辑，是不是要到有一天高校法制教育的情势已经非常严峻、动辄出现暴力犯罪和恶性事件，或者我们高等教育培养的所谓高素质人才根本无法适应国际化的社会和规则、“碰一鼻子灰”时，我们才反思法制教育的发展危机？此时恐怕已为时过晚，我们要为教育“负增长”付出更加高昂的成本。

论及此处，再从内部均衡的视角切入，以法制教育的主课程——法律基础课的演变为例，进一步深度解剖这一问题。改革开放后，从1986年开设法律基础课至今，其间经历了独立－并立－融合的三个发展阶段，形成了如今思想道德修养与法律基础课完全融合的一门课程，成为思想政治教育的重要组成部分。然而问题的关键是，如果说“85方案”实施时法律基础课尚处于独立开设阶段，虽然刚刚起步、条件有限，幸好课时、教材、师资、实践相对比较到位，而且这种最直接、最快捷改变和提高大学生民主法治意识的途径可以视为是从教育宏观角度对高校法制教育的一种“强化”；那么，之后的“98 方案”实施时法律基础课与思想道德修养课并立，走上了一条法制教育政治化的道路，其实是加强了思想教育、政治教育和道德教育，而无形中削弱了法制教育的力度，我们暂且将这种转变称为“淡化”。时至今日，“05方案”之下的法律基础课已经与思想道德修养合二为一，法律基础部分课时大大削减、内容大幅精简、比例严重失衡，法制教育进入“弱化”状态。可是值得深思的是，在这种硬件不断下滑的现实状况下，对于法制教育的目标和要求却越来越高了，对于大学生通过接受教育所要达到的水平和境界的要求也是今非昔比了，原来只提知识、树意识，现在要拔高到素质层面，不得不说是一种质的飞跃。然而，面对“课时少了、教材薄了、教师跑了”的困境，如何保障教育质量的提高和教育目标的实现？如果没有持续投入的软硬件保障，没有按照均衡化发展的要求合理配置资源，又何谈法律意识的增强、法律素质的提升和学生用法护法能力的提高？一旦教育效果不佳，就一味指责思想政治教育理论课教师，这种做法是以偏赅全的、是避重就轻的、是不能解决根本问题的。因此，从一定意义上说，过去的三十年，法律基础课教学从“强化－淡化－弱化”的发展理路，至少从一个侧面再次印证了高校法制教育内部发展的不均衡性，缺乏对根本任务和根本目标实现的规划性、设计感和持久力。

随着“依法治国，建设社会主义法治国家”基本治国方略的深入和推进，人们的民主法治意识逐步提高，相信法制教育一定会成为人们竞相研究的一个焦点。因为，国家和社会在发展，法治化和全球化在不断加强，人才的培养要与时俱进、符合国际惯例，这种要求和趋势折射到高等教育上，高度重视和稳步提升高校法制教育一定是一个不可逾越的过程。所以，扭转目前高校法制教育失衡的逆境，平衡思想政治教育中各个组成部分的发展力量和发展空间，促成均衡化、比例化、动态化发展趋向，提升各方教育的最优合力，应当是一个势不可挡的明显趋势。

四、高校法制教育权威化

“‘权威’一词含有尊严、权力和力量的意思，指人类社会实践过程中形成的具有威望和支配作用的力量。”[①]“法律权威”就是法律在社会运行过程中具有威望和支配作用的力量。其中包含着两层含义：一是法律在社会运行中具有至高无上的地位，拥有绝对的支配力量；二是法律具有威严和威摄力，得到人们的敬畏和遵从。这两层含义是相互联系、紧密结合、不可替代的。一方面，法律丧失了至上地位，

① 《辞海》，上海辞书出版社，2000年版，第1513页。

就没有了威严和威摄力；另一方面，法律缺少了威严和威摄力，也就不再具备至高无上的地位。1978 年中共十一届三中全会公报指出："为了保障人民民主，必须加强社会主义法制，使民主制度化、法律化，使这种制度和法律具有稳定性、连续性和极大的权威性"。[①]至此，"法律权威"一词开始引入党的文件中，之后被频繁使用。

高校法制教育的权威化应当是内力、外力共同作用的结果，缺一不可。从外部环境角度，加强社会主义国家法治建设的统一性和严肃性，应当首先强化法治的权威性。正如现行宪法所明确规定的那样："本宪法以法律的形式确认了中国各族人民奋斗的成果，规定了国家的根本制度和根本任务，是国家的根本法，具有最高的法律效力，全国各族人民，一切国家机关和武装力量、各政党和各社会团体、各企事业组织，都必须以宪法为根本的活动准则，并且负有维护宪法尊严、保证宪法实施的职责。"[②]显然，宪法已经确立包括其自身在内的一切法律在国家生活中的权威地位。新中国民主法制建设的发展和现状就是法治权威形成和发展的产物。中国特色社会主义法治国家建设已经确立法治权威的目标、原则、价值和准则，这是法治中国的重要成就。与此同时，我们也应清醒地认识到法治权威的现实运用与社会对法治的实际尊重程度却并不尽如人意，仍需进一步加强和改进。人们尊重宪法的宣示仅仅停留在文本或者词语中，而缺乏意识和行动上的法治尊严。这一切无不说明，法治权威化的实践价值没有得到充分体现和践行，将严重影响高校法制教育的说服力和公信力，只有理论建构而无公平公正实践来源的法制教育也是无源之水、无本之木。从内部解析角度看，众多高校已经自省和自觉地探索依法治校之路，然而改革不但任重道远，而且会伴随"伤筋动骨"，若非下定决心，是难以实现的。高校法制教育的权威化应是自上而下的，不是自下而上的；应从领导者、管理者开始，不应从大学生开始，应当是一个"自树树人"的过程。一个法治的高校，应当拥有法治的行为、法治的管理、法治

---

① 《三中全会以来重要文献选编》(上)，人民出版社，1982 年版，第 11 页。

② 全国人大常委会法制工作委员会：《中华人民共和国常用法律法规全书》，中国民主法制出版社，2006 年版，第 1 页。

的服务、法治的文化，再配合主课堂的改革和完善、大学生法律知识的丰富和充实、用法护法能力的提高和加强，才能塑造出外化为行为举止、内化为理念思维的法治化大学生。当然，去行政化和法治权威化是并行不悖的，而且，只有更快更早地实现去行政化，才能更好地重塑高校法制教育的权威化。只有树立法治的权威，依法治校才能成为高校的统治力量，否则高校法制教育权威化只能是诱人的幻想，行政化人治将不可避免，教师和学生的自由、安全、权利将处在不确定、无保障之中。

现代法治国家的法治权威化表现为四种形式，即法律至上、法律至圣、法律至贵、法律至信。这四个方面共同作用，构成了法治权威的具体内容和建设要求，“法律至上表明了法律的地位，法律至圣展示了法律的威严，法律至贵说明了法律的重要性，法律至信揭示了人们对法律的内心信念”[①]。在第八届全国人大第五次会议上，江泽民同志曾经指出：“要始终注意维护国家法制的统一性和严肃性。这个问题无论在立法工作还是在执法工作、司法工作中都要加以注意。依法治国是新的历史条件下党领导人民建设和治理国家的基本方略，在我们这样大的国家进行改革和建设，只有各地区各部门都严格按照国家法律法规办事，我们才能步调一致地前进。如果各行其是，对国家法律法规，符合自己利益的就执行，不符合的就不执行，或者打折扣，甚至加以曲解，那就会贻误和损害党和国家的工作，就会干扰正常的经济、政治、社会生活秩序，就可能出乱子。”[②]因此新时期的法治建设，只有理顺法治、权力、合法性之间的关系，辩证地审视党和国家在执政兴国过程中如何更好地贯彻尊重法治、在法律的范围内活动的行动纲领，才能走出法治的权威化道路；也只有深入学习宪法、理解宪法及其相关法的建设，用宪法的阶级性、一贯性来衡量社会主义法律体系的不断完善，让宪法真正运行起来，更广泛地、更密集地、更细致地参与到公权力和私权力的日常生活中，才能使法治权威走出理想的

① 李龙：《依法治国方略实施问题研究》，武汉大学出版社，2002 年版，第 99 页。

②《江泽民文选》（第 1 卷），人民出版社，2006 年版，第 644 页。

"象牙塔"，走进真实的、可操作的、活生生的社会和人的内心。

"事实胜于雄辩"，高校法制教育的素材取之于法治建设、用之于法治建设。新时期的高校法制教育很难不受新时期国家法治建设的影响。法治兴，则法制教育兴；法治衰，则法制教育衰。未来中国特色社会主义法治实践将人民意志、党的领导和法治建设统一在一种直观的、价值性的和信仰型的法律权威体系中，这不但是社会主义法治建设的光明前景和发展方向，更是高校法制教育实效性得以根本改善和提升的鲜活写照、现实来源和必然趋势。

结语　培养高素质人才，造就中国特色社会主义法治的忠实信仰者和坚定践行者

进入21世纪的中国不仅开始面临20世纪世界工业文明时期出现过的普遍性问题，而且还经历着社会转型时期的阵痛带来的各种棘手问题。这种社会转型时期难以避免的价值动荡，可能会动摇和瓦解一些传统的基本价值和共同生活所遵循的基本原则。建设中国特色社会主义伟大事业，实现中华民族的伟大复兴，需要全面发展的高素质人才。要达到这一要求和标准，仅仅掌握好科学文化和专业知识是远远不够的，还应该具备一定的道德情操和基本的法律素养。

作为一个特殊的社会群体，大学生是未来社会的支撑主体，是国家建设的后备人才，其法治理念如何，将直接影响到整体公民的法律素质和整个社会法治文明的程度。实践证明，“只有对法律的崇尚、信仰，才能激发人们对法律知识的追求，法律知识才能增多”①。相反，如果对法治持怀疑态度，没有学习法律的热情和需要，法制教育的效果就会严重受到影响，法制教育的目标也将无法实现，那么通过课堂传递给学生有限的法律知识也只是做无用功。当前，西方敌对势力为了遏制我国快速发展，从政治、经济、文化、宗教等多方面对我国进行渗透，不断变换手法对我国实施“西化”、“分化”战略，干预并影响我国的法治建设进程就是其中的重要方面。因此，加强高校法制教育，培养高素质人才，造就中国特色社会主义法治的忠实信仰者和坚定践行者，除了一般意义上的知法明理、遵纪守法、弘扬正气等要求之外，还需要在借鉴西方法治实践成功经验的基础上，以社会主义法

① 刘旺洪：《法律意识论》，法律出版社，2002年版，第125页。

治理念为指导，坚持马克思主义法律观，划清社会主义法治与资本主义法治的界线，自觉抵制西化的、封建主义的等各种非马克思主义法律观的不良影响。

《中华人民共和国教育法》规定，教育的目标是“培养德、智、体等方面全面发展的社会主义事业的建设者和接班人”。高等学校在人才培养中，在把德育放在首位的同时，也突出了法制教育的重要地位。在社会主义市场经济条件下，高校法制教育是思想政治教育的主要内容和有效的德育教育形式。培养高素质人才，关键是要全面推进素质教育，根本上要靠法治、靠制度保障。科学、有效、持续的法制教育就是要根据以人为本的科学发展观，依法全面贯彻教育方针，全面推进素质教育，促进学生成长成才。正如党的十八大报告鲜明指出的那样：“教育是中华民族振兴和社会进步的基石。要坚持教育优先发展，全面贯彻党的教育方针，坚持教育为社会主义现代化服务的根本任务，培养德智体美全面发展的社会主义建设者和接班人”。[①]唯有坚定传统正义的法治价值观，充实精神和心灵家园，才能成为一个思想和行动统一、内容和形式统一的法治信仰者和践行者。因此，高校法制教育系统工程的根本使命就是要提升大学生法律素质，培养高素质的“四有”公民，造就中国特色社会主义法治的忠实信仰者和坚定践行者。

行进在法治征程上的中国，再次迎来了难得的历史机遇。党的十八大提出了“全面推进依法治国”宏伟方略，将十五大报告提出的“依法治国，建设社会主义法治国家”的基本方略提升到一个全新的境界，为国家的法治建设确立了正确的方向。那么，深入地解析和阐发十八大报告关于全面推进法治建设的科学内涵，并将这种科学内涵内化为全党、全国人民的崇法尊法的意识与精神的同时，在法治实践中创造性地具象化为合理的制度事实并逐渐构建起中国特色的法治体系，则成为当代中国人民的历史使命和理想图景。党的十八大报告还明确指出：“我们既不走封闭僵化的老路、也不走改旗易帜的邪路。中国特色社会主义道路，中国特色社会主义理论体系，中国特色社会主义制度，

① 胡锦涛：《中国共产党第十八次全国代表大会上的报告》，2012 年 11 月 8 日。

是党和人民九十多年奋斗、创造、积累的根本成就，必须倍加珍惜、始终坚持、不断发展”。[①]正因为如此，建设法治国家的前面必然要加上限定词“中国特色社会主义”。“任何法治社会的成功构建，不仅仅依赖于制度的构建，还需要相应法治文化的支撑、维系和滋养”。[②]高校法制教育理念为中国特色社会主义法治文化的培植提供了重要的价值指引，是中国特色社会主义法治文化的核心和精髓。高校法制教育与我国的具体国情、法治实践紧密相连，回答了要将社会主义中国建设成什么样的法治国家以及怎样建设社会主义法治国家的重要问题。从这个层面上看，高校法制教育不单是个教育问题，也是个政治问题。“在政治问题上，是不能允许犯错误的，特别是在中国正在崛起的当下”。[③]

回首六十多年来的历史足迹，体味一路走来的隐隐伤痛，展望未来不会熄灭的星星之火，当我们再次审视高校法制教育的历史进程及其现实启示时，我们有理由相信只要坚持中国特色社会主义的法治观，牢牢把握住高校法制教育与社会主义法治国家建设的辩证统一关系，继续披荆斩棘、与时俱进，培养出更多更好的高素质人才，造就中国特色社会主义法治的忠实信仰者和坚定践行者，必将成为促进中国特色社会主义向前发展、实现民族伟大复兴的“中国梦”的巨大推动力。

① 胡锦涛：《中国共产党第十八次全国代表大会上的报告》，2012年11月8日。

② 邢国忠：《社会主义法治理念教育研究》，中国社会科学出版社，2011年版，第162页。

③ 朱苏力：《执政党对中国法治的三个核心关注》，《人民日报》，2008年7月23日，第15版。

参考文献

一、原著

[1] 马克思恩格斯选集（第1～4卷）[M]．北京：人民出版社，1995
[2] 列宁选集（第1～4卷）[M]．北京：人民出版社，1995
[3] 毛泽东选集（第1～4卷）[M]．北京：人民出版社，1991
[4] 毛泽东选集（第5卷）[M]．北京：人民出版社，1977
[5] 毛泽东著作选读（上、下）[M]．北京：人民出版社，1986
[6] 毛泽东文集（第1～8卷）[M]．北京：人民出版社，1993～1999
[7] 邓小平文选（第1～2卷）[M]．北京：人民出版社，1994
[8] 邓小平文选（第3卷）[M]．北京：人民出版社，1993
[9] 江泽民文选（第1～3卷）[M]．北京：人民出版社，2006
[10] 马克思 恩格斯 列宁论意识形态[M]．北京：人民出版社，2009
[11] 建国以来毛泽东文稿（1～13）[M]．北京：中央文献出版社，2004
[12] 毛泽东书信选集[M]．北京：人民出版社，1983
[13] 刘少奇选集[M]．北京：人民出版社，1981
[14] 周恩来选集[M]．北京：人民出版社，1980
[15] 董必武选集[M]．北京：人民出版社，1985
[16] 董必武政治法律文集[M]．北京：法律出版社，1986
[17] 谢觉哉文集[M]．北京：人民出版社，1989
[18] 叶剑英选集[M]．北京：人民出版社，1996
[19] 中华人民共和国教育大事记（1949－1982）[M]．北京：教育科学出版社，1984
[20] 毛泽东、周恩来、刘少奇、邓小平论教育[M]．北京：人民教育出版社，1994
[21] 毛泽东同志论教育工作[M]．北京：人民教育出版社，1992

[22] 胡锦涛．高举中国特色社会主义伟大旗帜 为夺取全面建设小康社会新胜利而奋斗[M]．北京：人民出版社，2007

二、文献汇编

[1] 中共中央党史研究室．中国共产党的七十年（简本）[M]．北京：中共党史出版社，1992
[2] 中共中央党史研究室．中国共产党历史[M]．北京：中共党史出版社，2011
[3] 中央档案馆编．中共中央文件选集（1～17 册）[M]．北京：中共中央党校出版社，1989
[4] 中共中央文献研究室编．十二大以来重要文献选编（上、中）[M]．北京：人民出版社，1986
[5] 中共中央文献研究室编．十二大以来重要文献选编（下）[M]．北京：人民出版社，1988
[6] 中共中央文献研究室编．十三大以来重要文献选编（上、中）[M]．北京：人民出版社，1991
[7] 中共中央文献研究室编．十三大以来重要文献选编（下）[M]．北京：人民出版社，1993
[8] 中共中央文献研究室编．十四大以来重要文献选编[M]．北京：人民出版社，1999
[9] 中共中央文献研究室编．十五大以来重要文献选编[M]．北京：人民出版社，2003
[10] 中共中央文献研究室编．十六大以来重要文献选编[M]．北京：人民出版社，2008
[11] 中共中央文献研究室编．中国共产党第十七次全国代表大会文件汇编[M]．北京：人民出版社，2007
[12] 中共中央宣传部．毛泽东、邓小平、江泽民论思想政治工作[M]．北京：学习出版社，2000
[13] 改革开放三十年重要文献选编（上、下）[M]．北京：中央文献出版社，2008

[14] 邓小平等中央领导论改革开放时期的青年和青年教育[M]. 北京：中国经济出版社，1989
[15] 中国共产党中央委员会关于新中国成立以来党的若干历史问题的决议[M]. 北京：人民出版社，2009
[16] 中共中央文献研究室编. 社会主义精神文明建设文献选编[M]. 北京：中央文献出版社，1996
[17] 全国思想政治工作科学专业委员会. 新时期领导干部学习毛泽东邓小平江泽民论思想政治工作全书[M]. 北京：中央党史出版社，2000
[18] 中国教育年鉴（1949－1981）[M]. 北京：中国大百科全书出版社，1984
[19] 中华人民共和国教育大事记（1949－1982）[M]. 北京：教育科学出版社，1983
[20] 十一届三中全会以来重要教育文献选编[M]. 北京：教育科学出版社，1991
[21] 中华人民共和国现行教育法规汇编（1949－1989）[M]. 北京：人民教育出版社，1991
[22] 中华人民共和国现行教育法规汇编（1990－1995）[M]. 北京：人民教育出版社，1998
[23] 中华人民共和国重要教育文献（1949－1997）（上、中、下）[M]. 海口：海南出版社，1998
[24] 中华人民共和国重要教育文献（1998－2002）[M]. 海口：海南出版社，2003
[25] 中华人民共和国重要教育文献（2003－2008）[M]. 北京：新世界出版社，2010
[26] 教育部社会科学司. 普通高校思想政治理论课文献选编（1949－2006）[M]. 北京：中国人民大学出版社，2007
[27] 段忠桥主编. 建国以来普通高校马克思主义理论课和思想品德课课程设置及教学内容历史沿革资料汇编[M]. 北京：高等教育出版社，2004

[28] 教育部思想政治工作司组编．加强和改进大学生思想政治教育重要文献选编（1978－2008）[M]．北京：中国人民大学出版社，2008
[29] 中共中央国务院．关于深化教育改革全面推进素质教育的决定[Z]．1999
[30] 中共中央．关于进一步加强和改进学校德育工作的若干意见[Z]．1994
[31] 全国人大常委会．关于进一步开展法制宣传教育的决议[Z]．2001
[32] 教育部．中国普通高等学校德育大纲[Z]．1994
[33] 教育部，司法部等．关于加强学校法制教育的意见[Z]．1995
[34] 教育部，司法部等．关于加强青少年学生法制教育工作的若干意见[Z]．2002

三、学术论著

[1] 顾海良，佘双好．高校思想政治理论课程教学改革研究[M]．武汉：武汉大学出版社，2006
[2] 顾海良．高校思想政治理论课程建设研究[M]．北京：经济科学出版社，2009
[3] 顾海良．高校思想政治教育导论[M]．武汉：武汉大学出版社，2006
[4] 骆郁廷．高校思想政治理论课程论[M]．武汉：武汉大学出版社，2006
[5] 武东生，赵铁锁．马克思主义与中国特色社会主义实践[M]．天津：南开大学出版社，2009
[6] 武东生．做合格公民（大学生版）[M]．天津：百花文艺出版社，2002
[7] 郑永廷，张彦．德育发展研究——面向 21 世纪中国高校德育探索[M]．北京：人民出版社，2006
[8] 郑永廷．现代思想政治教育理论与方法[M]．广州：广东高等教育出版社，2000

[9] 陈万柏，张耀灿．思想政治教育学原理[M]．北京：高等教育出版社，2007

[10] 黄蓉生，邓卓明．青年思想政治教育专论[M]．北京：中央文献出版社，2005

[11] 檀传宝．信仰教育与道德教育[M]．北京：教育科学出版社，1999

[12] 石云霞．新中国成立以来中国共产党思想理论教育历史研究（上、下）[M]．北京：中国社会科学出版社，2007

[13] 祖嘉合，宇文利．思想道德修养与法律基础前沿问题研究[M]．合肥：安徽人民出版社，2012

[14] 吴潜涛．“思想道德修养与法律基础”研究述评[M]．北京：中国人民大学出版社，2007

[15] 佘玉花．思想道德修养与法律基础教学论[M]．上海：复旦大学出版社，2009

[16] 靳诺．德治法治与高校思想政治教育[M]．北京：光明日报出版社，2004

[17] 艾四林．思想政治理论课新体系与教师队伍建设研究[M]．北京：清华大学出版社，2008

[18] 阎占定，张瑞敏，杨金洲．高校思想政治理论课实效性研究[M]．武汉：华中师范大学出版社，2010

[19] 汪荣有，周利生．思想政治理论新课程教学研究[M]．合肥：安徽大学出版社，2007

[20] 任者春．思想政治理论课研究性教学理念与创新[M]．济南：齐鲁书社，2006

[21] 谢树平，李宏亮，胡文瑞．新编思想政治（品德）教学论[M]．上海：华东师范大学出版社，2006

[22] 姜正国，范大平，杨国辉．全球化背景下的高校思想政治教育创新研究[M]．长沙：湖南人民出版社，2011

[23] 孙少平．新中国德育 50 年[M]．福州：福建教育出版社，2002

[24] 杜时忠．德育十论[M]．哈尔滨：黑龙江教育出版社，2003

[25] 鲁洁，王逢贤．德育新论[M]．南京：江苏教育出版社，2002

[26] 周长春．新形势下大学生思想政治教育探索[M]．北京：北京工业大学出版社，2005
[27] 刘群．大学和谐校园建设的理论与实践[M]．长春：吉林人民出版社，2007
[28] 刘沧山．中外高校思想教育研究[M]．北京：人民出版社，2008
[29] 冯增俊．当代西方学校道德教育[M]．广州：广东教育出版社，1993
[30] 李伟，王汝秀，杨芳．承载与失落——高校道德建设研究[M]．北京：中国社会科学出版社，2010
[31] 教育部高等学校社会科学发展研究中心．交叉学科视野下高校德育创新发展研究（2011）[M]．北京：高等教育出版社，2012
[32] 林樟杰．高等学校思想政治工作新认知[M]．上海：上海教育出版社，2009
[33] 魏雷东．和谐社会视阈下公民道德建设研究[M]．北京：中国社会科学出版社，2011
[34] 张斌贤，楼世洲．当代中国教育学术思想研究[M]．北京：中国社会科学出版社，2011
[35] 邱伟光，王殿卿，刘友渔．共产主义思想品德教育[M]．成都：四川人民出版社，1983
[36] 成有信．教育与生产劳动相结合问题新探索[M]．长沙：湖南教育出版社，1998
[37] 冯克诚，刘以林，张文珍等．素质教育的目标与实施[M]．北京：华语教学出版社，1996
[38] 王立新，郑宽明等．大学生素质教育概论[M]．北京：科学出版社，2006
[39] 夏威．大学生素质教育[M]．济南：山东大学出版社，2004
[40] 高超．大学生素质教育十八讲[M]．北京：人民出版社，2010
[41] 顾明远．实用教育学[M]．北京：北京师范大学出版社，1990
[42] 曹子建，李志平．我国高校教师的权利义务[M]．成都：四川大学出版社，2012

[43] 谢和平．大学的文化自觉与文化自信[M]．成都：四川大学出版社，2012
[44] 本书编写组．思想道德修养与法律基础（2009 年修订版）[M]．北京：高等教育出版社，2009
[45] 张光兴．大学生道德法律修养（第 3 版）[M]．北京：科学出版社，2009
[46] 陈岸涛，王京跃．思想道德修养与法律基础[M]．北京：人民出版社，2005
[47] 彭真．论新时期的社会主义民主与法制建设[M]．北京：中国文献出版社，1989
[48] 孙晓楼．法律教育[M]．北京：中国政法大学出版社，1997
[49] 贺卫方．中国法律教育之路[M]．北京：中国政法大学出版社，1997
[50] 王人博，程燎原．法治论（第 2 版）[M]．济南：山东人民出版社，1998
[51] 程燎原．从法制到法治[M]．北京：法律出版社，1999
[52] 王人博．中国法制现代化的历史[M]．北京：知识产权出版社，2010
[53] 王健．中国近代法律教育[M]．北京：中国政法大学出版社，2001
[54] 曹义孙，胡晓进．三十年中国法学教育大事记（1919－1949）[M]．北京：中国政法大学出版社，2011
[55] 曹义孙，胡晓进．三十年中国法学教育大事记（1949－1978）[M]．北京：中国政法大学出版社，2010
[56] 曹义孙，胡晓进．三十年中国法学教育大事记（1978－2008）[M]．北京：中国政法大学出版社，2009
[57] 曹义孙．漂泊的思：现代性视野下法学与教育[M]．北京：中国法制出版社，2006
[58] 冀祥德．法学教育的中国模式[M]．北京：中国社会科学出版社，2010
[59] 冀祥德，孙远，杨雄．中国法学教育现状与发展趋势．[M]．北

京：中国社会科学出版社，2008
[60] 霍宪丹．中国法学教育的发展与转型（1978－1998）[M]．北京：法律出版社，2004
[61] 怀效锋．德治与法治研究[M]．北京：中国政法大学出版社，2008
[62] 许章润．普法运动[M]．北京：清华大学出版社，2011
[63] 许章润．法律信仰——中国语境及其意义[M]．桂林：广西师范大学出版社，2003
[64] 蔡定剑．历史与变革——新中国法制建设的历程[M]．北京：中国政法大学出版社，1999
[65] 劳凯声．中国教育改革30年（政策法律卷）[M]．北京：北京师范大学出版社，2009
[66] 陶希晋．新中国法制建设[M]．天津：南开大学出版社，1988
[67] 陈守一．法学研究与法学教育论[M]．北京：北京大学出版社，1996
[68] 孙国华，朱景文．法理学[M]．北京：中国人民大学出版社，1999
[69] 方流芳．中国法学教育观察[A]．见：苏力，贺卫方《20世纪的中国：学术与社会》（法学卷）[C]．济南：山东人民出版社，2001
[70] 张友渔．中国法学四十年[M]．上海：上海人民出版社，1989
[71] 沈国明，王立民．二十世纪中国社会科学•法学卷[M]．上海：上海人民出版社，2005
[72] 陈甦．当代中国法学研究[M]．北京：中国社会科学出版社，2009
[73] 徐显明．中国法学教育状况[M]．北京：中国政法大学出版社，2006
[74] 徐显明．中国法制现代化的理论与实践[M]．北京：经济科学出版社，2011
[75] 陈景良．当代中国法律思想史[M]．开封：河南大学出版社，1999
[76] 吴志攀．中国法制建设研究[M]．北京：中国人民大学出版社，2009
[77] 苏力．法治及其本土资源[M]． 北京：中国政法大学出版社，2004
[78] 李林．新中国法治建设与法学发展60年[M]．北京：社会科学文

献出版社，2010
[79] 蒋传光．新中国法治简史[M]．北京：人民出版社，2011
[80] 陈金全．新中国法律思想史[M]．北京：人民出版社，2011
[81] 朱立恒．法治进程中的高等法学教育改革[M]．北京：法律出版社，2009
[82] 李龙．新中国法制建设的回顾与反思[M]．北京：中国社会科学出版社，2004
[83] 李龙．依法治国方略实施问题研究[M]．武汉：武汉大学出版社，2002
[84] 李龙，蔡守秋．和谐社会中的重大法律问题研究[M]．北京：中国社会科学出版社，2008
[85] 房文翠．法学教育价值研究——兼论我国法学教育改革的走向．[M]．北京：北京大学出版社，2004
[86] 侯强．中国近代法律教育转型与社会变迁研究[M]．北京：中国社会科学出版社，2008
[87] 汤能松等．探索的轨迹：中国法学教育发展史略[M]．北京：法律出版社，1995
[88] 王立民．中国法制与法学教育[M]．北京：法律出版社，2011
[89] 刘旺洪，刘敏．中国公民现代法律观念[M]．济南：山东人民出版社，1997
[90] 刘旺洪．法律意识论[M]．北京：法律出版社，2002
[91] 刘海年，李林．依法治国与法律体系建构[M]．北京：社会科学文献出版社，2008
[92] 刘海年，李步云，李林．依法治国建设社会主义法治国家[M]．北京：社会科学文献出版社，2008
[93] 曹建民，郝铁川．依法治国，建设社会主义法治国家[M]．上海：上海人民出版社，1998
[94] 徐运良．法治是如何实现的[M]．北京：法律出版社，2010
[95] 何勤华，任超等．法治的追求——理念、路径和模式的比较[M]．北京：北京大学出版社，2005

[96] 张波．马克思主义法律思想中国化路径研究[M]．北京：人民出版社，2011
[97] 费孝通．乡土中国[M]．北京：三联书店，1985
[98] 侯新一．走向民主与法治的国度——改革开放 30 年中国法治建设回顾[M]．天津：天津人民出版社，2008
[99] 柯卫，朱海波．社会主义法治意识与人的现代化研究[M]．北京：法律出版社，2010
[100] 邢国忠．社会主义法治理念教育研究[M]．北京：中国社会科学出版社，2011
[101] 高全喜，张伟，田飞龙．现代中国的法治之路[M]．北京：社会科学文献出版社，2012
[102] 元光．新中国法治建设历程[M]．北京：世界知识出版社，2011
[103] 武建敏，董佰壹．法治类型研究[M]．北京：人民出版社，2011
[104] 朱景文．中国法律发展报告数据库和指标体系[M]．北京：中国人民大学出版社，2007
[105] 全国人大常委会法制工作委员会组织编写．中国特色社会主义法律体系学习读本[M]．北京：新华出版社，2011
[106] 许兵．社会主义法治理念读本[M]．北京：国家行政学院出版社，2011
[107] 苗连营．公民法律素质研究[M]．郑州：郑州大学出版社，2005
[108] 孙育玮等．都市法治文化与市民法律素质研究[M]．北京：法律出版社，2007
[109] 刘同君，夏民．伦理文化与法治文化同构[M]．南京：东南大学出版社，2001
[110] 刘作翔．法律文化理论[M]．北京：商务印书馆，2004
[111] 江必新．法文化的建构及法制教育工程[M]．北京：中国人民公安大学出版社，1993
[112] 马抗美．新时期维护高校稳定工作体系及机制研究[M]．北京：中国政法大学出版社，2007
[113] 山东省高等教育管理科学研究会编．科学发展观与高等教育管理[M]．济南：山东大学出版社，2006

[114] 张静. 学生权利及其司法保护[M]. 北京：中国检察出版社，2004
[115] 田欣，周颖，张静茹. 大学生之盾——大学生实用法律研究[M]. 北京：经济日报出版社，2007
[116] 陈本亮. 法制在学校[M]. 福州：福建教育出版社，2000
[117] 吴殿朝，崔英楠，王子幕. 国外高等教育法制[M]. 北京：中国人民公安大学出版社，2005
[118] 罗丽华. 法治的生活之维[M]. 武汉：华中师范大学出版社，2011
[119] 冯刚. 高校思想政治教育创新发展研究[M]. 北京：中国人民大学出版社，2009
[120] 傅忠贤，潘道兰，易江莹等. 科学发展观视域下高校思想政治教育创新研究[M]. 成都：四川大学出版社，2010
[121]〔美〕伯尔曼. 梁治平译. 法律与宗教[M]. 北京：三联书店，1991
[122]〔美〕E. 博登海默. 邓正来译. 法理学：法律哲学与法律方法[M]. 北京：中国政法大学出版社，2004
[123]〔英〕哈耶克. 自由秩序原理[M]. 北京：三联书店，1997
[124]〔美〕马尔库塞. 单向度的人[M]. 长沙：湖南人民出版社，1987
[125]〔美〕马斯洛. 动机与人格[M]. 北京：华夏出版社，1987
[126]〔美〕罗尔斯. 正义论[M]. 北京：中国社会科学出版社，1988
[127]〔英〕G. D. 詹姆斯著. 陈静茹、关贵森译. 法律原理[M]. 北京：中国金融出版社，1990
[128]〔英〕丹宁. 李克强译. 法律的正当程序[M]. 北京：法律出版社，1999
[129]〔德〕鲁道夫·冯·耶林. 胡宝海译. 为权利而斗争[M]. 北京：中国法制出版社，2004
[130]〔古希腊〕亚里士多德. 吴寿彭译. 政治学[M]. 北京：商务印书馆，1965
[131]〔法〕保尔·朗格朗. 周南照，陈树清译. 终身教育引论[M]. 北京：中国对外翻译出版公司，1985
[132]〔美〕柯尔柏格. 道德教育哲学[M]. 杭州：浙江教育出版社，2000

[133]〔美〕R．M．昂格尔．吴玉章，周汉华译．现代社会中的法律[M]．南京：译林出版社，2001

[134]〔美〕弗雷德里克．詹姆逊．胡亚敏等译．文化转向[M]．北京：中国社会科学出版社，2000

[135]〔美〕西里尔·E．布莱克编．杨豫译．比较现代化[M]．上海：上海译文出版社，1996

[136]〔美〕R．麦克法夸尔，费正清著．俞金戈等译．剑桥中华人民共和国史（1966－1982）[M]．北京：中国社会科学出版社，1992

[137]〔加〕保罗·埃文斯．陈同译．费正清看中国[M]．上海：上海人民出版社，1995

[138]〔美〕莫里斯·迈斯纳．杜蒲，李玉玲译．毛泽东的中国和后毛泽东的中国[M]．成都：四川人民出版社，1990

[139]〔日〕川岛武宜．申政武译．现代化与法[M]．北京：中国政法大学出版社，1999

[140]〔英〕罗杰·科特威尔．潘大松等译．法律社会学导论[M]．北京：华夏出版社，1989

[141]〔美〕本迪特．作为规则和原则的法律[M]．帕洛阿尔托：斯坦福大学出版社，1978

[142]〔伊朗〕S．拉塞克，〔罗马尼亚〕G．维迪努．马胜利等译．从现在到 2000 年教育内容发展的全球展望[M]．北京：教育科学出版社，1996

[143]〔瑞士〕奥利佛·隆．董守云译．关税与贸易总协定多边贸易体制的法律及其局限[M]．北京：中国社会科学出版社，1989

四、研究论文

[1] 刘颖．公民教育中的法制教育及其价值研究：[博士学位论文]．武汉：武汉理工大学，2010

[2] 房文翠．法学教育价值研究：[博士学位论文]．长春：吉林大学，2003

[3] 董节英．1949－1957 年的中国法学教育：[博士学位论文]．北京：

中共中央党校，2006

[4] 高正文. 列宁的法律革命思想——经济文化落后国家社会主义法制建设的沉思：[博士学位论文]. 南京：南京师范大学，2002

[5] 刘和清. 法与人类解放：马克思法制观与当代中国法制建设：[博士学位论文]. 长春：吉林大学，2009

[6] 陈大文，刘一睿. 从普及法律常识到提升法律素质的教育——改革开放 30 年高校法制教育发展回眸[J]. 思想理论教育导刊，2009（4）：65～71

[7] 陈大文，何建中. 和谐社会建设与大学生法制教育——《思想道德修养与法律基础》（法制教育部分）修改说明及教学建议[J]. 思想理论教育导刊，2007（9）：49～52

[8] 陈大文. “法律基础”课程建设与大学生法律素质教育[J]. 思想理论教育导刊，2004（12）：28～29

[9] 陈大文. 中国特色社会主义法律体系教育路径解析[J]. 思想理论教育导刊，2012（4）：61～65

[10] 陈大文. 谈谈大学生法律意识教育[J]. 思想教育研究，1997（5）：29～30

[11] 陈大文. 论大学生社会主义法治理念教育的目标定位[J]. 思想理论教育导刊，2010（4）：26～31

[12] 陈大文. 法律基础课教学改革与法律素质教育[J]. 长春工业大学学报（高教研究版），2004（2）：70～72

[13] 陈大文. 促进大学生道德教育与法制教育有机结合的重要载体——关于《思想道德修养与法律基础》教材解读[J]. 思想理论教育，2006（9）：20～24

[14] 巩献田. 德法并举 长治久安[J]. 高校理论战线，2001（7）：41～42

[15] 巩献田. 社会主义法治的基本特征[J]. 当代法学，1999（4）：1～7

[16] 武东生. 关于思想政治教育学科建设的思考[J]. 思想理论教育导刊，2010（9）：55～59

[17] 武东生. 经典作家关于“思想政治教育”思想述要[J]. 高校理论战线，2008（2）：35～38

[18] 武东生. 努力找寻思想政治教育和大学生实际需要的最佳结合点[J]. 高校理论战线，2005（4）：13～14
[19] 武东生. 提高思想政治理论课教育教学实效性的基本考虑[J]. 国家教育行政学院学报，2005（4）：23～26
[20] 武东生. 关于“思想道德修养”课教学体系的若干思考[J]. 思想理论教育导刊，2000（11）：46～48
[21] 平章起. 公民道德意识的确立与青年的法律教育[J]. 道德与文明，2002（2）：18～22
[22] 寇清杰. 认真学习十七大精神 进一步推进高校思想政治理论课改革[J]. 思想理论教育导刊，2007（11）：30
[23] 付洪. 发挥教师主导作用 构建和谐教学模式——讲授“思想道德修养与法律基础”课的一些思考[J]. 高校理论战线，2008（1）：36～39
[24] 吴潜涛. “思想道德修养与法律基础”课的性质、逻辑结构与主线[J]. 教学与研究，2006（8）:27～31
[25] 骆郁廷. 改革开放 30 年来高校思想政治教育的发展[J]. 思想理论教育，2008（19）：36～41
[26] 罗国杰.《思想道德修养与法律基础》教材编写的有关说明[J]. 思想理论教育导刊，2006（6）：14～18
[27] 曾宪义. 新中国法治 50 年论略[J]. 中国人民大学学报，1999（6）：31～41
[28] 姚建宗. 信仰：法治的精神意蕴[J]. 吉林大学社会科学学报，1997（2）：1～12
[29] 张文显. 加强法治，促进和谐——论法治在构建社会主义和谐社会中的地位和作用[J]. 法制与社会发展，2007（1）：3～19
[30] 曹康泰. 新中国 60 年法治建设的探索和发展[J]. 求是，2009（14）：32～35
[31] 余一凡. 学术视角下思想政治教育减负问题探讨[J]. 求实，2012（9）：76～79
[32] 张志铭. 转型中国的法律体系建构[J]. 中国法学，2009（2）：140～158

[33] 曾朝夕，王卓宇．当前大学生法制教育存在的若干问题及对策[J]．思想理论教育导刊，2012（11）：51～53

[34] 李婧．高校加强社会主义法治理念教育的思考与建议[J]．思想理论教育导刊，2011（12）：47～50

[35] 黄文艺．中国特色社会主义法律体系的理论解读[J]．思想理论教育导刊，2012（2）：42～46

[36] 胡神松，魏纪林，刘颖．论我国公民社会主义法律素质提升的基本要素[J]．学校党建与思想教育，2011（9）：76～80

[37] 廖礼彬．新中国成立以来大学生思想政治教育发展的回顾与思考[J]．学校党建与思想教育，2012（3）：31～34

[38] 张德琴．关于艺术院校“思想道德修养与法律基础”课教学的思考[J]．思想理论教育导刊，2012（9）：68～71

[39] 艾国．“基础”课培养大学生法律意识应注意的几个问题[J]．思想理论教育导刊，2011（7）：39～43

[40] 汪先平．提高“思想道德修养与法律基础”课教学实效性的三个原则[J]．思想理论教育导刊，2011（10）：67～70

[41] 付文茂．影响“思想道德修养与法律基础”课教学实效性的因素分析[J]．学校党建与思想教育，2012（2）：56～57

[42] 喻军．中体西用与洋务运动时期的法制教育[J]．求索，2009（4）：148～149

[43] 李梁．正确处理多媒体课件与教材、教师、教学之间的关系[J]．思想理论教育，2008（5）：53～54

[44] 黄咸强．论大学生法制教育与高校德育的整合[J]．学校党建与思想教育，2009（8）：69～71

[45] 张小平，曾裕华．浅谈“思想道德修养与法律基础”教材中法制教育内容的完善[J]．教育与教学研究，2009（6）：67～69

[46] 王康康，徐延平．强化大学生道德教育与法制教育的探讨[J]．内蒙古师范大学学报（教育科学版），2009（9）：103～105

[47] 孙冕．试论大学生道德教育与法制教育的融合[J]．学校党建与思想教育，2010（11）：74～75

[48] 黄新建，朱立新，邓亚文等．学生网络法制教育研究[J]．学校党建与思想教育，2010（11）：69～70
[49] 陈洪涛，周妍．新中国成立以来高校形势与政策教育的历史考察[J]．学校党建与思想教育，2011（11）：49～51
[50] 韩世强，陈秀君．试析我国高校法制教育模式的重构[J]．经济与社会发展，2004（3）：111～112
[51] 赵光军．20年来高校法制教育理论研究综述[J]．经济与社会发展，2007（1）：203～205
[52] 谢鹏程．论社会主义法治理念[J]．中国社会科学，2007（1）：76～88，206～207
[53] 陈金钊．论法律信仰——法治社会的精神要素[J]．法制与社会发展，1997（3）：1～9
[54] 胡礼祥，费英勤等．关于网络对高校学生影响的调查与思考[J]．学校党建与思想教育，2001（2）：76～79
[55] 吴秀华．大学生思想政治教育中的法制教育探索[J]．思想政治教育研究，2011（12）：95～98
[56] 朱子桐．对加强大学生法制教育的几点思考[J]．学校党建与思想教育，2012（6）：86～87
[57] 杨霄．关于高校学生工作践行依法治校理念的思考[J]．学校党建与思想教育，2011（5）：65～66
[58] 甘玲．加强大学生法律素质教育的若干问题辨析[J]．思想理论教育，2007（5）：73～76
[59] 孙冕．试论大学生道德教育与法制教育的融合[J]．学校党建与思想教育，2010（11）：74～75
[60] 杨双，刘碧琼．依法治校构建和谐高校[J]．重庆社会科学，2007（1）：121～123，128
[61] 欧阳庆芳，赵伟忠．新中国成立以来中国共产党法制教育的基本经验[J]．学校党建与思想教育，2012（5）：48～50
[62] 张明新．对当代中国普法活动的反思[J]．法学，2009（10）：30～36
[63] 周虹．新时期我国普法教育的回顾与思考[J]．怀化学院学报，2010

（9）：52～55

[64] 俞歌春．新中国头七年民主法制建设进程中的民主政治参与[J]．中共党史研究，2001（5）：57～61

[65] 关连芳，王志飞．试论高校的法制教育机制[J]．齐齐哈尔大学学报（哲学社会科学版），2012（10）：166～167

[66] 黄文艺．民主法治建设的新纲领——对十八大报告政治法律思想的解读[J]．法制与社会发展，2013（1）：10～21

[67] 刘武俊．解读十八大报告的法治精神[J]．中国司法，2012（12）：17～22

[68] 邢国忠．全国高校道德教育与法制教育理论与实践研讨会综述[J]．思想理论教育导刊，2012（10）：124～125

[69] 郑向东．公民教育视角下的大学生法律意识培养[J]．学校党建与思想教育，2011（11）：77～78

[70] 胡锦涛．坚定不移沿着中国特色社会主义道路前进 为全面建成小康社会而奋斗．在中国共产党第十八次全国代表大会上的报告[N]．人民日报，2012 年 11 月 18 日

[71] 吴邦国．在形成中国特色社会主义法律体系座谈会上的讲话[N]．人民日报，2011 年 1 月 25 日

[72] 习近平．在首都各界纪念现行宪法公布施行 30 周年大会上的讲话[N]．人民日报，2002 年 12 月 5 日

[73] 包心鉴．坚定道路自信、理论自信、制度自信[N]．人民日报，2012 年 12 月 7 日

[74] 陈宝成，徐显明．形成法治体系才是法治国家建成时[N]．南方都市报，2011 年 3 月 11 日

[75] 朱苏力．执政党对中国法治的三个核心关注[N]．人民日报，2008 年 7 月 23 日

[76] 习近平．承前启后 继往开来 继续朝着中华民族伟大复兴目标奋勇前进[EB/OL]．http://news.xinhuanet.com/politics/2012-11/29/c_113852724.htm

后　记

本书是在我的博士论文《建国以来高校法制教育研究》的基础上修改完善而成，现名《回溯与反思——新中国成立以来高校法制教育历程研究》。在本书即将付梓之际，“致谢”二字，太沉重、太复杂，内心翻江倒海，五味杂陈，一时间所有的刻骨铭心一下子涌上心头，真的不知从何说起。因为需要感谢的人太多，需要感谢的事情太多，需要用一颗感恩的心去面对和诠释的太多。

一部著作的完成就像一个人在成长，凝结了无数人的帮助和关心，批评和鞭策，支持和鼓舞。最想感谢的人是我的导师，南开大学武东生教授。武老师博学睿智、儒雅风范，做学问严谨慎思、做人光明磊落、为人师表。老师敏锐的观察、深邃的思考和缜密的逻辑使我在完成论文的过程中，一次比一次有收获、有触动、有心得，从而推动论文一步一步从简单走向较为周严，从存在漏洞趋于相对完善，从幼稚日益成熟。能够拥有这样一位德业双馨、知识渊博、心系学生的恩师，我会好好珍惜，永怀感恩之心！衷心感谢复旦大学顾钰民教授，南开大学丁军教授、平章起教授、寇清杰教授、付洪教授，天津师范大学杨仁忠教授，天津工业大学薛智胜教授。他们对我的著作观点、材料、结构、内容和行文措辞等提出许多宝贵意见，没有他们亲切的指引和建议，书稿是很难顺利完成的。他们的精彩提问和点评使我受益匪浅，我都不胜感激，铭记在心！感谢南开大学马克思主义教育学院的老师们，他们是默默无闻的奉献者，是传递力量与信仰的守望者。这里是我迎接崭新生活的智慧源泉，也是放飞梦想、翱翔明天的精神起点。

感谢我的培养单位天津外国语大学的领导、老师、同事和学生们给予我的支持和帮助，为我安心学业提供了良好环境。七年来我克服困难、风雨无阻；冬天繁星闪烁，夏天晨风沁凉的校园是我成长成熟、心灵升华的圣地。无论外部条件如何风云变幻，我始终乐观坚信：有努力，就有回报；有坚持，就有希望。感谢学校“天外‘求索’文库”50周年校庆系列学术著作出版资助项目的大力支持，为青年教师搭乘学术快车提供了良好平台，解决了后顾之忧。

我还要特别感谢我的家人，他们的关爱、鼓励和支持是我前进的重要源泉，也是我发誓按时完成学业的巨大动力和精神慰藉。至亲至爱，一体共荣，无以言表，激励前行！唯有继续努力和不懈拼搏才会厚积薄发、矢志不渝。

最后，感谢参考文献中的所有作者，正是站在巨人的肩膀上，我才能看得更远，走得更远……谢谢前辈们。感谢南开大学出版社工作人员的辛勤付出，能在母校出版社将自己的心血印制成书，这种心情是特殊的、感恩的。成为一名南开人是幸运的，也是幸福的，而成就一名南开人依然任重道远、不容懈怠。

谨以此书献给多年来关心、爱护我成长的领导、师长、亲人和朋友们。

我希望以此书的出版作为跨学科研究马克思主义理论，特别是思想政治教育学科的新起点和新征程，能为高校走法治化道路做出一点自己的贡献。从过去到现在再到未来，从理论到现实再到经验，从教训到反思再到启示，在中国探索“依法治国”的道路上，在中国人民实现“中国梦”的奋斗中，法治必然成为大势所趋、不可逆转。那么，与其被动等待，不如主动出击。紧紧抓住对青年大学生的法制教育不放松，这既是高等教育培养高素质人才的重要任务，更是建设社会主义法治国家的重大使命。不敢辜负！也不能辜负！

南开大学出版社网址：http://www.nkup.com.cn

投稿电话及邮箱： 022-23504636　QQ：1760493289
QQ：2046170045(对外合作)
邮购部： 022-23507092
发行部： 022-23508339　Fax：022-23508542

南开教育云：http://www.nkcloud.org

App：南开书店 app

南开教育云由南开大学出版社、国家数字出版基地、天津市多媒体教育技术研究会共同开发，主要包括数字出版、数字书店、数字图书馆、数字课堂及数字虚拟校园等内容平台。数字书店提供图书、电子音像产品的在线销售；虚拟校园提供 360 校园实景；数字课堂提供网络多媒体课程及课件、远程双向互动教室和网络会议系统。在线购书可免费使用学习平台，视频教室等扩展功能。